초등시기 나는 이렇게 책을 읽었다.

서울대생 13인의 초등 독서이력

책읽기와 글쓰기 (주)리딩엠
www.readingm.com | 리딩엠

초 판 인 쇄　2010년 03월 09일
초 판 발 행　2010년 03월 15일
2 쇄 발 행　2010년 08월 10일
3 쇄 발 행　2017년 07월 20일
4 쇄 발 행　2018년 10월 01일
지 은 이　김선민 외 12명
펴 낸 이　황종일
펴 낸 곳　(주) 리딩엠
편집디자인　기명진 / 제이앤씨
주　　　소　서울특별시 서초구 고무래로10길 27 주호빌딩 4층 리딩엠
대 표 전 화　02) 537-2248
팩　　　스　02) 2646-8825
홈 페 이 지　www.readingm.com
신 고 번 호　제 313-2010-6호
I　S　B　N　978-89-964000-1-1 03010

값 12,000원
잘못 만들어진 책은 서점에서 교환하여 드립니다.

초등시기 나는 이렇게 책을 읽었다.

서울대생 13인의 초등 독서이력

책읽기와 글쓰기 (주)리딩엠
www.readingm.com

책읽기와 글쓰기
리딩엠

초등학교 시기의 책 읽기는 인생의 성패를 결정합니다.

이 책이 우리 부모님과 아이의 책 읽기 나침반이 되길…, 초등시기 독서록과 독후감을 뒤져가며 원고를 써 주신 서울대 학생들께 감사드립니다.

흔히 우리는 우리나라에서 가장 위대한 왕, 세종대왕은 훈민정음으로 기억하고 있지만, 그를 우리 역사에서 가장 위대한 왕으로 이끈 원동력이 어린 시절의 '독서습관' '독서광'이라는 사실은 그냥 지나치거나, 크게 신경 쓰지 않습니다. 세계를 정복한 황제 나폴레옹, 세계 최고의 부자 빌 게이츠, 투자의 귀재 워렌 버핏, 세계 최고의 CEO 잭 웰치, 미국 최초의 흑인 대통령 버락 오버마, 불행을 바꾼 위대한 방송인 오프라 윈프리 등 이들의 공통점은 유년기에 '독서광'이었으며, 책 읽기가 오늘의 그들을 만든 가장 커다란 힘이었음에 우리는 주목해야 합니다. 그래서 초등시기의 독서는 학습능력뿐만 아니라, 인생진로를 만들거나 바꾸고, 꾸었던 꿈을 현실로 만들어가는데 결정적인 영향을 미치게 됩니다.

저는 그동안 교육현장에서 수많은 어머니와 아버지들이 자식들에게 어떤 독서를 하게 도와줄 것인지를 가지고 고민하는 모습을 보아왔습니다. 그리고 오늘도 '제발, 책 좀 읽으렴~' 하며 우리 아이들과 씨름하고 계시는 학부모님들께서는, 언제나 '책을 읽기나 했는지, 제대로 읽었는지?, 또 무슨 책을 읽혀야 하나?' 무수히 쏟아지는 정보의 홍수 속에 항상 제대로 하고 있는 건지 참으로 걱정을 많이 합니다. 이 책이 바로 이런 걱정과 근심들을 해결하는데 있어 훌륭한 솔루션으로서 가슴을 후련하게 해줬으면 하는 바램입니다.

이 책의 저자들인 서울대학교 학생 13인의 면면을 보면, 서울의 사교육 1번지에서 초중고를 다닌 학생, 지방의 광역도시에서 다닌 학생, 지방의 중소도시에서 다닌 학생, 시골분교에서 공부한 학생 등 참으로 다양한 학생들의 초등학교 1학년부터 6학년까지 독서 발자취를 직접 확인할 수 있습니다. 그리고 이들 13인의 학생들은 나름대로 열심히 책을 통해 세상과 소통하고 자신을 발전시켜

왔다는 사실도 확인할 수 있습니다. 특히 어떤 학생들은 최악의 독서환경, 최악의 가정환경을 자신의 노력과 힘으로 극복해가는 과정도 만나실 수 있는데, 아마 여러분들의 어린시절과 교차되며 잠시 상념에 잠기게 하는 내용도 있습니다. 13인은 지금 현재 각자 모두 다른 전공으로 꿈을 펼치기 위해 열심히 공부하고 있는 학생들입니다. 현재진행형으로 이들은 한국사회를 이끌어갈 리더로 커가고 자리잡고 활동해나갈 것이 분명합니다. 그들의 독서이력을 살펴보면 볼수록 왜 이 학생은 대학에서 전공을 바꿨을까? 왜 이 학생은 복수전공으로 이 학과를 선택했을까? , 왜 이 학생의 꿈은 이런걸까? 라는 해답을 확인할 수 있습니다. 독서의 위대한 힘을 만나실 수 있을 것입니다.

이 책이 어린 자녀를 둔 우리 학부모님들에게 '책 읽기'에 대한 '미래의 역사서'가 되리라 믿어 의심치 않습니다. 처음부터 끝까지 다양한 환경과 조건에서 공부한 학생들의 독서이력을 따라가다 마지막 한 장을 넘기는 순간, 아이를 위해 부모님이 해줘야 할 일이 무엇인지를 깨닫게 될 것이라 확신합니다. 바쁜 가운데서도, '책 읽기의 나침반'으로 작은 도움이라도 줘야겠다는 마음으로 정성을 다해 원고를 써 주신 서울대학교 학생 여러분께 진심으로 감사 말씀을 드립니다. 특히 리딩엠의 전략적 책 읽기 콘텐츠 제작, 활동지 모형개발, e리딩멘토링 프로그램 등에 적극적으로 참여해주시고 의견을 주신 김나현 선생님외 독서교과모임 선생님, 부천북중학교 임혜정 선생님, 서울대학교 김선민, 계현수, 서현희, 이예원, 이예은님께 감사드리고 앞으로도 많은 조언과 협력을 부탁드립니다. 또한 늘 격려를 아끼지 않고 물심양면으로 도와준 사랑하는 아내이자 숭의초등학교에서 아이들을 가르치고 있는 조효순 선생님께 고맙다는 말을 전합니다. 아울러 이 책이 우리 아이들의 독서에 대한 끊임없는 관심을 가지고 애정을 쏟고 있는 부모님들이 간지러워하는 부분을 시원하게 긁어주는 역할을 다하길 진심으로 희망합니다.

행복한 미래를 위한 우리 아이 책 읽기 파트너
미디어북 리딩엠 | (주)리딩엠

대표이사 황종일

차례

빠른차례

part 01

part 04

책 읽기에도
전략이 필요하다.

part 05

독서광이

⤳ 우리 아이들에게 보내는 독서편지

열세 번째 너희가 이 맛있는 독서의 맛을 알았다면 어서 책을 집어 들면 되는 거야.
(서울대 환경재료과학 서현희) /216P

part 부록

⤳ 추천도서 목록 /233

책은 내용마다 향기가 다릅니다.

성형수술로 장동건과 김태희는 될 수 있지만, 책을 읽지 않으면 지성인 되기 힘들어

　사람이 사람을 평가하기란 결코 쉽지 않습니다. 사람은 가축과 달리, 결코 덩치나 고기육질 같은 외형으로 등급이 매겨지지 않기 때문입니다. 안타까운 것은 요즈음 외견상 나타나는 외모를 기준으로 사람을 평가하려는 풍조가 점차 만연되고 있다는 점입니다. 멋있게 보이기 위해 사람들은 앞다퉈 막대한 돈을 들여 콧대를 세우고, 가슴을 키우고, 얼굴을 좁히고, 군데군데 살을 깎고 붙이고 합니다.

　아마도 이는 현대사회의 물질 만능주의 탓이 아닐까 싶습니다. 이러한 세태에서 책의 소중함을 강조한다는 것은 가당찮은 일일 것입니다. 그러나 진정한 아름다움은 금세 싫증나는 외모와는 달리, 시간이 흐를수록 매력을 발산하는 내면적인 것입니다. 책은 성공으로 이끄는 역할도 하지만, 보다 더 중요한 것은 책이 가지고 있는 은은한 향기가 우리 아이들에게 올바른 가치관과 인성을 만들어준다는 사실입니다. 그 뿐만 아니라 책은 책을 쓴 사람, 책의 내용마다 향기가 다릅니다. 그래서 개성이 다양한 인재를 키워줍니다.

　그런데, 컴퓨터 게임에 익숙한 채, 책의 향기를 느껴보지 못하는 우리 집 아이들 또래의 초등학생들을 보면 볼수록 매우 안타깝기 그지 없습니다. 또한 책을 닥치는 대로 읽는 남독현상은 향이 뒤섞여 뭐가 뭔지 모를 개연성이 매우 큽니다. 어떤 책을 골라서 읽어야 할지 몰라 아예 읽지 않는 것은 향을 맡을 줄 모르는 것입니다.

　특히 책 읽기의 이력 작성과정은 온전한 인간 성숙의 과정이라고 할 수

있습니다. 책 읽기 이력작성을 하다보면, 넘치는 부분과 부족한 부분을 파악할 수 있습니다. 그리고 균형을 맞춘다거나, 좀 더 흥미있어 하는 분야에 대해, 좀 더 읽고 싶어하는 분야에 대해 책을 제공하고 환경을 마련해준다면 가장 훌륭한 독서지도가 될 수 있을 것입니다.

원래 처음엔 쉬운 책으로, 나중엔 좀 더 어려운 책으로 나아가는 것이 책 읽기의 방법입니다. 어려운 책을 읽기 싫어하고, 어려운 책을 아예 읽으려 들지 않는 경우가 있습니다. 그러나 어려운 책을 읽지 않으면, 독해력이 부족하고 결국 학습능력이 떨어지기 마련입니다. 궁극적으로는 대학이나 대학원에서 공부하기가 힘들어지는 이유도 여기에 있다고 하겠습니다. 도서관에 가면 수만 권의 책이 여러분의 손길을 기다립니다. 외모는 한 순간, 맘만 먹으면 성형수술로 장동건이나 김태희가 될 수 있는 세상이지만 학자나 지식인 또는 지성인은 책을 통해, 현실 경험과 대화를 하는 등 오랜 세월의 절차탁마의 과정을 거칩니다. 그것이 책 읽기의 힘이 아닌가 생각합니다. 책은 개인의 개성과 특성에 맞게 읽어야 합니다. 그래서 무조건적인 책 읽기가 되어서는 안 됩니다.

그래서 이 책이 의미 있게 다가옵니다. 대한민국 사회에서 그렇게 평범하다고 할 수 없는 서울대 학생들의 초등학교 시기 책 읽기의 역사를 찾아 나선다면, 분명 아이들의 개성과 특성에 맞는 책 읽기의 방향을 잡아내지 않을까 생각합니다. 이 책이 우리 어린이들과 어머니, 아버지들께서 아이들의 책 읽기를 조언해주고 많은 정보 제공을 통해, 향기 넘쳐나는 아이들로 키워나가는데 큰 도움이 되리라 확신합니다.

2010. 1월
르몽드 디플로마티크 한국판
발행인 성일권

결국은 책 읽기입니다!

'초등시기, 나는 이렇게 책을 읽었다.- 서울대 학생 14인의 초등 독서 발자취-'라는 책의 원고를 처음 접했을 때, 우리 아이가 생각 나, 우리 아이에게 책을 어떻게 읽혀야 할 지 고민 중이었기 때문에 더 꼼꼼히 읽어 보았습니다. 서울대라는 대한민국 최고의 대학에 재학중인 학생들의 독서이력이었기 때문에 더 흥미가 있었던 것 같습니다. 모두 읽고 난 후, 결론은 이 책을 내가 직접 가르치고 있는 우리 아이들의 학부모님들께 꼭 추천해야겠다는 것이었습니다.

초등학교 교사로 강산이 한 번은 변할 기간 동안 아이들을 가르쳤고, 그 중에는 잘 된, 흔히 좋은 대학에 진학을 해 희망하는 캠퍼스에 발을 내딛는 꿈을 성취한 제자들의 소식을 접할 기회도 많았습니다. 그 중 책 읽기를 무척이나 좋아하여 시험기간에도 책을 끼고 읽던 제자가 생각납니다. 그 아이는 내가 '시험범위'를 강조하고 '집에서도 공부해야 한다'고 강조하던 그 순간에도 안경너머로 책을 보던 아이였습니다.

우리 아이들을 가르치면서 독서의 중요성은 항상 깨닫게 됩니다. 비단 책 읽기는 아이들 뿐만이 아니라 가르치는 선생님에게도 꼭 필요한 부분입니다. 5학년 사회 교과서에 나오는 역사단원을 가르칠 때 교사로서 잘 못 가르치지 않으려고 역사와 관련된 책을 먼저 읽어보고 가르쳤던 습관도 교과서에서 만으로는 불가능했던 우리 아이들의 무한한 상상력과 지적 호기심, 재기발랄함이 만들어낸 결과입니다.

그럼에도 불구하고, 가르치다가 난해한 질문이 나오면 답변 전에 머릿속으로 뭐였지 생각할 시간이 필요했습니다. 그럴 때면 어김없이 독서광이었던 그 아이가 한 마디 합니다. 그러다 보니, 나중에는 가르치다가 그 아이 눈치를 보게 되고 그 아이의 표정에 변화가 없으면 안심하게 되었던 것 같습니다. 책 읽기를 많이 하는 아이가 교사를 이렇게 만든다는 사실만 보더라도 '책 읽기'의 위력을 충분히 느낄 수 있습니다.

그렇다고 이 아이가 우리 반에서 성적 1등을 하는 아이는 아닙니다. 10 등권에서 오락 가락했었습니다. 하지만, 나는 그 아이의 저력을 믿어 의심치 않았고, 그 아이가 중학교에 갔을 때 나를 찾는 그 아이의 동창들에게 번번이 그 아이 안부를 묻게 되었고, 해가 갈수록 그 저력이 현실이 되어가는 것을 곁에서 지켜보았습니다. 요즘 제가 몸 담고 있는 이 곳 학부모들마저 자신의 아이들에게 학원을 몇 개씩이나 뺑뺑이 돌리는 걸 볼 때마다, 대한민국 초등학교 아이들에게 사교육을 저렇게 시켜야 하는가 사실 한숨이 절로 납니다. 학교에서도 동료 교사가 아침 시간마저 학력을 강조하며 학습지를 풀게 하는 것을 지켜보면서도 안타깝기 그지없습니다.

수년 전 내가 근무했던 학교 교장선생님께서 아침 독서를 강조하셨을 때, 나도 아이들과 아침에 책을 넘기며 하루를 시작하였던 적이 있습니다. 그 때 나도 어려운 책을 읽던 아니, 삼국지를 10번이나 읽던 아이들을 보면서 얼마나 뿌듯하고 보람이 있었는지 모릅니다. 그 교장선생님께서는 독서를 강조하시면서 4층에 있던 도서관을 모든 학생들과 학부모가 이용하기 쉬운 2층으로 옮기시기도 했습니다.

초등학교 시기, 이 기간은 독서에 흥미를 갖고 자신이 읽고 싶은 책들을 통하여 사고의 폭을 넓히는 시기입니다. 폭넓고 다양한 장르의 책들을 전략적으로 읽어 가도록 어른들이 조금만 안내해 준다면 그 학생 인생 독서 습관의 밑거름을 충분히 부여할 수 있습니다. 그 밑거름은 결국 무성한 잎과 아름다운 꽃이 되고, 튼실한 열매를 맺는 큰 나무로 성장하는 데 큰 역할을 할 것임은 두말할 나위가 없습니다.

리딩엠에서 이 책을 기획하신 의도 또한 나의 생각과 다름이 없으시리라 여기며, 책에 수록된 서울대생들의 책읽기의 발자취가 초등학생의 진로의 길잡이와 책 읽기의 멘토가 될 것이라 믿어 의심치 않습니다. 현재 이 세상에는 기상천외한 첨단 하드웨어들이 넘쳐납니다. 하지만 그것들이 담을 바람직한 소프트웨어는 결국 인간의 책을 통한 간접경험들의 소산이 채울 것이라 생각합니다.. 그런 의미에서 나 또한 우리 학생들에게 책읽기를 강조할 것이고, 오늘도 우리 반 아침시간은 독서활동이 되고 있습니다.

아무쪼록 이 책에 수록된 내용을 통하여 많은 학생과 학부모님들이 초등학교 때의 독서의 중요성에 공감하여 학생들의 진로는 물론 훌륭하고 건전한 인격, 풍부한 지식과 교양을 지닌 현대인을 기르는 데 도움 받기를 진심으로 바랍니다.

영종 초등학교
교사 김학기

　좋은 책은 좋은 친구와 같다는 말이 있다. 그렇기 때문에 골드 스미스는 좋은 책을 처음 접하면 새 친구를 얻는 듯하고, 전에 읽은 책을 다시 읽게 되면 옛 친구를 만난 것 같다고 하였다. 그만큼 좋은 책을 읽는다는 것은 우리 인생을 풍부하게 한다는 말이다. 이 책은 서울대에 진학한 대학생들이 자신들의 책읽기가 공부에 어떤 영향을 미쳤는지 생생하게 들려주고 있다. 이 책을 읽는 독자들에게도 좋은 길잡이가 되리라 생각한다.

엄예현 『날아라, 멸치』 저자.

　초등학교에서 교편을 잡다 보니 항상 독서교육의 중요성을 느끼게 된다. 항상 부모님들은 아이들이 '다독'하기를 바란다. 하지만 적절한 관리를 받지 않은 독서는 비정상적인 독서벽으로 변질될 염려가 많다. 단순히 책을 중독성에 의해 무(無)목적적으로 보게 되면, 자신도 모르게 흥미 있는 기사만 몇 시간씩 클릭하는 무절제한 인터넷 웹서핑과 같은 것일 수밖에 없다. 그래서 이 책이 많은 학부모님에게 , 단순히 '다독'에만 만족할 것이 아니라 아이들이 명확한 방향성을 갖고 미래를 차곡차곡 준비할 수 있는 '전략적 책읽기'의 필요성도 함께 강조하고 있다는 점에서 우리 학부모님들이 꼭 읽었으면 하는 책이다. 아이들의 행복한 성취를 위해서는 그만큼 본인의 노력과 함께 조력자의 적절한 관심과 지도가 필요한데, 이 책이 유익한 길잡이 역할을 해줄 것 같다.

부천 양지초등학교 조인규 선생님

　초등학생 시절의 독서가 중요하다는 것은 익히 알려진 바가 많다. 하지만, 이렇게 중요한 아이의 독서학습을 어떤 방법으로 해야 하는 줄 아는 사람들은 많지 않다. 이 책은 독서라는 것이 단지 책을 읽는 것이라고 생각하는 사람들에게 많은 깨달음을 줄 것이다. 단순한 책읽기가 아닌 효과적인 독서활동을 통해 많은 아이들이 이 중요한 시기를 잘 보냈으면 한다.

서울 국제고등학교 1학년 신새리

아이가 아직 초등학교 2학년이라 자기가 좋아하는 책을 마음껏 읽도록 놔두는 편이었어요. 무엇보다 책 읽기의 즐거움을 경험하는 것이 중요하다고 생각했으니까요. 초등학교 3학년에 올라가면 전략적으로 독서지도를 해야겠다고 고민하던 차였는데 이 책을 일고 많은 해결책을 얻었네요. 초등학교 시기별로 어떤 독서전략을 세워야 하는지, 독서를 통해 학습능력을 최대화하는 단초를 얻을 수 있어 도움이 많이 되었어요.

서울 홍익대 사대 부속초등학교 3학년 신지윤 어머니

작년에 일요일 아침의 '퀴즈 대한민국'이라는 한 프로그램에서 초등생 어린이가 쟁쟁한 성인들을 물리치고 최연소 우승을 한 적이 있었다. 초등학생 딸을 둔 어머니로서 정말 부러웠다. 그런데 그 아이는 우승 소감에서 "평상시 책을 많이 읽었다"라고 했다. 책 읽기만큼 소중한 교육이 어디 있을까. 당장의 학과 성적이나 점수에 연연해 하지 말고 조급함에서 벗어나야 책 읽기를 많이 할 수 있다. 그리고 우리 아이가 책을 읽고 있는 모습에 무한 사랑을 줄 수 있는 믿음이 제일 중요하다. 옆에서 독서기록장과 일기를 쓰고 있는 우리 딸이 사랑스럽다. 그 모습에서 행복한 꽃이 피어나고 있음을 믿는다. 이 책을 쓴 학생들의 초등 독서 발자취에서 느꼈던 독서의 힘이 지금 이순간, 이 아이에게도 전해질 것이 분명하다.

서울 서정초등학교 6학년 문온선 어머니

Part 1

책 읽기로 배경지식 쌓으면 공부가 즐겁다

초등 독서로 쌓은 배경지식이 중·고등학교 수업 이해능력 결정

서울대학교 사범대학
김선민

학교에서 공부를 하고, 수업 내용을 이해할 때 기존에 알고 있던 나의 배경지식은 매우 큰 역할을 합니다. 친숙한 내용을 공부할 때 여러분의 배경지식과 여러분이 배우는 내용 사이에는 활발한 상호작용이 일어납니다. 즉 이미 알고 있는 지식을 동원해서 수업 내용을 능동적으로 해석하고, 자신이 받아들이기 쉬운 형태로 변형해서 기억하는 것이지요. 그러므로 배경지식이 부족하다면 수업 내용을 이해하기 어렵게 됩니다.

이를 뒷받침하는 연구가 이미 1988년에 Recht 와 Leslie라는 학자들에 의해서 이루어졌습니다. 이 학자들은 미국 뉴욕의 중학교 1학년 32명과 2학년 32명을 4개의 집단으로 나누었습니다. 이 집단은 각각 IQ도 높으면서 야구에 대한 배경지식도 많은 집단, IQ는 높지만 야구에 대한 배경지식은 적은 집단, IQ는 낮지만 야구에 대한 배경지식이 많은 집단, 그리고 IQ와 야구에 대한 배경지식이 모두 낮은 집단이었습니다. 실험자들은 네 집단의 학생들에게 각각 야구 경기에 관한 글을 읽도록 한 뒤에 글을 요약하는 문제와 야구에 관한 문제를 풀도록 했습니다. 실험 결과 배경지식, 즉 야구에 대해 이미 잘 알고 있었던 집단이 그렇지 않은 집단에 비해 문제를 더 잘 풀었습니다. 특히 IQ가 상대적으로 낮지만 야구에 대해 잘 알고 있는 집단과, IQ와 야구에 관한 배경 지식이 모두 뛰어난 집단을 비교한 결과 두 집단 사이에 큰 차이가 나타나지 않았다고 합니다.

이처럼 배경지식은 새로운 내용을 이해하고 기억하는 데 있어서 매우 큰 영향을 줍니다. 분명 IQ가 높으면 일반적으로 공부를 잘 할 것이라고 예상할 수 있겠지만, 지능이 조금 낮더라도 배경 지식이 충분하다면 내용을 이해하고 기억하여 그것을 자기 것으로 만들어갈 수 있다는 것을 확인할 수 있습니다. 한마디로 머리가 나빠서 공부를 못한다기보다는 적절한 배경지식이 충분하지 않기 때문에 공부를 못하는 경우가 많습니다. IQ보다 배경지식이 내용의 이해와 기억에 더 많은 영향을 미치기 때문입니다.

사회 시간입니다. 오늘 배울 단원은 '고구려를 계승한 발해'입니다. 혜미와 민경이가 같은 교실에 앉아 수업을 듣고 있습니다. 선생님의 수업이 시작되었습니다.

"발해는 옛 고구려를 계승해서, 고구려의 영토를 거의 지배했어요. 발해를 가리키는 또 다른 말로는 '해동성국'이 있는데, 이것은 동쪽의 큰 나라라는 뜻으로 발해의 세력이 매우 강하고 문화가 발전했었다는 것을 나타내는 말이지요. 발해의 시조는 대조영이었고, 대조영은 일부 귀족들과 함께 고구려 유민들을 이끌고 발해를 건국했어요. 발해의 지배층은 고구려 유민들이었고, 발해의 백성들은 주로 말갈족이었습니다. 한편 발해는 당나라와는 처음에는 대립관계였지만 이후 친밀한 관계를 유지했고, 일본과도 교류를 했습니다. 발해는 고구려를 계승한 나라라고 했지요? 그래서 고구려를 멸망시킨 신라와는 대체로 사이가 좋지 않았답니다."

혜미는 선생님의 설명에 고개를 끄덕거리며 집중하고 있습니다. 반면 민경이는 계승이라는 말이 무슨 뜻인지, 시조란 무엇을 가리키는 말인지, 고구려의 옛 영토는 어디인지, 말갈족이 누구인지, 당나라는 어디에 있는 나라인지 도무지 감이 잡히지가 않습니다. 똑같은 수업을 듣고 있는 혜미와 민경이는 왜 선생님의 말을 이해하는 정도가 서로 다

를까요? 단순히 혜미가 민경이보다 똑똑한 것이 그 이유일까요?

혜미는 어려서부터 역사 소설을 많이 읽었습니다. 우리나라의 건국에 관한 책부터 삼국시대, 고려시대를 지나 조선시대와 우리나라 근, 현대사에 관한 책까지 다양한 역사책들을 많이 읽었지요. 하지만 민경이는 책 읽는 것을 별로 좋아하지 않습니다. 다양한 역사책들을 통해 역사에 대한 지식이 많았던 혜미는 처음 듣는 선생님의 설명도 쉽게 이해할 수 있습니다. 발해에 대한 내용은 혜미에게 이미 익숙할 뿐만 아니라 발해와 관련된 고구려나 말갈족, 당나라, 신라에 대한 내용도 잘 알고 있는 것이지요. 그러나 민경이는 발해에 대해서는 예전에 들어본 적도 없습니다. 만약 들어본 적이 있다고 하더라도 발해에 대해 혜미만큼 구체적으로 알 수는 없을 것입니다. 이처럼 새로운 수업 내용을 배울 때 우리가 얼마나 이해할 수 있는지는 우리가 그 주제에 관한 '배경지식'을 얼마나 가지고 있는지에 따라 결정됩니다.

● 독서를 통해 얻은 배경지식이 능동적 수업하게 만들어

학교에서 공부를 하고, 수업 내용을 이해할 때 기존에 알고 있던 나의 배경지식은 매우 큰 역할을 합니다. 친숙한 내용을 공부할 때 여러분의 배경지식과 여러분이 배우는 내용 사이에는 활발한 상호작용이 일어납니다. 즉 이미 알고 있는 지식을 동원해서 수업 내용을 능동적으로 해석하고, 자신이 받아들이기 쉬운 형태로 변형해서 기억하는 것이지요. 그러므로 배경지식이 부족하다면 수업 내용을 이해하기 어렵게 됩니다.

이를 뒷받침하는 연구가 이미 1988년에 Recht 와 Leslie라는 학자들에 의해서 이루어졌습니다. 이 학자들은 미국 뉴욕의 중학교 1학년 32명과 2학년 32명을 4개의 집단으로 나누었습니다. 이 집단은 각각 IQ도 높으면서 야구에 대한 배경지식도 많은 집단, IQ는 높지만 야구에 대한 배경지식은 적은 집단, IQ는 낮지만 야구에 대한 배경지식이 많은 집단, 그리고 IQ와 야구에 대한 배경지식이 모두 낮은 집단이었습니다. 실험자들은 네 집단의 학생들에게 각각 야구 경기에 관한 글을 읽도록 한 뒤에 글을 요약하는 문제와 야구에 관한 문제를 풀도록 했습니다. 실험 결과 배경 지식, 즉 야구에 대해 이미 잘 알고 있었던 집단이 그렇지 않은 집단에 비해 문제를 더 잘 풀었습니다. 특히 IQ가 상대적으로 낮지만 야구에 대해 잘 알고 있는 집단과, IQ와 야구에 관한 배경 지식이 모두 뛰어난 집단을 비교한 결과 두 집단 사이에 큰 차이가 나타나지 않았다고 합니다.

이처럼 배경지식은 새로운 내용을 이해하고 기억하는 데 있어서 매우 큰 영향을 줍니다. 분명 IQ가 높으면 일반적으로 공부를 잘 할 것이라고 예상할 수 있겠지만, 지능이 조금 낮더라도 배경 지식이 충분하다면 내용을 이해하고 기억하여 그것을 자기 것으로 만들어갈 수 있다는 것을 확인할 수 있습니다. 한마디로 머리가 나빠서 공부를 못한다기보다는 적절한 배경지식이 충분하지 않기 때문에 공부를 못하는 경우가 많습니다. IQ보다 배경지식이 내용의 이해와 기억에 더 많은 영향을 미치기 때문입니다.

그렇지만 이와 같은 학문적 연구 결과들을 굳이 언급하지 않더라도,

새로운 내용을 학습할 때 그와 관련된 체계화된 사전지식을 얼마나 가지고 있는지가 학습에 중요한 영향을 미치기 때문에 다양한 분야에서의 배경지식을 풍부하게 쌓는 것은 학습에 있어서 매우 중요한 역할을 합니다. 그렇다면 어떻게 해야 배경지식을 쌓을 수 있을까요?

💬 그렇다면 어떻게 해야 배경지식을 쌓을 수 있을까요? 독서를 통한 배경지식 쌓기가 가장 효과적

그렇다면 어떻게 해야 배경지식을 쌓을 수 있을까요? 독서를 통한 배경지식 쌓기가 가장 효과적, 배경지식은 직접적인 체험과 실제적인 경험을 통해서도 쌓을 수 있지만, '행함으로서 배우는 것(Learning by doing)'에는 어느 정도 한계가 있는 것이 사실입니다. 대신 간접경험, 즉 독서를 통해 배경지식을 쌓는 것은 가장 손쉬운 방법이면서도 학습에 직접적으로 영향을 주는 방법입니다. 또 많은 배경지식을 쌓기 위해서는 한 장르만 편식해서 책을 읽는 것보다는 다양한 분야의 독서를 하는 것이 중요합니다. 맨 처음 여러분이 읽으신 혜미와 민경이의 사례는 사실 저의 경험을 약간 각색한 것입니다.

저는 어려서부터 책 읽는 것을 매우 좋아했지만, 제가 읽은 책 중에서 역사와 관련된 책이 차지하는 비중은 그다지 많지 않습니다. 기껏해야

---

1) 팩션(Faction)이란, 역사적 사실에 상상력을 덧붙인 새로운 장르를 가리키는 말입니다. 팩트(fact)와 픽션(fiction)을 합성한 신조어로써 역사적 사실이나 실존인물의 이야기에 작가의 상상력을 덧붙여 새로운 사실을 재창조하는 문화예술 장르를 가리킵니다. 영화로는 '황산벌'이나 '실미도', 드라마로는 '불멸의 이순신' 등이 팩션 장르에 해당하지요.

 초등시기, 나는 이렇게 책을 읽었다
서울대학교 학생들의 초등 독서발자취

역사적 사실을 바탕으로 상상해서 쓴 팩션 소설[1] 정도만 읽었던 것으로 기억합니다. 그러던 중에 초등학교 6학년 사회시간에 발해에 대해서 배우는 시간이 있었습니다. 저는 그 전에 '아, 발해'라는 역사 소설을 읽었기 때문에 발해에 대해서 들어본 기억은 있었지만, 발해에 대한 정확한 역사적인 사실이나 발해라는 국가가 있었을 당시의 시대적 배경 등에 대해서는 잘 알지 못했습니다. 제가 읽은 책은 역사적 사실을 바탕으로 작가가 상상력을 발휘해서 만들어낸 '소설'이었기 때문입니다. 그래서 저는 선생님의 설명을 들으면서도 '정말 새로운 내용을 배우고 있다.'는 느낌을 받았습니다.

그런데 우리 반에는 정말 다른 책은 제쳐두고 역사만화, 역사책, 역사소설, 대하드라마에 이르기까지 역사에 관한 것이라면 뭐든지 섭렵하고 있었던 친구가 있었습니다. 그 친구는 같은 수업을 들으면서도 훨씬 더 빨리 이해하고, 선생님께 질문도 많이 했습니다. 그 때 전 그 친구가 역사에 대해 풍부한 배경지식을 가지고 있었기 때문에 수업을 저보다 훨씬 더 잘, 더 빨리 이해한다는 것을 알았고, 배경지식의 중요성을 실감하게 되었습니다. 하지만 역사에 대한 배경지식을 얻기 위해서는 다른 방법도 있지 않겠느냐구요? 네, 물론 박물관에 견학을 가거나, 역사에 대한 드라마나 영화를 보는 것도 좋은 방법입니다. 그렇지만 이 방법들은 책 읽는 것에 비해 시간이 많이 들고, 또 정확하고 직접적인 정보를 쉽게 얻기 어렵다고 할 수 있습니다.

독서는 학습의 가장 첫 단계인 독해능력 기르기에 안성맞춤

또 독서를 하면 배경지식을 풍부하게 쌓을 수 있는 것뿐만 아니라, 기본적인 독해 능력도 기를 수 있는 장점이 있습니다. 초등학교에서부터 대학에 이르기까지, 대부분의 학습은 주로 주어진 글을 읽고, 이해하며, 때로는 그것을 암기하는 방식으로 이루어집니다. 즉 정확한 독해가 학습의 가장 첫 단계에 해당하는 것이라고 할 수 있습니다. 이러한 학습의 과정에서 주어진 글을 제대로 이해할 수 없다면, 학습이 제대로 이루어지지 않을 것입니다. 내용을 이해할 수 없는데 어떻게 공부를 할 수 있겠어요? 하지만 책을 많이 읽으면 글을 잘 이해하는 기본적인 능력이 발달합니다. 이와 더불어 책을 많이 읽으면 읽을수록 글을 더 빨리, 동시에 정확하게 읽는 능력도 발달하게 됩니다.

독서습관은 상대적으로 시간이 많은 초등학교 때가 가장 적절

이제 독서의 중요성에 대해서는 잘 알겠지요? 그렇다면 왜 초등학교 때에 독서를 하는 것이 중요할까요? 우선 중, 고등학교 때에는 상대적으로 책을 읽을 시간이 많지 않습니다. 학교에서 들어야 하는 수업도 많고, 해야 할 공부의 양도 초등학교 때보다 많이 늘어나지요. 중, 고등학생이 되면 본격적으로 많은 양의 교과서 내용을 읽고 공부해야 하는데, 그때 가서 '난 독해능력을 기르기 위해 이제부터 책을 많이 읽어야지!'라고 생각하는 것은 이미 늦은 일입니다. 또 독서 습관이란 하루아침에 길러지는 것이 아닙니다. 독서 습관은 몸에 밸 때까지 매일 일정한 시간을 정해서 규칙적으로 책을 읽을 때 길러지는 것이고, 이런 습관을 기르기 위해서는 상대적으로 시간이 많은 초등학생 때가 가장 적절합니다.

또 교육학과 심리학 분야에서 이루어진 연구들에 따르면, 인간은 각 연령에 가장 적합한 서로 다른 발달단계를 가집니다. 초등학교 시기는 읽기나 쓰기와 같은 언어 능력을 발달시키기에 가장 적합한 시기입니다. 언어 지능은 12~13세가 되면 거의 완성되기 때문이지요. 중, 고등학교에 올라가서 그제야 독서를 통해 언어 능력을 발달하려는 친구들이 무척 힘들어 하는 것을 많이 보았습니다. 두뇌 발달이 가장 활발한 시기에 독서를 많이 하는 것은 이런 여러 가지 이유들 때문에 매우 중요하다고 할 수 있습니다.

01 초등학교 시기 나의 독서이력은?

💬 언제 어떤 책을 읽어야 할 지 막막하시다구요?

초등학교 시기에 책을 읽는 것이 이렇게나 중요하다는 것을 알았는데, 이제는 언제 어떤 책을 읽어야 할지 조금 막막하시다구요? 그렇다면 저의 독서 이력[2]을 참고해 보세요.

💬 1학년때는 글자가 크고 그림이 많은 책 위주, 국내외 명작도 되풀이해

초등학교 1학년 때에는 주로 글자가 크고 그림이 많은 책을 읽었습니다. 그때에는 주로 표지가 예쁘고 재미있는 제목을 가진 책들을 좋아했던 생각이 납니다. 초등학교에 입학하기 전에도 이미 어머니께서 세계명작 전집이나 전래동화 전집을 사 주셔서 여러 번 되풀이해서 읽었는

---

2) 저의 독서 이력은 제가 도서관에서 빌린 책의 목록들과 독서록에 기록한 내용들을 기초로 작성하였습니다.

데, 학교에 입학하고 나서 학교 도서관에 가보니 똑같은 제목이라도 내용이 조금씩 다르고 그림도 달라서 읽고 싶은 마음이 들었습니다. 이때에는 주로 이솝우화나 우리나라 전래동화 등 줄거리가 재미있고 쉽게 이해할 수 있는 책을 읽었습니다. 또 이 시기에는 법이나 정치와 같은 추상적인 이야기들 대신에 우리 주위에서 쉽게 볼 수 있는 교실이나 강아지, 비둘기, 학교를 소재로 하고 있는 창작동화들을 많이 읽었어요.

2학년 때는 우리나라 위인전에서 세계 위인전까지

2학년이 되어서는 위인전을 많이 읽었습니다. 한석봉을 읽고 어머니의 자식 교육에 감명을 받고, 신사임당을 읽고는 지혜로운 여성이 되어야겠다는 가르침을 받았습니다. 또 나라를 위해 목숨까지 바친 유관순의 애국심과 남을 위해 봉사하는 이황의 마음을 본받아야겠다고 생각했었습니다. 또 그리스 신화와 같은 신기한 이야기들을 많이 읽었습니다. 요즘에는 만화로 된 그리스 신화 책이 나오고 있는데, 제가 초등학생이었을 때에는 안타깝게도 그렇게 그림이 예쁜 만화책은 없었습니다. 대신 적당한 삽화가 들어가 있고 줄글로 쓰인 신화 책들을 많이 읽었습니다. 신화 이야기를 읽으면서 상상의 나래를 펼쳤던 기억이 납니다. 이밖에도 '행복한 왕자'나 '돌아온 진돗개 백구'와 같은 창작동화 및 세계명작들도 계속해서 읽었습니다.

3학년 때는 창작동화, 과학환경 관련 책들을

초등학교 3학년 때에는 '엉뚱이의 모험'이나 '하늘을 나는 교실', '내 푸른 자전거'와 같은 창작동화를 많이 읽었습니다. 창작동화는 내용도 쉽고 재미있어서 한 권을 읽는 데에 이틀 정도밖에 걸리지 않았습니다. 이 때 집 근처에 있는 도서관과 학교 도서관에 있는 창작 동화를 거의 다 읽었던 기억이 납니다. 그리고 '과학 독후감 대회'를 대비하기 위해 과학과 관련된 소설과 책들을 많이 읽었습니다. 지구가 너무 오염되어서 사람들이 우주선을 만들어서 새로운 행성을 찾아 떠나고, 거기에서 살게 된다는 내용이었습니다. 이 책을 읽으면서 '정말 그런 일이 생기면 어떡하지?'라고 걱정도 했었어요.

또 공부를 어떻게 하는 건지에 관해 쓰여 있는, 학습에 관한 책들을 읽었던 기억이 납니다. 대표적인 예로 '공부 안 하고 어디 가니?'라는 제목의 책이 있었는데 다른 친구들이 쓴 글을 모아둔 책이었습니다. 이 책을 읽고 나서 다른 친구들도 공부하는 것을 좋아하지 않는구나, 라는 생각을 하게 되었고 또 비슷한 또래의 친구들이 공부에 대해 어떻게 생각하는지를 알 수 있어서 좋았습니다. 또 학교에서 열린 '환경 독후감 대회'를 위해 '산성비는 정말 무서워요'와 같은 환경을 보호하는 내용을 담은 동화도 읽었습니다. 그 책에 '아나바다'운동을 실천하는 초등학생의 이야기도 나오는데, '아껴 쓰고, 나눠 쓰고, 바꿔 쓰고, 다시 쓰자.'는 아나바다 운동이 아직도 생각나는 것을 보면 그 책을 꽤 열심히 읽었던 것 같아요.

💬 4학년 때는 세계명작소설 등 문학작품을 주로 읽어

4학년이 되어서는 세계명작소설들을 많이 읽었습니다. 집 근처 도서관에는 한 출판사에서 어린이들을 위해 세계 명작들을 조금 쉽게 번역해서 출판한 문학 전집이 있었는데 그 전집을 거의 다 읽었던 기억이 나네요. '적과 흑', '부활', '바람과 함께 사라지다', '죄와 벌', '주홍 글씨' 등 세계적으로 유명한 작품들을 이 시기에 많이 읽었습니다. 문학 전집의 작품들을 하나하나씩 읽어가면서, 그 전집 내에서 내가 읽은 책의 수가 읽지 않은 책의 수보다 많아질 때 기분이 무척 좋았습니다. 물론 이 작품들은 대학생이 된 지금에 와서 다시 읽어도 생각할 점이 많은 책들인데, 초등학교 4학년 때의 저는 그 책들이 정말 재미있어서 좋아했습니다. 아마 어린이를 위해 그 출판사는 번역을 할 때 어려운 단어를 쓰지 않고, 내용도 조금 줄였겠지요?

5학년 때는 성장소설 읽으며 주인공의 내면세계에 빠져들어

초등학교 5학년이 되어서는 성장소설을 많이 읽었습니다. 성장소설이란 내 또래의 주인공이 시간이 흐르면서 자기를 발견하고 정신적으로 성장해 나가는, 이를테면 자신을 내면적으로 형성해 나가는 과정을 묘사한 소설입니다. 저 역시 초등학교 고학년이 되면서 정신적으로 성숙해지는 과정에서 '데미안'과 같은 성장소설을 읽으며 다른 주인공들의 성장 과정을 살펴보고 그들과 나를 비교해보면서 책 속의 주인공들과 함께 성장해 나갔습니다. 우리나라와 외국 작가가 쓴 성장소설을 모두 읽었는데, 아무래도 우리나라 작가가 쓴 성장소설들이 조금 더 정서에 맞다는 생각을 했습니다.

또, 역사소설에서 수학관련 책, 철학책으로 지평을 넓혀나가

또 '아, 호동왕자'나 앞서 언급한 '아, 발해'와 같은 역사 소설도 많이 읽었습니다. 역사 소설은 역사적인 사실을 바탕으로 썼기 때문에 어느 정도 사실성이 있고, 그렇지만 역시 소설이기에 동시에 허구성도 있습니다. 초등학교 3학년 때 주로 읽었던 순수한 창작동화보다는 어느 정도 사실에 기반한 소설을 읽는 것이 재미있었습니다. 또 특이하게 '수학귀신'이라는 수학과 관련된 책을 여러 번 읽었습니다. 함께 수학 올림피아드를 준비하던 친구들이 있었는데 그 중 한 친구가 추천해 주어서 읽게 된 책입니다. 수학귀신이 등장해서 수학에 대해서 설명해 주는데, 설명이 지루하지 않고 또 소설의 전체적인 줄거리와 잘 어우러져서 몇 번이나 반복해서 재미있게 읽었던 기억이 납니다. '석가와 크는 아이', '공자와 크는 아이'와 같은 철학동화들도 이 시기에 많이 읽었습니다.

💬 6학년 때는 감동적인 에세이부터 자기 계발서 등 읽어, 또 어렵다고 하는 고전문학도 모두 읽어

마지막으로 6학년 때에는 '마음을 열어주는 101가지 이야기'처럼 감동적인 에세이들을 모아둔 책들과 자기 계발서 등을 읽었습니다. 이 시기에는 점점 나 스스로에 대해 고민하고 생각하게 되면서 주로 인생이나 삶, 자기 자신에 대해 성찰할 수 있는 계기를 주는 잔잔한 책들이나 실용적인 자기 계발서들을 읽었습니다. 또 성인들을 대상으로 하는, 좀 더 두껍고 내용이 어려운 '등대지기'와 같은 소설들도 이 시기에 많이 읽었습니다. 이밖에도 '구운몽'과 같은 우리 고전 문학작품들도 읽었습니다.

02 초등학교 시기 나의 독서이력이 나에게 남긴 것

💬 초등학교 때 독서가 현재 나의 공부와 관련성 매우 커

이처럼 저는 초등학교 시절동안 많은 장르의 책들을 다양하게 읽었습니다. 초등학교 1학년 때에는 주로 흥미있고 재미있는 책들을 위주로 읽었습니다. 그러다보니 책 읽는 것 자체에 재미를 붙이게 되었고, 이로 인해 독서를 좋아하고 즐기는 생활습관을 기르게 되었습니다. 이처럼 책 읽는 것을 숙제로, 공부로 생각하기보다는 자신 스스로가 책 읽는 것이 정말 재미있고 좋아서 독서를 하도록 하는 것이 중요합니다. 그렇기 때문에 아이의 수준을 고려하지 않고, 아이가 이해하기에 너무 어려운 책이나 너무 수준이 낮은 책을 읽도록 하는 것은 독서에 대한 흥미를 떨어뜨릴 위험이 있습니다. 또 독서는 지금 내가 하고 있는 고민과 직접적인 관련을 맺기도 합니다. 초등학교 고학년이 되어 한창 나 자신에 대해 생각하게 될 때 읽은 많은 성장소설들과 자기 계발서는 실질적인 도움이 되었습니다.

💬 초등 독서이력이 학습에 커다란 영향 미쳐

초등학교 시기에 읽은 많은 책들은 직, 간접적으로 학습에 영향을 줍니다. 먼저 초등학교 시기부터 늘 책을 가까이 하고, 책 읽는 것을 좋아하는 독서 습관이 생기면 텍스트를 잘 이해하는 능력이 자연스레 발달합니다. 앞서 말했듯이 독해 능력은 학습의 가장 기본이 되는 것이지만 암기나 주입식 교육을 통해서는 획득할 수 없습니다. 오직 풍부한 독서 경험을 통해서만 올바르고 정확한 독해 능력을 키울 수 있는 것입니다.

초등시기, 나는 이렇게 책을 읽었다
서울대학교 학생들의 초등 독서발자취

사회나 과학과 관련된 책들을 읽게 되면 독해 능력과 더불어 해당 교과에 관한 배경지식도 쌓을 수 있습니다. 도입 부분에 든 사례에서처럼, 역사책을 많이 읽으면 역사 과목에 대해 자신감이 생기겠지요. 또 과학책을 많이 읽어서 과학에 대한 배경지식이 많은 아이는 학교의 과학 수업에 거부감을 가지는 대신 흥미를 갖고 수업에 보다 적극적으로 참여할 것입니다. 이처럼 다양한 교과에 대해 풍부한 배경지식을 갖는 학생은 각 수업 장면에서 자신이 이미 잘 알고 있는 내용을 배우고 있기 때문에 학습에 대한 긍정적인 경험을 하게 됩니다. 선생님이 설명해 주는 내용이 내가 이미 잘 알고 있는 내용이라면, 그래서 이해가 쏙쏙 잘된다면 얼마나 신이 나겠어요? 이러한 긍정적인 학습 경험은 곧 자신의 학습 능력에 대한 자신감으로 이어지는데, 이런 자신감은 긍정적인 학습 결과에 꼭 필요한 요소입니다.

03 책을 아무거나 무작정 읽지 않고 전략적으로 읽는다면??

지난 7월 3일 문화체육관광부가 발표한 〈2008년 국민독서실태조사〉 결과에 따르면 초·중·고등학생의 연평균 독서량은 14권으로 나타났습니다. 그 중에서도 43.3%, 즉 절반 가까이가 문학 장르에 치중해 있고 그 뒤를 만화 및 무협지(22%), 실용/취미(20.9%)[3]가 차지하고 있습니다. 이처럼 문학과 만화 및 무협지에 편중된 독서 습관은 다양한 배경지식을 쌓을 기회를 제한합니다. 하지만 독서에 대한 전략적인 프로그램이 없는 실정에서 학생들은 올바른 체계에 따라 책을 읽고 싶어도 어떤 책을 어떤 시기에, 어떤 교과와 연계해서 읽어야 하는지 알 수 없어 막막

---

3) http://www.mcst.go.kr/web/notifyCourt/press/mctPressView.jsp?p
MenuCD=0302000000&pSeq=10050

하기만 할 뿐입니다. 저의 독서 이력에서도 주로 소설과 문학 작품이 많은 비중을 차지하고, 과학이나 사회와 관련된 책들은 그에 비해 많이 읽지 않았다는 것을 확인할 수 있었지요.

전략적 책읽기 프로그램이란 학교의 교육과정, 교과 교육과정에 맞춰 도서를 주제별로 배치하여 학생들에게 동기 유발 효과를 주기 위한 목적에서 개발된 프로그램입니다. 또 학생이 특정 분야의 책만 읽는다거나, 특정 분야의 책에는 흥미를 보이지 않을 경우 흥미를 유발시키고, 일종의 치료를 통해 책읽기를 관리하는 프로그램입니다. 제가 초등학생이었을 때 전략적 책읽기 프로그램이 널리 보급되었더라면, 문학 작품에 치중되어 있던 저의 독서 경향을 다른 분야로도 확장할 수 있었을 것입니다.

또 사람들은 어떤 책이 좋은지 몰라서 읽지 못하는 경우도 많습니다. 책을 읽고 싶기는 한데 어떤 책이 지금 내가 학교에서 배우는 내용과 관련이 있을지, 내 수준에 가장 잘 맞는 책은 무엇인지 궁금하지 않나요? 전략적 책읽기 프로그램은 여러분이 올바른 독서 습관을 형성할 수 있도록 도와주고, 또 그렇게 형성된 독서 습관을 바탕으로 여러분에게 가장 적합한 책들을 선별해서 제시해주는 등대가 될 것이라고 생각합니다.

 초등시기, 나는 이렇게 책을 읽었다
서울대학교 학생들의 초등 독서발자취

04 책, 읽기만 하면 된다? 과연 그럴까.

독서가 중요하다는 것은 이제 알겠고, 그렇다면 이제 그냥 무턱대고 책에 나온 글자들을 그대로 읽기만 하면 될까요? 또 책을 다 읽은 다음에는 표지를 덮고 '이제 이 책은 다 읽었으니까 다신 안 봐도 되겠지!'라고 생각해도 괜찮을까요?

💬 책을 읽는 방법에도 전략이 필요해

책을 읽는 방법에도 전략이 필요하답니다. 먼저 책을 읽기 전에는 그 책에 대해서 찬찬히 고민해 보세요. 책을 본격적으로 읽기 전에 책 표지의 그림도 보고, 책의 제목도 유심히 보면서 어떤 내용의 책일지 추측해 보는 거예요. 이러한 독서 전 활동을 계속 하다보면 나중에는 여러분이 읽고 싶은 책, 읽어야 할 책들을 미리 선별할 수 있는 능력을 갖추게 됩니다.

책을 읽는 도중에는 글자만 읽어서는 안 됩니다. 책을 '적극적'으로 읽어야 해요. 음……. 책은 그냥 글자랑 종이로 이루어진 채 내 앞에 펼쳐져 있을 뿐인데, 어떻게 책을 '적극적'으로 읽을 수 있느냐고요?

여러분은 책을 읽는 동안 끊임없이 생각을 합니다. '계승? 이 단어는 무슨 뜻이지?', '주인공은 왜 이렇게 행동했을까?', '결론이 마음에 들지 않아, 나라면 이렇게 썼을 텐데.' 같은 생각들 말이지요. 그 생각들을 그냥 흘려보내지 말고, 생각이 떠오를 때마다 책 귀퉁이나 (빌린 책이라면!) 다른 메모지에 잘 적어두세요. 그 다음에 자신이 가졌던 질문들을 하나씩 해결해 보는 거예요. 단어의 뜻을 몰랐다면 사전을 찾아보고, 주인공의 행동이 이해되지 않는다면 그 책을 다시 한 번 읽어보거나 같은 책을 읽은 다른 친구들과 토론해 볼 수도 있겠지요. 그리고 결론이 마음에 들지 않는다면, 여러분이 직접 써 보는 것도 좋습니다. 이렇게 책을 읽으면서 생겼던 고민들을 해결하는 과정에서 여러분은 그 책에 대해 더 잘 기억하고 이해할 수 있게 됩니다.

자, 여러분, 부모님이나 선생님이 책 읽고 나면 꼭 시키시는 것이 있지요? 바로 '독후감 쓰기'! 독후감 쓰는 것, 어렵지 않나요? 내용도 요약해야 하고, 느낀 점도 써야 하고……. 나는 그냥 읽으면서 재미있었다는 것밖에 느낀 것이 없는데, 느낀 점을 한 문장만 쓰자니 좀 그렇고…

이처럼 독후감 쓰는 것은 어렵긴 하지만 독후감을 쓰면 여러분이 읽은 책을 정리하는 데 많은 도움이 됩니다. 기껏 책을 다 읽긴 했는데, 나중에 그 내용이 무엇이었는지 생각이 나지 않는다면 얼마나 아쉽겠어요? 독후감을 쓰면서 책 내용도 다시 되새겨보고, 또 독후감을 쓰기 위해 책을 꼼꼼히 읽으면서 많은 생각을 하다보면 여러분의 사고능력이 훨씬 발전할 수 있답니다.

05 독후감은 어떻게 쓰는 것이 좋을까요?

문학과 비문학으로 구분해 본 독후감 쓰는 방법

🗨 비문학 책의 경우

그렇다면 독후감을 어떻게 쓰는 것이 좋을까요? 제가 초등학교 4학년 때 '지구별은 환경 실험실'을 읽고 쓴 독후감을 직접 예로 들어 보겠습니다.

도서실에서 이 책 제목을 보고, '지구가 환경 실험실이라고? 왜 그렇지?'하는 궁금증이 생겨서 읽어보게 되었다. 이 책은 환경 과학 이야기인데, 몰랐던 상식들을 하나하나 알기 쉽게 가르쳐 주는 책이다. 산성비는 식물을 죽게 하고, 실제로 미국과 유럽의 공업 지대 주변 산림을 말라 죽였다고 한다. 또 사람이 산성비를 맞으면 눈병이나 피부병이 생기고, 건물이나 문화유산을 부식시킨다고 한다. 난 산성비가 그렇게 무서운 건 줄 몰랐는데……. 또 오존층에 구멍이 뚫리면서 피부암이 4~6% 증가하고 식물의 성장이 느려진다. 우리가 자주 듣는 지구 온난화, 열대야, 스모그, 방부제 등도 모두 심각한 환경 문제를 가지고 있는 것이다.

나는 이대로 환경오염이 계속된다면, 정말 지구가 큰일 날 것이라는 생각이 들었다. 또한 우리가 늘상 듣고 흘려버리는 낱말들이 지구 환경 오염에 큰 영향을 끼치고 있다는 사실에 놀라게 되었다. 이 책을 읽다보니, 내가 몰랐던 낱말들을 알 수가 있었다. 예를 들어 님비 현상이란 Not In My Backyard의 약자로 '우리 집 근처는 안 돼!'라는 뜻이다. 평소에 환경오염에 대해 관심도 있었고, 알고 싶은 것도 많았는데 이 책을 읽고 나니까 궁금증이 조금 풀리는 것 같았다. 앞으로도 환경에 관한 책을 많이 읽어봐야지!

'지구별은 환경 실험실'은 특정한 줄거리가 없는 비문학 책이었기 때문에, 책을 읽으면서 새롭게 알게 된 사실들과 나의 느낌을 위주로 독후감을 썼습니다.

💬 비문학이 아닌 문학책의 경우

그렇다면 이제 문학 작품인 '투명 인간'을 읽고 쓴 독후감을 살펴보도록 하지요. 과학자 그리핀은 실험 도중 우연히 인간의 몸을 투명하게 만드는 약을 발명하게 되고, 자신이 그 약을 마신 뒤 몸이 투명하게 되자 여기저기를 돌아다니면서 사람들에게 쫓기는 신세가 된다. 그는 사람들에게 발견될까봐 아무리 추워도 옷을 입지 못하고, 음식도 먹지 못한다. 다른 사람이 보면 옷과 음식이 허공에 떠 있는 것처럼 보이는 것이 수상해서 잡으러 오기 때문이다.

나는 언젠가 '투명 인간이 되어서 재미있게 놀았으면…….'하는 생각을 해 본적이 있었는데, 이 책을 읽고 나서 생각해보니까 투명 인간에게는 나쁜 점이 더 많이 있는 것 같았다. 비록 사람들에게 보이지는 않더라도 실 한 오라기 걸치고 있지 않다면 그 자신이 얼마나 부끄러울까? 그리고 움직일 때의 발자국이나 흙이나 풀밭을 걸어 다닐 때의 그 흔적 또한 금방 들켜버릴 것들이다. 그럼 완전한 투명 인간이 되려면, 자기의 몸과 접촉하고 있는 모든 사물들도 다 투명하게 만드는 약을 발명해야 할 것 같았다. 험난한 투명 인간의 길!

그러던 어느 날 투명 인간은 그 날도 사람들에게 쫓기다가 어느 집으로 피신해 들어갔는데, 마침 그 집이 바로 자신의 대학 동창인 캠프 박사의 집이었다. 캠프 박사는 그의 집에서 투명 인간, 아니 그리핀으로부터 투명 인간이 된 계기와 앞으로 새로운 정부를 세워서 세계를 지배하겠다는 그의 계획을 듣고, 경찰 서장에게 편지를 써서 자기 집에 투명 인간이 있다는 것을 알린다. 입고 있던 옷을 다시 모두 벗고 나가 흔적도 없이 사라진 투명 인간은 자신을 배신한 캠프 박사를 죽이려 하지만, 사람들의 도움으로 투명 인간은 죽고 박사는 살아났다.

나는 자신의 모습이 보이지 않는 것을 이용해서 세계의 지배를 꿈꾸는 악한 모습에 화가 났다. 자신의 과학 기술을 그렇게밖에 이용하지 못하는 것일까? 하지만 어찌 보면 조금 불쌍하기도 했다. 배가 고파도 음식을 들킬까봐 못 먹고 굶주리고, 겨울에도 옷도 걸치지 못하고.

그리핀은 온갖 노력 끝에 제 모습을 공기처럼 지워 없애는 일에는 성공을 하지만, 투명 인간이 되어서 얻게 된 기쁨보다는 죽을 때까지 그의 뒤를 쫓아다닌 불안과 초조가 더 큰 것 같다. 하긴, 누가 투명 인간이 되라고 한 것도 아니고 자기 스스로가 약을 마신 것이니, 책임 질 사람은 아무도 없는 것이다. 그의 죽음에 대해서, 그리고 그의 고통에 대해서 말이다.

나는 투명 인간을 히틀러와 같은 독재자라고 생각한다. 자기가 하고 싶은 대로만 하고, 자기와 뜻이 맞지 않거나 반대하는 사람들을 죽여 버리는 잔혹한 독재자 같았다. 난 이제 투명 인간이 되고 싶다는 생각을 버렸다. 이 세상에 투명 인간이라는 것은 있어서는 안 될 것이다. 앞으로 과학이 더 발전해서 그리핀이 만든 것과 같은 투명 인간 약이 나온다고 해도, 그걸 마시고 투명 인간이 된 사람들은 평생 고통스러울 것이다. 그리고 투명 인간들이 늘어난다면, 이 사회는 얼마나 혼란스러울까? 투명이 되어 버린 몸을 다시 원상태로 돌리는 약이 있다면 괜찮겠지만, 그렇지 않다면 죽을 때까지 투명 인간으로 살아야 하는 것이다.

이 책은 재미있기도 했지만 특별한 교훈을 준 책이었습니다.

보다시피 책의 줄거리를 쓰면서, 자연스럽게 그 줄거리와 관련해서 느낀 점을 중간 중간에 이어서 썼어요. 또 그 책의 내용과 관련된 사회적 문제에 대한 나의 생각과 과학의 발전에 대한 생각들을 자유롭게 적었습니다. 이처럼 독후감을 쓸 때에는 단순히 책의 줄거리를 모두 요약한 다음에 느낀 점을 쓰는 형식을 꼭 맞추지 않아도 괜찮습니다. 줄거리와 느낀 점을 따로 분리해서 쓰지 않아도, 줄거리를 쓰다가 그 내용에 대해 느낀 점이 생각난다면, 줄거리 바로 뒤에 느낀 점을 쓰면 되요.

어때요? 정해진 독후감 형식에 맞추어 쓰는 것보다 자신의 생각을 중심으로 쓰면 훨씬 독후감 쓰기도 쉽고, 더 잘 써지겠지요? 이밖에도 책 속의 주인공에게 편지를 쓰거나, 작가에게 편지를 쓰거나, 친구에게 내가 읽은 책을 소개해 주는 등 다양한 형식으로 독후감을 쓸 수 있습니다. 다시 말하자면 형식이 중요한 것이 아니라 자신이 읽은 책의 내용을 자신의 말로 풀어 쓰면서 그 책에 대해 다시 한 번 스스로 정리하는 것이 독후감을 쓰는 가장 중요한 목적입니다.

06 독서이력 진단검사는 왜 필요할까?

독서이력진단검사란 여러분이 독서에 대해 얼마나 흥미를 가지고 있고, 어떤 태도를 가지고 있으며 유형별, 장르별, 주제별로 어떤 도서를 얼마만큼 읽었고, 읽지 않았는지를 확인하게 해 주는 검사입니다. 이를 바탕으로 여러분의 적성과 진로와의 연관성과 앞으로의 전망을 확인하고 진단할 수도 있습니다. 즉 여러분이 이제까지 읽어온 책의 역사를 분석하고 부족한 점에 대해 해결 방안을 제시해 주기 위해 개발된 검사입니다.

그렇기 때문에 독서이력진단검사에는 정답이 없습니다. 자신이 읽은 책을 떠올려보면서 나는 주로 어떤 종류의 책을 많이 읽었는지, 그리고 나는 어떤 종류의 책에는 관심이 없는지에 대해 생각해 보면 되는 거예요. 여러분이 초등학교 시절에 읽었던 책들의 목록을 아는 것은 여러분의 학습 방법이나 적성, 진로와 밀접한 연관성을 가집니다. 예를 들어 승호의 독서이력을 진단했더니 과학책이 차지하는 비중이 많았다면, 승호의 적성은 과학 계열이고 승호는 앞으로 과학과 관련된 진로를 선택하면 좋을 것이라고 추측할 수 있을 것입니다. 하지만 여러분이 책을 읽을 때마다 그 책의 제목과 그 책의 유형, 장르, 주제를 매번 적어놓는 것은 아니기 때문에 독서이력진단검사가 필요한 것입니다. 독서이력진단검사를 통해 여러분의 독서 습관을 확인하고, 잘 된 부분은 더욱 강하게, 부족한 부분은 보완할 수 있습니다. 승호의 경우 과학책뿐 아니라 문학, 사회, 동시 등 다른 분야의 책들도 함께 읽어야 할 필요가 있겠지요? 이처럼 독서이력진단검사를 통해 여러분은 더욱 체계적인 독서 습관을 형성할 수 있고 이는 나아가 여러분의 발전에도 크게 도움이 되는 것입니다.

07 그 밖에 아이와 엄마에게 하고 싶은 말

독서환경의 중요성

이번에는 독서에 관한 개인적인 이야기를 하려고 해요. 저는 어려서부터 책 읽는 것을 무척이나 좋아했어요. 어두운 방 안에서도 배를 깔고 누워서 뒹굴거리며 책을 붙잡고 살았답니다. (눈이 나빠지기에 딱 좋은 조건이지요. 여러분은 절대 어두운 곳에서 누워서 책을 보지 마시길…….) 친구들의 집에 놀러가서도 장난감이나 TV를 보면서 친구들과 놀다가도 우리 집에는 없지만 친구네 집에 있는 새로운 책을 발견하면 냉큼 가서 읽었다고, 지금도 어머니께서는 말씀하십니다. 새로운 이야기를 읽는 것이 참 좋았어요. 책을 펴들고, 내가 몰랐던 이야기들을 읽는 재미에 푹 빠져있었지요.

6살 때부터 나만의 방이 있었는데 그 방 안에는 큰 책장이 두 개가 있었습니다. 그 책장에는 전래동화, 세계명작 전집, 외국 창작 동화 전집, 기타 어린이를 위한 동화책들이 빼곡하게 쌓여있었던 기억이 납니다. 어렸을 때 그 책들을 최소한 3번씩은 읽었지요. 책이 싫어서가 아니라 없어서 못 읽을 정도였으니까요. 다행히 집에서 걸어서 10분 정도의 거리에 자그마한 동네 도서관이 있었습니다. 지금 생각해보면 작은 도서관이지만, 어린 나이의 제가 생각하기엔 집에 있는 책장의 10배가 넘는 책들이 있는 보물창고였습니다. 도서관이 집 근처에 있었다는 것도 책을 많이 읽게 된 중요한 요인인 것 같아요.

지금은 도심에 대형 서점만 있고 작은 서점들은 모두 문을 닫았지만, 제가 초등학생이었을 때까지만 해도 아파트 상가에 큰 서점이 두 개나 있었습니다. 어머니께서 2주일에 한 번 정도 돈을 주시면서 읽고 싶은 책을 사서 읽으라고 하셨던 기억이 납니다. 집에 있는 책들은 이미 여러 번 읽어서 내용을 다 기억하고 있었고, 도서관에서 빌린 책은 아무래도 모두가 함께 보는 책이기 때문에 좀 낡은 책들이 많은데, 서점에 가서 아무도 보지 않은 새 책을 고르는 일은 정말이지 두근대는 일이었습니다. 부모님에게 받은 용돈을 그냥 군것질거리나 장난감을 사는데 쓰지 않고 책을 사 보는 경험은 아직도 참 신선하고 소중한 기억으로 남아있습니다.

또 매년 초등학교에서는 1년에 1~2차례씩 도서바자회를 했습니다. 바자회이긴 하지만 헌 책을 파는 것은 아니고 학생들에게 책을 좀 싸게 파는 행사였는데 그때마다 빠지지 않고 읽고 싶은 책들을 샀습니다.

부모님은 매월 발행되는 정기간행잡지를 읽으셨어요. '샘터'랑 '좋은생각'이라는 잡지였는데 아직도 정기적으로 구독하고 계십니다. 부모님께서 글을 읽으시는 모습을 보면서 자란 것이 제가 글 읽기에 대한 거부감이 없이 자연스럽게 독서를 즐기게 된 큰 요인이라고 생각합니다.

💬 책을 펼치면 맨 처음 머리말부터 마지막 에필로그까지 빠짐없이 읽어

저는 책 뿐 아니라 글로 된 모든 것을 읽기를 좋아했어요. 학교에서 어린이 신문도 구독했고, 병원에 가서 접수를 한 뒤 기다리는 동안에는 잡지를 읽었고, 길을 지나다니며 안내문도 읽고, 이렇게 읽을 수 있는 것은 모두 읽는 것을 좋아했습니다. 그래서 책을 펼치면 맨 처음 머리말 부터 마지막 에필로그까지 빠지지 않고 읽어요. 그래야 책 한 권을 완전히 읽었다는 느낌이 들거든요.

그렇지만 꼭 책을 앞 장부터 순서대로 읽는 것은 아닙니다. 장편소설처럼 앞에서부터 읽어야 내용이 연결되는 경우가 아니라 단편소설이나 에세이, 교재, 시집 같은 경우에는 읽고 싶은 부분부터 먼저 읽습니다. 좋은 구절을 보면 밑줄도 긋고, 책을 읽다가 생각이 떠오르면 책 여백에 글귀를 적어 둡니다. 이렇게 하면 나중에 다시 그 책을 보았을 때 '아, 내가 예전에는 이런 생각들을 했었구나.'라는 것을 알게 되면서 '지금은 어떻게 생각하지?'라는 질문을 스스로에게 던질 수 있거든요. 이런 식으로 능동적인 독서를 하고 있습니다.

💬 중고등학교 때 좋아했고, 자신 있었던 과목 국어, 영어는 독서 때문, 어려웠고 한계까지 느꼈던 역사 과목은 초등학교 때 역사책을 읽지 않았던 것이 근본 원인

중고등학교 때 좋아했던 과목은 국어와 영어였습니다. 아무래도 책을 많이 읽다보니 기본적인 독해 능력이 뒷받침이 되어서 언어 관련 과목을 잘 했고 또 좋아했습니다. 반면에 역사 과목은 정말 어려웠습니다. 중학교 1학년 때 사회 과목에는 세계사를 다루는데, 아무리 공부를 열심히 해도 약간의 한계가 느껴졌지요. 고등학교에 가서도 국사나 근현대사 과목은 좋아하지 않았습니다. 초등학교 때 역사 관련 책을 많이 안 읽은 것을 후회했었지요. 중고등학교 때의 학습에 부족한 점이 없도록 초등학교 때부터 다양한 분야에 걸쳐서 폭넓은 독서를 할 수 있도록 체계적으로 관리하는 것은 정말 중요하답니다.

Q Question 1.

초등학교 시기 가장 독서를 왕성하게 진행했던 시기는 언제였나요? 그리고 그 상황에 대해 말씀해주세요.

A Answer

3, 4학년 때 독서를 가장 많이 했었습니다. 1, 2학년 때에는 두껍거나 내용이 어려운 책은 아직 잘 이해하지 못할 때였기 때문에 읽을 수 있는 책에 어느 정도 제한이 있었습니다. 그렇지만 3학년이 되어서는 독서능력이 향상되어서 조금 어려운 책들도 거침없이 읽을 수 있게 되었습니다. 또 교내, 외의 각종 글짓기 대회에 활발하게 참가하게 되면서 독후감도 많이 써보고 이를 위해 다양한 책들을 많이 읽었습니다.

Q Question 2.

자신의 주변 독서환경은 어떠했나요?

A Answer

어렸을 적에는 부모님께서 책을 많이 사 주셨습니다. 읽고 싶은 책이 있다고 하면 언제든지 사서 읽도록 해 주셨고, 동네에 큰 서점이 두 개 있었는데 한 달에 두, 세 번 정도 용돈을 주시며 스스로 책을 고르고, 사서 읽을 수 있도록 도와주셨습니다.

초등시기, 나는 이렇게 책을 읽었다
서울대학교 학생들의 초등 독서발자취

또 집 근처에 도보 10분 거리에 동네 도서관이 있어서 매주 이용
했습니다. 학교 바자회에서도 매년 책을 샀고, 초등학교 도서관
의 시설이 좋아서 자주 이용했습니다. 2년간 학교 도서관의 다
독자로 선정되기도 했습니다.

◑ Question 3.

초등학교 1학년, 2학년, 3학년, 4학년, 5학년, 6학년 등 총 6년
을 독서의 관점에서 봤을 때, 시기를 나눈다면 어떻게 나눌 수
있을까요? 그리고 그 이유는 무엇인가요?

◭ Answer

1, 2학년 : 주로 흥미 위주의 책을 읽었던 때. 재미있는 이야
기나 상상력을 키울 수 있는 책들을 읽었습니다.

3, 4학년 : 본격적으로 많은 책들을 읽었던 때. 예전에 비해
장르도 다양해졌습니다.

5, 6학년 : 보다 깊고 어려운 내용의 책들을 읽었던 때.

◑ Question 4.

교과연계도서를 주로 많이 읽었나요? 아니면 교과연계도서와
상관없이 흥미분야에 대한 독서를 했나요?

◭ Answer

독서를 할 때 특별히 교과와의 연관성을 생각하지는 않았습니
다. 내가 읽고 싶은 책들을 자유롭게 읽었습니다. 독서를 하면서
억지로 교과서에 나오는 내용을 다룬 책만 고집해서 읽을 필요

는 없다고 생각합니다. 독서란 자연스럽게, 마음이 이끌려서 해야 하는 것이지 자칫 잘못하면 책 읽는 것 자체가 부담이 될 수 있기 때문입니다.

Q Question 5.

평생의 독서습관을 좌우하는 시기는 몇 학년 때였나요? 왜 그렇다고 생각하나요?

A Answer

1, 2학년 때, 이때에 비록 사고 활동에 큰 영향을 주는 대단한 내용의 책을 읽은 것은 아니지만, 책을 자주 접할 수 있고 좋아할 수 있는 환경 속에서 독서 습관 자체가 형성되었기 때문입니다.

Q Question 6.

세계명작, 위인전, 신화와 전설, 동화, 과학과 환경, 옛날이야기, 동시, 사회탐구, 역사 등으로 나눈다면 각 학년별로 가장 많이 읽었던 책은 무엇이었나요? 그리고 그 책을 많이 읽게 된 요인은 무엇이라고 생각하나요?

A Answer

1학년 : 세계명작, 옛날이야기 (이때에는 재미있는 책을 읽는 것을 좋아했기 때문)

2학년 : 위인전, 신화와 전설 (상상하는 즐거움 때문에)

3학년 : 동화, 과학과 환경 (과학, 환경 독후감 대회를 준비하기 위해서)

4학년 : 세계명작 (세계명작을 이해할 수 있는 수준이 되어서)

5학년 : 동화(성장소설-나 자신에 대한 고민을 시작했기 때문에), 역사(관심이 있어서)

6학년 : 자기 계발서, 소설(생각의 수준이 성숙했기 때문에)

학습만화책을 많이 읽은 편이었나요? 그리고 학습만화책이 도움이 되었나요? 안되었나요? 도움이 되었다면 어떤 도움이 되었을까요?

교과서와 관련된 학습만화책은 2~3권정도 읽었지만 별로 도움이 되지 않았습니다.

대신 '먼 나라 이웃나라'와 같은 만화책은 교과서 내용과 직접적으로 관련은 없었지만 재미가 있어서 여러 번 읽었습니다. 하지만 만화의 내용을 외우는 정도로 많이 읽은 편은 아니기 때문에 도움이 되었다고 말하긴 어렵습니다.

아버지께서 사다 주신 엽서책의 기억, 교과서를 읽는 것도 하나의 책 읽기

서울대학교 인문대학 노어노문
이예원

〈안네의 일기〉를 읽고 주인공 안네 프랑크처럼 일기장에 이름을 붙여서 일기를 쓴다던지, 전학을 갔을 때 반 친구들 앞에서 처음 하게 되는 인사를 그 때 읽은 동화 주인공의 대사를 외워서 한다던지 하는 식으로, 특별히 매력을 느끼는 등장인물이 있으면 그 인물의 말과 행동을 모방해보고, 책에서 본 그 인물의 취미를 따라해 보는 과정이 책 자체와 전인격적으로 만나는 것처럼 즐거운 과정이었습니다.

고등학교 때 읽게 했던 서울대 권장도서 100선, 나는 이미 초등학교 때 다 읽은 책...

제가 글자를 처음 깨친 것은 두 살 무렵으로, 다른 아이들보다 조금 빨랐던 탓에 어린 시절 내내 '글을 잘 읽는 아이'라는 소리를 들으며 자랐고 자연히 책과 친하게 지낼 수 있었습니다. 저는 초등학교에 입학하기 전부터 책을 열심히 읽었고, 스물 두 살의 대학생인 지금도 여가 시간에 책을 읽는 것을 좋아하지만 저의 독서 습관과 이력, 그리고 능력은 초등학교 때 계발된 것입니다. 초등학교 6학년 때에 이미 청소년이나 어른이 읽는 소설, 교양서적을 큰 어려움 없이 읽을 수 있었던 것이 그 예입니다.

책을 매우 좋아했고 주변 친구들이나 어른들로부터 '너는 참 책을 많이 읽는다'는 이야기를 매번 들어온 저로서도 중학교에 들어가서는 초등학교 때만큼 책을 읽을 수 있는 마음의 여유가 적어진 것을 느낄 수 있었고, 학교 시험공부와 수행평가, 특목고에 가기 위한 영어공부로 인해서 생활 속 독서의 비중이 상당히 줄어들었던 것도 사실입니다. 고등학교 때에는 이에 더해, 반복되는 자율학습과 수능 준비, 각종 외국어 자격증 준비로 인해서 논술 시험을 준비해야 하는 때에 주어진 필독서조차 읽을 시간이 없었습니다. 그런데 고등학교 3학년 때 논술학원에 등록하고, 선생님으로부터 '서울대 권장도서 100선'의 목록을 받았을 때 그 중 상당한 수의 책이 제가 이미 초등학교 때 접했던 것들이어서 마음을 놓았던 것이 기억납니다. 또한 초등학교 시절 제가 읽은 비문학 도서들은 왜인지 그 후에 읽은 다른 책들보다도 기억에 더 선명하게 남아 저의 학업에 큰 도움이 되었습니다.

🗨 초등학교 때 단번에 읽는 습관 지금도 버릇으로 남아

저는 초등학교 때 책을 읽으면 가능한 한 하루에 다 읽었고, 그렇게 읽던 버릇이 지금도 남아 웬만한 중편 소설은 두 시간 안에 독파하는 등 책을 상당히 빨리 읽는 편입니다. 책을 빨리 읽을 수 있는 능력은 고등학교 때 수능 언어영역을 푸는 부분에서도 굉장히 유용했고, 이러한 습관은 초등학교 때부터 오랜 기간에 걸쳐 길러진 것이 아니면 쉽게 얻어지지 않는 것입니다. 이처럼 현실적으로 우리나라 교육 제도상 초등학교 때가 아니면 독서와 친해지는 것이 쉽지 않습니다. 방학을 제외하면 중/고등학생의 학기는 각종 과제와 시험으로 바쁘고, 요즘 아이들의 경우 학원이 밤늦게 끝나는 경우가 태반이라 책 읽을 시간은 매우 부족합니다. 그렇기 때문에 초등학교 시절의 올바른 독서는 습관을 만든다는 의미에서, 그리고 잊히지 않는 평생의 소중한 재산으로 남는다는 점에서 매우 중요한 동시에 필수적인 것입니다.

💬 초등학교 1학년 때부터 비문학 서적 접해, 2학년 때는 역사, 철학책에 빠져

처음 초등학교에 입학하고 제가 받은 첫 선물은 다름 아닌 어린이용 도서 한 질 이었는데, 그 전까지 〈소공녀〉, 〈엄지공주〉를 비롯한 그림의 비중이 큰 동화만을 주로 읽던 저는 그 때 비문학 서적들을 처음 접할 수 있었습니다. 그 때부터 위인전이나 논리학 서적 등에 흥미를 붙여 읽기 시작했고, 2학년 때까지 쉬운 역사 책, 간단한 철학 서적에 푹 빠져서 여러 번 읽으면서 '이야기'가 아닌 책을 읽는 방법을 터득했습니다. 초등학교 3학년 때 과목들이 1,2학년 때에 비해 많이 세분화된 교과서를 받으면서 교과목에 관련된 책을 구해서 읽기 시작했고, 4학년 때는 그 때까지 좋아하지 않던 수학/과학 관련 책을 선물 받아서 열심히 재미있게 읽은 기억이 납니다.

저학년 때에는 이처럼 주변의 어른들이 권해주거나 선물해주는 책을 읽고, 그러한 책들이 일종의 독서 길잡이의 역할을 해주었습니다. 5학년이 되었을 때, 외가에 놀러 갔는데 그 때 막내 이모의 방에서 소담 출판사의 세계문학전집을 보고 '저 책들을 모아서 다 읽어야 겠다'는 다짐을 해서 한 권씩 사서 모으면서 읽기 시작했습니다. 그 때의 제가 읽기에 상당히 어려웠던 카뮈의 〈이방인〉이나, 동화처럼

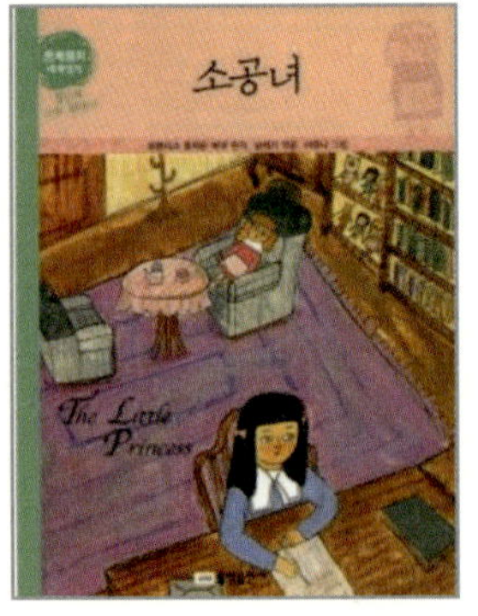

쉽게 읽을 수 있었던 모파상의 단편선집 등 진정한 '문학'을 처음으로 접했고 가까워진 매우 중요한 계기였습니다. 또 그 당시에 제가 살던 동네의 지하철역에 동사무소에서 운영하는 간이 마을문고가 설치되었었는데, 매일 다니던 학원을 오며 가며 책을 빌려서 여러 장르의 책을 닥치는 대로 읽었던 기억이 납니다. 6학년이 되어서도 학교 도서실과 동사무소를 통해 어린이용이 아닌 소설이나 어려운 역사서적과 교양서적을 찾아서 읽게 되었고, 그때까지는 거들떠보지도 않던 아버지 서재의 인문사회 서적과 한국 소설들에까지 독서의 범위를 넓혀 갈 수 있었습니다.

💬 저의 하루에 가장 많은 비중을 차지한 것은 독서시간

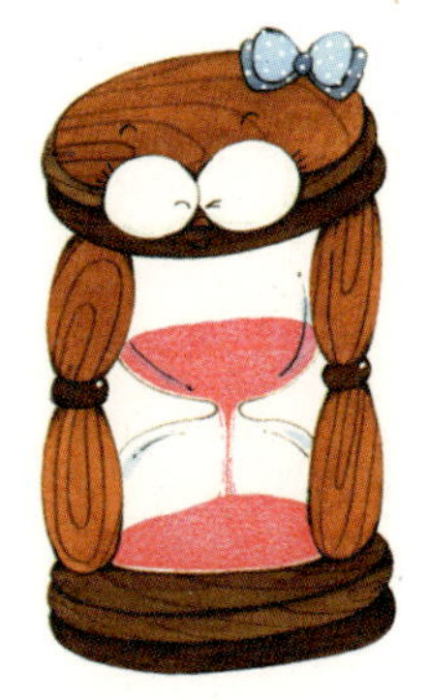

저는 바로 아래 동생과 터울이 큰 편이라, 어릴 때는 거의 외동이나 다름없이 자랐습니다. 다른 친구들에 비해서 특별히 티비 보는 것이나 게임하는 것을 좋아하지 않았고 때문에 당시의 저의 하루에서 가장 큰 비중을 차지하는 것은 독서 시간이었습니다. 초등학교 시절의 일기를 찾아보면, 일주일 중 이틀은 읽은 책에 관하여 쓴 독후감인 것을 볼 수 있는데 다른 취미활동이 거의 없었던 저에게 책이 매우 소중한 친구가 되었음을 알 수 있습니다.

책을 읽으면서 항상 책 속의 인물에 대해서 상상하는 것을 좋아했는데, 책속의 긍정적인 주인공들과 공감하려고 노력하는 과정에서 알게 모르게 바람직한 삶의 태도 등을 익힐 수 있었습니다. 〈안네의 일기〉를 읽고 주인공 안네 프랑크처럼 일기장에 이름을 붙여서 일기를 쓴다던지, 전학을 갔을 때 반 친구들 앞에서 처음 하게 되는 인사를 그 때 읽은 동화 주인공의 대사를 외워서 한다던지 하는 식으로, 특별히 매력을 느끼는 등장인물이 있으면 그 인물의 말과 행동을 모방해보고, 책에서 본 그 인물의 취미를 따라해 보는 과정이 책 자체와 전인격적으로 만나는 것처럼 즐거운 과정이었습니다. 이처럼 다양한 인물의 생각과 행동을 이해하고 공감하는 일들이, 또 그러한 인물을 책을 통해서 만나는 과정 그 자체가 실제 현실에서 친구들이나 가족 등 주변 사람들의 생각과 마음을 이해하는 데에도 큰 도움이 되었습니다.

💬 위인전을 읽은 것, 아버지가 사다주신 엽서책도 나의 삶에 커다란 영향 미쳐...

초등학교 시절에 위인전을 읽은 것이 매우 중요한 경험이라고 생각하는데, 문학작품에서 만나는 주인공들을 따라하듯이 위인전에 등장하는 위인들의 생활 모습이나 인격을 롤 모델로 삼아서 목표를 세워보고 꿈을 가져보고 그를 위해 노력해 보는 과정 또한 제 삶의 큰 그림을 그릴 때 빠질 수 없는 발판이 되어주었기 때문입니다. 또 책에서 만나는 다양한 시대적 배경과 장소들은 저의 세계를 넓혀 주었고, 사건을 보는 올바른 시각을 형성해 주어서 비판적 사고 능력을 키워주었습니다. 어린 시절에 특별히 다른 나라에 여행을 가보거나 학교를 벗어나 다른 체험활동을 왕성히 한 경험이 없음에도 불구하고, 여행 등에 관련한 책을 읽는 것만으로 견문을 넓힐 수 있었고 상식을 풍부히 할 수 있었습니다. 아버지가 출장을 다녀오실 때 박물관이나 미술관에 꼭 들러서 도록과 사진 엽서책을 사다 주신 것은 이러한 간접 경험의 중요성을 알고 계셨기 때문인 것 같습니다.

💬 방학동안에 읽은 교과서, 수업내용 따라잡기에 매우 효과적

초등학교 시절 저의 독서에 대한 기억을 돌이켜보면, 학년의 시작은 항상 받아온 새 교과서를 모조리 읽는 것으로 시작되었습니다. 이야기가 많은 국어책에서 실과교과서의 요리 방법에 이르기까지 저는 교과서의 모든 내용을 방학 동안 읽었습니다. 예습이 목적이거나 부모님이 시키시는 등 그런 이유가 아니라 교과서를 읽는 것도 하나의 책 읽기 라고 생각하고 읽었던 것 같습니다. 그러자 자연히 한 학기의 수업 내용의 흐름이 어느 정도 머리에 들어오게 되고 수업 내용을 따라감에 있어서 더 쉽고 재미있게 임할 수 있었던 것 같습니다. 요즘에는 교과서에 나오는 짧은 이야기의 원작을 묶어서 펴낸 책이나 교과서 학습 만화 등이 많이 출판되고 있는데, 학기가 시작하기 전에 자신의 학년에 맞는 그러한 책들을 읽는다면 독서와 교과목 공부라는 두 마리 토끼를 잡을 수 있을 거라고 생각합니다.

💬 초등학교 때 정해진 문과적 진로, 편견으로 작용해 이과 과목 되레 흥미 떨어뜨려...

저는 초등학교에 입학하기 전부터 자신의 문과적 성향을 인지하고 있었고 문과를 택해서 대학도 문과 계열로 진학하겠다고 미리부터 계획하고 있었습니다. 이것이 하나의 편견으로 작용해서인지 저는 다른 과목에 비해 수학 과목을 별로 좋아하지 않았습니다. 그런데 5학년 때 친구가 권해준 〈수학 귀신〉이라는 책을 읽고 처음으로 스스로 서점에 가서 어려운 수학 문제집을 사와서 풀며 공부해 보았던 경험이 있습니다. 과학에 관련해서도 마찬가지여서, 저학년 때는 과학을 별로 좋아하지 않았고 스스로 잘하지 못한다고 지레 겁을 먹고 있었는데, 지금 고등학교에서 과학을 가르치는 사촌언니가 그때 재학 중이던 과학교육과에서 수업 자료로 쓰던 과학 동화책들을 권해주어서 읽었던 것이, 중학교 3학년 과학 수업 때까지 영향을 미쳐서 초등학교 때의 실험 보고서나 시험뿐 아니라 중학교 내신과 관찰 보고서 등에서 늘 우수한 성적으로 입상할 수 있었던 밑거름이 되었습니다.

또 6학년 때 영어 학원에서 나눠 준 독해 문제집에 있는 상식이나 역사에 관련된 짧은 지문을 읽는 것에 흥미를 느껴 관련 상식책과 역사책을 읽어두었더니 학교에서 미니 골든벨 등 상식 퀴즈대회가 개최될 때에 좋은 성적을 거둘 수 있었던 것도 재미있는 기억입니다. 이처럼 학교 교과 내용에 자신이 없거나 흥미가 없을 때 흥미를 유발할 수 있는 관련 도서를 읽는 것이 저에게는 매우 큰 도움이 되었고, 대학생이 된 지금도 수업에 대비하여 항상 참고 서적들을 두어 권 빌려서 읽는 좋은 버릇으로 남아있습니다.

🗨 책에서 발견한 우리말, 한자어, 관용어구, 속담, 전문용어가 억지로 암기한 것에 비해서 잘 잊히지 않고 활용하기도 쉬워...

책을 읽는 것의 또 다른 커다란 장점은, 어휘력의 향상입니다. 인터넷 매체에 물든 요즘 아이들이 예전보다 상대적으로 맞춤법에 약하고 어휘력이 모자란다는 이야기를 들은 적이 있습니다. 어휘력과 글쓰기 실력의 향상을 위해서 가장 중요한 것은 당연히 책을 읽는 것입니다. 입력되는 정보가 있어야 출력되는 결과물이 있는 것이기 때문에, '말'로 이루어진 '글'인 책을 읽는 것은 어떤 종류를 읽든지 충분한 정보의 입력으로 작용합니다. 책에서 발견한 아름다운 순 우리말이나 어려운 한자어, 전문 분야의 용어, 각종 관용어구와 속담은 암기한 것에 비해서 잘 잊히지 않고, 또 활용하기도 그만큼 쉬워집니다. 책을 많이 읽다 보면 작가 특유의 문체까지 짚어낼 수 있게 되는데, 어린 시절에는 그렇게 작가들을 모방해서 글을 쓰거나 책에서 배운 표현을 따라해 보는 것도 매우 유용한 활동이 될 수 있습니다. 전반적인 글짓기, 나아가 논술 실력까지도 향상시킬 수 있는 첫 번째 관문이 책읽기가 되는 것입니다. 저는 어릴 때부터 책을 많이 읽었기 때문에 고등학교 시절 수능 언어영역을 따로 공부해 본적이 한 번도 없음에도 불구하고 늘 좋은 점수를 받을 수 있었고, 수능 때도 만점을 받을 수 있었습니다. 뿐만 아니라, 논술을 오래 준비하지 못했지만 그 동안 읽었던 책의 내용과 쌓아둔 어휘를 활용하여서 수시 논술에서도 좋은 성과를 거둘 수 있었던 것 같습니다.

싫어하는 과목을 극복하는 방법은 억지로 그 과목을 공부하는 것이 아닌, 관련 책을 읽고 흥미를 먼저 끌어냈던 것에 효과 봐.

이처럼 아직 생각이 다 자라지 않은 초등학생의 경우에 독서라는 활동이 미치는 영향은 상상 이상입니다. 이것이 학교 수업과 연계되었을 때 그 시너지는 당연히 배가 될 수 있습니다. 제가 싫어하는 과목을 극복하는 방법으로 무조건 억지로 그 과목을 공부한 것이 아니라, 관련 책을 읽고 흥미를 먼저 끌어냈던 것은 이러한 이유입니다. 그러나 초등학생은 대부분 자신이 흥미를 느끼는 책만 읽으려는 경향이 있고, 하기 싫은 공부를 억지로 시킬 때에 정신적으로 큰 스트레스를 받게 됩니다. 이 때 필요한 것이 전략적 책읽기 프로그램인 것 같습니다. 저의 경우에도 자발적으로 관련 책을 읽은 것 보다는 주변 사람들의 권유로 읽게 된 것이 크게 작용했습니다.

초등학생의 무분별한 독서를 방치할 경우 흥미 위주의 책들로 편중되거나 책에서 질리고 멀어지게 될 수 있는데, 전략적 책읽기 프로그램을 통해서 새로운 책을 접하고 계발되지 않았던 학생의 능력을 찾아서 계발할 수 있다면 독서에 대한 지속적인 흥미와 더불어 전체 교과에 걸쳐서 골고루 능력을 향상시킬 수 있을 것이라고 생각합니다. 전략적 책읽기 프로그램의 내용이 저의 어릴 때 책읽기 경험과 상당히 비슷하고, 거기에 좀 더 전문적인 손길이 더해지는 것이라는 점을 고려하면 이 프로그램을 학생들에게 적용했을 때 제가 거둔 효과 이상을 거둘 수 있을 것으로 예상됩니다.

🗨 어린 시절 그림 그리기는 책을 읽을 때 오감 자극해 큰 도움 돼

어린 시절 독서외의 저의 취미가 있다면 그림 그리기를 꼽을 수 있습니다. 미술학원을 다니지는 않았지만 그림 그리는 것을 매우 좋아하고, 디자인이 예쁘고 깔끔한 물건을 좋아하는 등 제 나름대로의 심미안을 가지고 있었습니다. 책을 고를 때에도 예외가 아니어서 저는 표지가 예쁜 책을 선호하는 경향이 있었습니다. 표지에 나온 화려한 그림을 보면서 책의 내용을 상상하는 것이 또 다른 즐거움이었던 것 같습니다. 제가 다니던 초등학교에서는 독서록을 쓰게 해서 다독상을 주었는데, 독서록을 쓰기 위해 작가의 이름을 기억하다 보니 작가에 대한 취향이 생기게 되었습니다. 그래서 고학년 때는 책을 읽기 전에 작가에 대해서 알아보고, 대략의 작가의 시각이나 가치관을 짐작해보고 책을 읽는 것을 통해 어떤 사람이 글을 쓸 때에 갖게 되는 특이한 문체나 생각을 드러내는 방식을 이해할 수 있었습니다.

저는 어릴 때부터 누가 시키지 않아도 책을 읽는 중에는 최대한 상상력을 자극하면서 읽었고, 책에 나온 묘사를 머릿속에 한 장면씩 그려가면서 읽었기 때문에 책을 읽는다는 단순한 활동을 통해 오감을 자극할 수 있었습니다. 앞서 말한 것처럼 그림을 좋아했기 때문에 책을 읽으면서 등장인물의 모습을 연습장에 그려보는 일도 재미있는 취미였습니다. 책을 읽은 후에는 그 책을 읽은 다른 친구나 가족과 서로 퀴즈를 내거나 외우기 시합을 하기도 했고, 독서록에 제목, 출판사, 작가 등 원래의 항목 옆에 인상 깊은 구절과 주인공의 이름을 적어서 나중에 봐도 내용을 기억할 수 있도록 정리해두었습니다.

학교에서 가끔 있는 대회 때에만 독후감을 길게 썼고 평소에는 이렇게 짤막짤막하게 정리하는 것이 매우 효율적이고 능동적인 책읽기 방법이었다고 생각합니다. 다만 책을 읽고 그냥 던져버리는 것은 되도록 지양해야 할 것인데, 정리하지 않은 책은 내용을 잊어버리게 되고 다른 기회에 활용할 수가 없어져 그 경험이 큰 이익이 되지 못한 적이 간혹 있었기 때문입니다. 아이들이 긴 글을 쓰는 것을 많이 부담스러워 하는데 독후감을 강요하기 보다는 이처럼 메모 형식으로 책 읽은 후에 독서록을 작성해 두는 것은 매우 값진 재산이 될 수 있고, 나중에는 독서록을 작

성하지 않아도 책의 내용을 더 잘 기억할 수 있는 능동적 읽기가 가능해
집니다.

책에 대한 편식 습관의 교정을 위해선 부모님의 관심 절실

대학에 와서 아직도 가끔 후회하는 것은 너무 일찍 저의 진로를 스스
로 정해버려서 다른 쪽으로의 소질을 충분히 키우지 못했다는 점입니다.
책을 골고루 읽는 것은 앞서 지적한 것과 같이 매우 중요하고 큰 영향력
을 미치는 일입니다. 초등학교 때 교과 관련 책을 많이 읽었지만 그럼에
도 불구하고 저의 독서습관은 문학으로 편중되어 있었습니다. 제가 수
학을 워낙 싫어하니까 어머니께서 수학적 사고를 기르는 책을 권해 주
시거나 아버지께서 비문학 서적들을 사다주시긴 했지만, 부모님께서 특
별히 제가 소설을 편식하는 것에 대해서 간섭하지 않으셨고 '어차피 책
을 읽는 거니까 바람직하다'고 생각하셨던 것 같습니다. 결국 중고등학
교 시절을 거치면서 수학/과학 관련 책에 대한 흥미를 잃어버리게 되었
고, 대학에 온 지금은 도서관에서 책을 열 권 빌리면 아홉 권은 소설을
빌리곤 합니다.

학생의 소질과 능력을 체계적으로 골고루 발달시키기 위해서는 이러
한 태도가 아닌, 전략적 책읽기 프로그램과 같은 적극적인 아웃라인을
잡아주는 것이 필요합니다. 특히 흥미 위주의 게임, 만화책이 범람하는
요즘과 같은 시대에는 더욱 그러합니다. 이에 선행되어야 하는 것이 학
생의 독서이력을 진단하는 검사 프로그램입니다. 책을 읽는 것은 그 자
체로도 도움이 되지만, 책을 읽은 이력을 정리하고 되새기는 활동은 책

읽은 효용을 크게 증가시켜주는 작업입니다. 이 때 이 자료를 활용해서 학생의 현재 독서 취향과 독서 상태를 점검할 수 있다면, 저처럼 문학에 편중된 독서나 어느 한 분야에 천착하는 독서 습관을 바꿀 수 있습니다. 특정한 독서 '취향'이 미리 정해지는 것은 책을 좁게 읽게 되는 시발점이 되기 때문에, 여러 분야의 책을 고루 읽어 낼 수 있도록 도와주는 것이 장기적 관점에서 매우 필요한 것 같습니다.

초등학교 시절 저의 동그라미 생활 계획표를 보면 가장 큰 부분은 '책읽기' 책읽기는 스트레스를 해소할 수 있는 신나는 여가활동

초등학교 시절 저의 동그라미 생활 계획표를 보면 가장 큰 부분은 '책읽기'로 그려져 있습니다. 저는 지금도 텔레비전을 거의 보지 않는데, 초등학생일 때 여가 시간 대부분을 책 읽는데 쓴 것이 제가 텔레비전을 보지 않는 습관을 형성하는 데에 가장 큰 영향을 주었다고 생각합니다. 텔레비전과 비디오 게임과 같은 영상 매체는 수동적으로 많은 시간을 낭비하게 된다는 단점이 있고, 시간 활용에 있어서도 자신의 주체성을 잃게 된다고 생각합니다. 동생이 텔레비전을 한 번 보기 시작하면 넋을 잃고 서너 시간을 연속해서 보는 것을 보고, 어릴 때의 책읽기 습관이 저에게 매우 긍정적으로 작용했음을 다시 한 번 알 수 있었습니다. 어릴 때 저는 굳이 생활 계획표에 따라서 책을 읽은 것이 아니라 여유가 생기면 무조건 책을 읽고, 재미있는 책은 학교에 들고 가서 쉬는 시간에 까지 다 읽어야만 직성이 풀렸습니다. 이처럼 저로서는 책 읽는 것이 가장 즐거운 시간이었고 스트레스를 해소할 수 있는 신나는 여가 활동이었습니다.

💬 아버지와 나는 책으로 대화했습니다.

저의 성장 환경이 특별히 독서에 도움이 되는 환경은 아니라고 생각합니다. 집의 장서는 거의 아버지 위주여서 저학년 때 읽기에는 적절하지 못했고, 제 독서량을 맞추기 위해 매번 책을 사는 것도 가계에 부담이 될 터라 읽고 싶은 만큼 책을 실컷 사지는 못했습니다. 그래서 저는 주로 학교 도서실이나 마을문고를 이용해 책을 빌려서 읽었고, 어른들이 갖고 싶은 것이 있냐고 물으면 항상 책을 사달라고 했던 기억이 납니다. 다만 저에게는 나이 차가 꽤 나는 사촌들이 있어서 방학이면 친척집에 오래 머무르면서 그 집에 있는 책을 거의 다 읽고 오곤 했습니다. 부모님 중 아버지가 특히 책을 좋아하시는데, 함께 서점에 가서 책을 고르고 아버지가 읽은 책에 대한 이야기를 듣는 것이 매우 값진 경험이 되었습니다. 저의 현재 가치관이나 시각은 아버지의 것과 매우 닮아있는데, 그러한 저의 가치관 형성 과정은 아버지와 책을 공유하고 책을 매개로 한 대화를 하였기 때문에 가능했던 것 같습니다. 사촌 언니들이나 나이 차이가 크지 않은 이모가 책을 골라주고, 독서의 방향 제시 역할을 해준 것도 재미있는 책을 고르고 읽는 데에 꽤 도움이 되었습니다.

💬 책은 지금의 나를 만들어준, 평생을 함께 할 수 있는 가장 좋은 친구

어떤 활동을 함에 있어서 저에게 우선적으로 가장 훌륭한 매체가 되는 것은 인쇄 매체, 즉 책입니다. 지금도 과제를 하거나 공부를 할 때에 인터넷을 이용하는 것보다 책을 찾아서 읽는 것이 더 편하고, 더 좋은 정보를 얻을 수 있어서 선호하는 방법입니다. 박물관, 미술관에 견학을 가거나 영화를 보는 일이 있어도 배경 지식을 얻을 수 있는 책 한 권을 읽는 것은 저에게 필수적인 일이 되었습니다. 저에게 더 중요한 것은 책과 소통하면서 능동적 독자의 자세로 책읽기를 해야 한다는 점입니다. 책을 능동적으로 읽는 것은 앞서 말한 수많은 장점에 더해서 집중력을 향상시킬 수 있는 가장 좋은 방법입니다. 이 모든 책 읽는 습관은 어린 시절, 즉 초등학교 때 형성되었기 때문에 더 효과적이고 지금까지도 남아 있을 수 있는 것입니다. 저에게는 그 어떠한 경험과 체험 활동보다, 어릴 때부터 읽어온 책들이 큰 자산이고 인생의 밑거름이 되었습니다. 동시에 책은 지금의 저를 만들어준, 평생을 함께 할 수 있는 가장 좋은 친구입니다.

^Q Question 1.

초등학교 시기 가장 독서를 왕성하게 진행했던 시기는 언제였나요? 그리고 그 상황에 대해 말씀해주세요.

^A Answer

저 같은 경우에는 초등학교 전 학년에 걸쳐서 가장 좋아하는 취미생활이 독서였기 때문에 독서활동이 특별히 두드러지게 왕성했던 적은 없지만, 5학년 때 영어학원에서 집에 가는 길에 간이 마을문고가 생긴 적이 있어서, 오며 가며 책을 빌려 하루에 한두 권씩은 꼭 읽었습니다. 그 때가 책을 가장 많이 읽었던 시기입니다.

^Q Question 2.

자신의 주변 독서환경은 어떠했나요?

^A Answer

저의 성장 환경이 특별히 독서에 도움이 되는 환경은 아니라고 생각합니다. 집의 장서는 거의 아버지 위주여서 어린 제가 읽기에는 적절하지 못했고, 제 독서량을 맞추기 위해 매번 책을 사는 것도 가계에 부담이 될 터라 읽고 싶은 만큼 책을 실컷 사지는 못했습니다. 그래서 저는 주로 학교 도서실이나 마을문고를 이용했습니다. 다만 저에게는 나이 차가 꽤 나는 사촌들이 있어

초등시기, 나는 이렇게 책을 읽었다
서울대학교 학생들의 초등 독서발자취

서 방학이면 친척집에 오래 머무르면서 그 집에 있는 책을 거의 다 읽고 오곤 했습니다. 또 사촌 언니들이 책을 골라주고, 독서의 방향 제시 역할을 해준 것도 꽤 도움이 되었습니다.

^Q Question 3.

초등학교 1학년, 2학년, 3학년, 4학년, 5학년, 6학년 등 총 6년을 독서의 관점에서 봤을 때, 시기를 나눈다면 어떻게 나눌 수 있을까요? 그리고 그 이유는 무엇인가요?

^A Answer

우선 2학년 전 까지는 저학년용의 쉽고 재미있는 이야기와 세계명작동화선집을 주로 읽었는데, 3학년이 되고부터 학교에서 배우는 과목이 세분화 되면서 다양한 분야의 책을 접하기 시작했습니다. 시기를 한 번 더 나눈다면 5학년 때 본격적으로 어린이용 책이 아닌 소설들을 읽기 시작하면서 독서의 질을 높이게 된 것을 기점으로 삼고 싶습니다.

^Q Question 4.

교과연계도서를 주로 많이 읽었나요? 아니면 교과연계도서와 상관없이 흥미분야에 대한 독서를 했나요?

^A Answer

초등학교 때는 특별히 어떤 책이 학교에서 배운 내용에 관한 책이라서 읽기 보다는, 제가 책에서 이미 읽은 내용이 학교 수업에서 뒤늦게 가르칠 때가 대부분이었고, 그것이 수업 내용을 이해하는 데 도움이 많이 되었고, 공부에 대한 자신감을 키울 수 있었습니다. 따라서 저는 주로 흥미분야에 대해 독서를 하였지만 그 양이 적지 않다 보니 학교 수업내용 보다 선행하거나 겹치는 적이 종종 있었습니다.

ｑ Question 5.

평생의 독서습관을 좌우하는 시기는 몇 학년 때였나요? 왜 그렇다고 생각하나요?

ａ Answer

제 평생의 독서습관을 좌우한 시기는 5학년 때 이모의 방에서 소담출판사의 소설 전집을 보고, 한 권씩 읽기 시작한 때라고 생각합니다. 인문대생이 된 지금도 인문학 서적이나 여타 교양서적보다 소설을 훨씬 좋아하고 많이 읽는 것은 그때부터 정해진 저의 취향 때문인 것 같습니다.

ｑ Question 6.

세계명작, 위인전, 신화와 전설, 동화, 과학과 환경, 옛날이야기, 동시, 사회탐구, 역사 등으로 나눈다면 각 학년별로 가장 많이 읽었던 책은 무엇이었나요? 그리고 그 책을 많이 읽게 된 요인은 무엇이라고 생각하나요?

ａ Answer

세계명작, 동화, 소설의 경우에는 전 학년에 걸쳐 꾸준히 많이 읽었고, 5, 6학년에 이르러서는 조금 높은 수준의 고등학생 권장도서 등을 즐겨 읽었습니다. 과학과 환경에 관한 책은 즐겨 읽는 편이 아니었지만 4학년 때 과학교육과에 다니던 사촌 언니가 몇 가지 동화를 추천해주면서 읽기 시작했습니다. 초등학교 고학년 때는 김영사의 유명한 앗!시리즈를 매번 마을문고에서 빌려다 읽었던 기억이 납니다. 역사책과 위인전은 아버지가 권해주시는 것을 주로 읽었는데 4학년 때 가장 많이 읽었습니다. 그리스 로마신화를 3학년 때 선물 받아서 읽었는데 재미있는 이야기에 매료되어서 다른 나라의 신화도 책을 구해서 많이 읽었습니다.

학습만화책을 많이 읽은 편이었나요? 그리고 학습만화책이 도움이 되었나요? 안되었나요? 도움이 되었다면 어떤 도움이 되었을까요?

제가 초등학교를 다니던 시절에는 학습만화책이 지금처럼 크게 유행하지도 않았고 종류가 이렇게 많지도 않았지만, 꽤 유익한 몇 가지 만화책을 읽은 것이 기억납니다. 학습만화책은 좋은 소재로 잘 만들어지고 감수된 것이 아니면 내용이 산만하고 그림에 집중되거나, 아이들의 흥미만 유발하는 웃음코드 중심이어서 저는 상당히 가려 읽었기 때문에 많이 읽은 편이라고 볼 수는 없습니다. 학습만화책 중에 특히 도움이 된 책은 지금도 베스트셀러 자리를 차지하는 이원복 교수님의 〈먼 나라 이웃 나라〉시리즈 인데, 만화의 특성상 쉽고 빠르게 읽다보니 국가별로 역사를 개략적으로 흐름을 짚어낼 수 있었던 것 같습니다.

나의 꿈이 자주 바뀐 이유는 책 때문이었다.

서울대학교 농경제사회학부
홍성호

어렸을 때 우리 집은 시골에 있었습니다. 농업이 주업인 마을이었는데, 이곳의 문화적 중심은 초등학교였습니다. 동네 어르신들까지 모여 운동회를 즐겼으며 학예회 행사는 유일한 문화공연이었다고 할 수 있습니다. 나는 얼마 없는 또래들과 강에서 고기도 잡고 이곳저곳 쏘다니며 유년기를 보냈습니다.

💬 구연동화를 준비하는 책 읽기는 책장을 넘길 때마다 힘이 나게 해

독서다운 독서를 시작한 때는 유치원을 다니면서부터라고 할 수 있습니다. 아까 언급한 학예회에 병설 유치원 대표로 나가 구연동화를 할 기회가 있었습니다. '늑대와 일곱 마리 아기 염소'라는 동화책을 읽고 그 내용을 외워서 최대한 생동감을 살려 관객에게 이야기해야했습니다. 무대 경험도 그때가 처음이었고, 어떤 목적을 위해 책을 읽었던 것도 그것이 처음이었습니다. 책을 두 번, 세 번, 몇 번이나 읽었는지 모르겠습니다. 토씨 하나 틀리지 않게 외웠고 많은 박수를 받으며 공연을 마쳤던 기억이 생생합니다. 누가 억지로 시켜서 한 게 아니라 유치원 선생님이나 어머니의 기대를 만족시켜주고 싶은 마음에 열심히 했던 것 같습니다.

사람들은 누구나 책을 읽습니다. 시간을 때우기 위해서, 숙제를 하기 위해서, 교양을 쌓기 위해서 등 여러 가지 목적을 가지고 독서를 하게 됩니다. 단순히 목적을 이루기 위한 독서는 재미도 없고 어렵기 마련입니다. 목적을 달성했을 때 본인의 기분이 얼마나 좋아질지 매순간 마다 상상하면서 책을 읽는다면 책읽기는 절대 지루하지 않습니다. 어렴풋한 기억이지만 구연동화를 준비하는 내내 설렜습니다. 설렘을 갖는 책읽기는 책장을 넘길 때 마다 힘이 납니다.

가끔 어머니를 따라 서점에 갔습니다. 그때마다 부모님이 권해주는 책보다는 어려운 책을 골라잡았습니다. 일단 표지가 유치하면 뭔가 부끄러운 마음에 고개를 내저었습니다. 부모님의 강권을 물리치고 잡은 책들은 당시 내 나이보다 서너 살 많은 어린이용이었습니다. 모르는 내용도 계속 반복해서 읽다보니 이해가 갔던 것 같습니다.

세상을 최대한 많이 겪어보는 것이 인생 공부라면, 독서는 어린이 때부터 빨리 시작하는 게 좋다고 생각합니다. 부모님들이 귀찮고 쉬고 싶은 일요일에 과학제전이나 동물원, 공연장에 자녀를 데려가는 목적도 결국 직접 경험을 쌓기 위한 과정일 것입니다. 그러나 별 힘 안들이고 간접적인 교육방법이 가까이에 있다는 것을 잊고 살기도 합니다.

💬 독서를 할 기회는 우연히 찾아오기도 하고, 언제나 내 주변에 있다.

우연한 상황이 독서 환경을 만들기도 합니다. 초등학교 2학년 때 갑자기 배를 잡고 구를 정도로 아파서 병원에 입원해야 했던 적이 있습니다. 일주일 넘게 병원 신세를 졌는데, 침대에서 아버지가 재미삼아 해보라고 주신 복권을 긁거나 동전을 넣고 보는 TV를 시청하거나 책을 읽는 것이 할 수 있는 것의 전부였습니다. 이때 '이야기 명심보감'시리즈를 봤는데, 쉬운 문체로 이야기마다 그림까지 곁들여져 있어 재미있었습니다. 제나라의 맹상군이 평소 하찮은 재능을 가진 인재라도 후히 대접하여, 위기에 처했을 때 닭 울음 소리를 잘 내는 사람과 개 흉내를 잘 내는 사람에게 도움을 받을 수 있었다는 이야기가 기억에 남습니다. '이야기 명심보감'은 이후에도 계속 반복해서 읽게 되었습니다. 수록된 이야기가 많아서 자주 잊어버렸는데 그런 만큼 다시 읽으면 새로웠기에 반복 독서가 가능했습니다. 이런 삶의 지침을 담은 책은 어릴 때나 성인이 되어서도 충분히 읽어볼 가치가 있는데, 많이 읽을수록 어떤 일에 부딪쳤을 때의 해결책을 다양하게 찾을 수 있기 때문에 많은 도움이 되었던 것으로 기억됩니다.

이렇듯 독서에 매진할 수 있는 기회는 언제나 찾아올 수 있습니다. 굳이 새 책과 큰 책상, 조용한 공부방이 필요한 것은 아닙니다. 병원에서의 경우처럼 독서 외의 유혹을 줄이는 것이 독서 환경 조성에 가장 중요한 점이라고 봅니다.

🗨 인생에 처음 만난 위인 '링컨'과 재미있게 읽은 '톰소여의 모험'

인생에서 처음 만난 위인은 링컨이었습니다. 산속 통나무집에서 태어난 링컨이 어떻게 미국의 대통령이 될 수 있었는지, 그의 드라마틱한 인생을 보면 절로 짜릿한 감동이 밀려왔습니다. '톰소여의 오두막'이 그 다음으로 읽은 책이었는데 지금 생각해보면 어머니의 추천이 기가 막힌 순서였던 것 같습니다. 당시에 '나는 이런 위인이 되어야겠다.' 라는 생각은 들지 않았습니다. 다만, 노예가 불쌍했고 링컨 대통령이 멋있어 보였을 뿐이었지만 정말 재미있게 읽었습니다. 나중에 흑인 노예들은 린

치라는 백인에 의해 불에 굽혔고 링컨은 남부의 경제권을 박탈하기 위해 노예 해방을 선언했다는 사실을 알았을 때는 좀 충격적이었습니다. 그러나 위인전이 거짓말을 한 것은 아니고 아이들의 교육에 맞게 쓰인 것이므로 이에 대해서는 선생님이나 부모님의 추가적인 지도가 필요하다고 봅니다.

독서라고 말하기에는 좀 그렇지만 잡지나 일반적인 홍보용 전단지 같은 출판물도 관심 있게 봤던 것으로 기억됩니다. 큰 아버지 댁에 농기구나 농약에 관련된 잡지가 자주 들어왔는데 그 잡지는 그림이 많기 때문에 유아기 때부터 보면서 낙서를 하고는 했는데 의외로 잡지에서 얻는 정보가 많았습니다. 농기구를 다룬 잡지만 해도 트랙터의 전고, 전폭, 토크값, 마력, PTO(동력취출장치) 등 처음 접하는 내용이 많았습니다. 이해가 안 되면 어른들에게 물어보면 되니까 몰라서 스트레스 받을 일은 없었습니다. 적어도 이런 용어들을 한번 들어봤다는 것만으로도 저학년 어린이에게는 대단한 자신감으로 작용합니다. 그 나이 어린이들은 장난감 하나가 더 있어도 자기 친구들에 자랑하는 것을 좋아하던 시절임을 회상하면 쉽게 알 수 있습니다.

💬 초등 2학년, 밀려온 책들 속에서 진주를 캐다.

저는 초등학교 2학년 때 전학을 갔습니다. 좀 더 시골로 들어갔는데, 그곳에는 학교가 분교 형태로 있었습니다. 학교 전체 인원이 스무 명도 안 되는 곳이었는데 학교 근처를 강과 산이 둘러싸고 있었으며 지천으로 산짐승이 돌아다녔습니다. 이런 환경 탓이었는지 '자연'과목을 가장 좋아했습니다. 오래된 학교였지만 과학실은 멀쩡해서 혼자 올라가 실험을 해 본 기억도 있습니다.

이 학교는 빈 교실이 많았기 때문에 공간이 남아돌았습니다. 본교에서 방출된 책이나 기증 받은 책들이 모두 우리 학교로 왔습니다. 좀 오래됐지만 위인전, 자연과학, 소설 등 다양한 분야의 책들이 모여 자그마한 도서관을 이뤘습니다. 자연과학류는 시리즈로 있었는데, '천문관측'과 '유전자 공학'이라는 책을 봤습니다. 3학년 때 봤는데, '천문관측'책에 나온 대로 망원경을 만들어보려다 뼈아픈 실패를 경험했습니다. 과학실에 있는 오목렌즈와 볼록렌즈, 비닐을 감는 종이 원통, 현미경 렌즈로 만들려 했으니 그럴 수밖에 없었을 것입니다. 책에 나오는 행성들의 사진이 너무 멋있었고 망원경 조립도가 잊히지를 않아 심심할 때마다 봤던 것으로 기억합니다. 이 덕분에 또래들보다 천문에 대한 지식이 좀 있었습니다. '유전자 공학'의 표지는 십 몇 년이 지난 아직까지도 잊히지 않습니다. 돼지꼬리, 말의 다리, 소의 머리, 코뿔소의 뿔 등이 합쳐진 괴상한 생물체가 표지 모델이었습니다. 깊은 과학적 내용은 거의 이해되지 않았으나 유전학이 미래 사회에 미칠 영향에 대한 부분은 흥미로웠습니다.

과학포스터 그리기나, 백일장 등 위에서 말한 독서가 쓰일 곳은 매우 많다고 하겠습니다. 우리 때는 초등학교 때도 학력평가 비슷한 시험이 있었는데, 이런 독서가 자연 과목에 많은 도움이 되었습니다. 사막 여우가 왜 귀가 큰 지 알 수 있었고 고래가 어떻게 그 작은 새우를 먹이로 살 수 있는지도 책을 통해 배웠습니다. 특히 생생한 그림이 나와 있는 도감들은 쉽게 접할 수 없는 동식물을 자세하게 보여줬습니다. 당시 장래 희망은 동물을 연구하는 과학자였습니다. 다양한 독서 경험은 진로에 많은 영향을 미칩니다. 어렸을 때 꿈이 자주 바뀌는데 생각해보면 어떤 분야의 책을 많이 읽는 지에 따라 변하는 것 같습니다. 부모님들이 자식의 장래를 위해 적극적인 독서지도를 해줄 필요가 있는 이유입니다.

 자연과 함께 책 읽는 재미를 느끼다

학교를 마치고 집에 오면 숙제를 했고, 별 다른 일이 없으면 책상에 앉아 책을 읽었습니다. 책상 오른쪽으로 창문이 있어서 한여름 밤에 창문을 열면 호젓한 소쩍새 소리와 함께 상쾌한 공기가 밀려왔습니다. 시끄럽지 않은 동네라 밤에 책읽기에는 최적의 장소였습니다. 밤이면 동네 아이들이 모여 술래잡기나 밤낚시를 갔는데 거기에 함께하는 것을 어머니가 별로 좋아하시지 않아서 상당히 눈치를 보고 나가야했습니다. 도시의 오락거리가 없는 대신에 또래들과 함께 놀거리를 만들어야 했기에 노는 것도 계획을 짜야만 했습니다. 어쩌면, 여기서 의사결정 방법을 연습한 건지도 모르겠습니다. 지금도 컴퓨터 게임은 좋아하지 않습니다. 이때의 버릇 때문인지 계획을 짜서 남들이 안가는 곳을 여행하는 것을 좋아합니다.

독서할 때 산만함을 없애고 전체적인 분위기 파악이 중요해

책벌레라 불리는 이들을 보면, 속독하는 능력을 은근히 자랑합니다. 어렵지 않은 소설 한 권을 읽는데 사오십 분이면 충분하다는 이들을 보며 속으로 감탄했지만 그러고 싶지도 않았고 그럴 수도 없었습니다.

어렸을 때 텍스트를 읽는 속도 자체는 보통이었습니다. 그러나 한 장이 넘어가면 다시 되돌아와서 같은 부분을 또 읽었습니다. 이런 식으로 읽다보니 한 권을 다 읽으면 두 번 읽은 셈이 돼버렸습니다. 사실 초등학교 3학년 때까지는 한 번에 읽어 나갔으나 그 이후 잡생각이 늘어 책을 보다가도 집중할 수 없게 되어 버렸습니다. 그러다 보니 생긴 독서법인데, 어려운 책을 읽을 시에 독서 방법 자체는 추천할만하나 근본적으로 산만함을 없애는 것이 중요합니다. 이 방법이 특별하다 할 것도 없는 것이, 누구나 이해가 안 되는 내용은 다시 두 번 세 번 읽어봅니다. 어렵더라도 포기하고 넘어가지 말고 계속 반복해서 읽다보면 어렴풋이 무슨 내용인지 감이 잡힙니다. 굳이 정확한 해석을 원하지 말고 전체적인 분위기를 파악해 나가는 것이 필요합니다.

어린 시절 가장 좋아했던 취미를 꼽으라면 '만들기'를 들겠습니다. 공작, 조립이라는 말로도 대신 할 수 있는데 슈퍼마켓에 파는 오백 원짜리 로봇부터 생일 선물로 받았던 탱크 모델까지 가만히 앉아서 만드는 것을 좋아했습니다. 폐품을 활용한 공작도 재밌었습니다. 이런 성격이 장시간 앉아 있을 수 있는, 소위 말하는 '무거운 엉덩이'를 가능하게 해줬습니다. 책상에 앉아 장시간 동안 지겨움 없이 책을 읽을 수 있는 힘이 됐습니다. 부모님들이 아이가 너무 산만하고 집중력이 없다고 토로합니다. ADHD같은 장애까지 나타날 수 있다고 하니 부모의 입장에서는 이만저만 걱정이 아닐 것입니다. 독서, 춤, 축구 등 그 무엇이라도 아이가 능동적으로 할 수 있는 취미를 찾아주고 스스로 집중할 수 있게 만들어주는 방법이 좋을 것 같습니다. 나의 경우에 그것이 공작 취미였고 그것이 그대로 독서 집중력으로 이어졌습니다.

초등학교 3학년 때쯤, 무료로 태권도를 배울 수 있는 기회가 생겼습니다. 뜻 있는 사범님이 계셨는데 일주일에 한 번씩 동네 아이들을 봉고차로 데려와 무료 강습을 해주셨습니다. 초등학교에 안 쓰는 별관이 도장이었습니다. 수강생들이 알아서 청소도 하고 승급심사 때는 동네 사람들이 모여 함께 하는 등 지역사회문화의 한 축을 이루었습니다. 아마 수강생들 중에 태권도 교본을 산 사람은 나밖에 없을 것입니다. 사범님 몰래 높은 단계의 품새를 배우고 애들에게 자랑하고 싶은 목적으로 샀는데 나름 목적 달성에 성공했습니다. 부가적으로 태권도의 역사나 과학적 원리도 배울 수 있었습니다. 목적은 불순했으나 지금 생각하면 무엇을 배우기 위해 책을 샀던 경험은 교과서를 제외하고 그것이 처음이었습니다.

💬 백과사전은 설계도나 그림을 찾아보는 재미가 있어

어머니가 백과사전을 사주신 것도 그때쯤입니다. 요즘에는 컴퓨터로 브리태니커 백과사전을 볼 수 있지만 당시에는 전무했습니다. 음악, 미술, 국어, 생물 등 오만가지 분야가 망라되어 있었는데 설계도나 그림을 찾아보는 재미에 빠졌습니다. 시간 날 때마다 A4 용지에 백과사전을 베끼기 시작했습니다. 관심 있는 그림을 베끼고 옆에 설명을 적는 식이었습니다. 주로 생물 파트를 옮겨 썼는데 인체의 구조를 많이 그렸던 기억이 납니다. 도자기 굽는 과정에 대한 설명을 보고 너무 해보고 싶어서 집 뒤에 가마를 만들려다 포기한 적도 있습니다. '스스로 학습법'이라고 칭하면 맞는 말이기는 한데 학습이라기보다 일종의 놀이였다고 할 수 있습니다. 도저히 안 되는 분야는 음악이었습니다. 들어 볼 수가 없으니

악보를 봐도 무슨 소리가 날지 알 수가 없었습니다. 그래서인지 초등학교 내내 음악은 가장 취약한 과목이었습니다.

💬 초등 4학년때는 추리소설, SF 소설 등 다양한 장르의 책을 읽게 돼

초등학교 4학년 때 감명 깊게 읽은 책 중에는 '모히칸 족의 최후'가 있습니다. 빠른 장면 전개와 전투씬의 현실감은 충격적이었습니다. 어려운 내용이라도 대화가 많고 지루하지 않아서 쉽게 읽을 수 있었습니다. '해저 2만리'는 두고두고 졸업할 때까지 봤습니다. 당시 해저 2만리를 모티브로 한 '나디아'라는 만화가 있었는데 동생과 함께 한 편도 놓치지 않고 볼 정도로 열정적인 팬이었습니다. 후에 일본 만화라는 것을 알고 (그동안 봐왔던 만화가 대부분 일본 작품이란 것도 알고 나서) 조금 실망했던 기억이 납니다. '해저 2만리'를 시작으로 SF소설에 대한 관심이 불타올랐습니다. 교실에 SF소설 전집이 여러 질 있었습니다. 당시에도 촌스럽다 느껴질 정도로 오래된 책이라 지금은 찾아보기도 힘들지만 책 내용만큼은 요즘 화려한 표지 디자인에 비싼 가격으로 출판되는 책보다 훌륭했습니다. 오히려 요즘 출간되는 책들은 너무 수준이 낮아서 어린이들의 생각에 맞추지 못한다는 느낌이 듭니다..(어린이들의 안목은 의외로 높다.) 그리고 그 당시 책들처럼 외국 작가가 쓴 SF소설이 어린이용으로 나온 것도 찾아보기 힘든 것 같습니다. 여하튼 양자역학이니 화이트홀이니 하는 개념을 근본적으로 이해하기는 힘들었지만 어떤 개념인지 추측할 수 있고 관심을 갖게 만들었습니다.

흔히들 판타지 소설은 공부에 방해가 된다고 여깁니다. 그 의견에 반대하지는 않는데 허무맹랑한 판타지와 과학적 원리가 있는 SF를 동일시하는 오류는 없어야겠습니다. 가장 기억에 남는 이야기는 우주선을 타고 다니며 각종 외계 생명체를 수집하고 길들이는 사람들에 관한 것입니다. 잡학다식이 전공인 주인공이 생물학, 물리학, 전투 등 전공을 가진 동료들에게 무시당하지만 결국 경험을 토대로 큰 역할을 했던 걸로 기억합니다. SF소설이 상상력을 높여준다는 기능으로만 주목받는 측면이 있는데 실제로 읽어보면 다분히 사실적이고 배울만한 지식이 있는 경우도 많습니다.

💬 부모님의 반응이 책 읽기에 많은 도움 돼

'시튼 동물기'와 '파브르 곤충기'도 재밌게 봤습니다. '파브르 곤충기'를 읽은 다음에 페트병에 개미를 잡아넣고 길러봤습니다. 요즘 장수풍뎅이나 개미를 학습용으로 팔던데 무작정 흥밋거리로 아이들에게 사줄 것이 아니라 관련 책을 읽히고 일종의 '연구'를 도와주는 것이 부모의 역할이라고 생각합니다. 우리 부모님은 주도적이지는 않았지만 문의에 적극적으로 반응해주시고 격려해주셔서 많은 도움이 되었던 것으로 기억됩니다.

'우리 복이'시리즈라고 어린이 눈높이에 맞춘 성장 소설도 봤습니다. 주인공 복이가 저지르는 사고가 재밌어서 친구들 사이에서 가장 많이 읽힌 책이 됐습니다. '구슬이네 아빠 김덕팔씨'를 보고서는 얼마나 코끝이 찡해졌는지 모릅니다. 이런 소설을 읽을 때는 독서 시기가 중요했는데, 예를 들자면 주인공 복이가 밤을 따는 에피소드를 읽을 때는 꼭 현실에서도 밤이 열리는 철이었습니다. 김덕팔씨가 경운기에 가족들을 태우고 바캉스를 떠나는 장면은 휴가철에 읽었습니다. 책의 현실감을 최대한 살려 읽고 싶었던 것 같습니다. 과학 관련 도서 말고 이런 소설도 꽤나 봤으니 독서에 관해서 편식이 없었습니다.

💬 초등 5학년, 소설을 주로 많이 읽어, 허준의 '동의보감'은 삶의 자세 일깨워 줘

초등학교 5학년쯤이 되니 책을 고르는 입맛이 변했습니다. 고등학생인 사촌누나들이 있었는데 명절 날 사촌들의 집에 가보면 책장 가득 생소한 풍의 책들이 있었습니다. '무소의 뿔처럼 혼자서 가라', '닥터스'같은 소설들이었습니다. 몇 장 읽어보다 덮었지만 그 중 흥미 있게 끝까지 봤던 책이 '소설 동의보감'입니다. 장편 역사 소설을 처음으로 접한 것입니다. 천출로 태어났으나 굳은 심지를 갖고 역경을 헤쳐 나가는 허준의 모습을 보며 쾌감을 느꼈고 한의사의 꿈을 가졌습니다. 사람의 몸에 우주가 깃들어 있다는 한의학의 철학이 신선했고 병자를 낫게 할 수 있는 의사의 능력에 존경심을 갖게 되었습니다. 이 책을 몇 번이나 읽었는지 기억도 안날 정도로 여러 번 봤습니다. 사람은 누구나 자기만의 '고전'을 갖게 될 텐데 나에게 이 책이 그것이었습니다. 이런 책은 유년기를 넘어 인생 전반에 영향을 미칠 수 있고 좌우명과 같은 역할을 하기에 사람의 성품과 인생철학을 결정하는 역할을 합니다. 지금의 전공은 한의학과 거리가 멀지만 인간적 면모의 측면에서 볼 때 주인공 허준을 닮으려 노력하는 스스로를 보면서 책의 힘을 새삼 깨닫게 됩니다.

💬 책 읽기보다 더 좋은 교육적 모티브는 없어

개인의 독서는 역사를 갖습니다. 태어나서 처음 보는 한글 학습지부터 나이가 들어 읽어보는 시집까지 다양한 책을 접할 것인데 그 이력을 떠올려 볼 필요가 있습니다. 그리고 당시 읽었던 책이 자신에게 어떤 영향을 끼쳤는지, 그 영향력은 얼마나 컸는지를 살펴봐야 합니다. 나의 경우 열악한 교육환경 속에서 자연과학 분야의 독서가 준 교육적 효과는 굉장히 컸습니다. 지금 자신이 모자란 부분이 무엇이며 어떤 책을 읽었을 때 이 부분이 채워질 것인지 알 수 있다면 그보다 더 좋은 교육적 모티브는 없습니다.

초등학교 5학년 때 담임선생님은 그런 효과를 잘 알고 계셨고 우리에게 프로그램화 시켜주셨습니다. 시내에서 학교까지 차로 사오십분 정도 되는 거리를 출퇴근하셨는데 출근하시는 길에는 꼭 우리에게 읽힐 책을 도서관에서 빌려 오셨습니다. 편식하지 않도록 다양한 책을 빌려오셨는데, 우리말을 교육하시는 이오덕씨의 책도 있었고 시집도 있었습니다. 책을 읽고 나서는 독후감 까지는 아니고, 간략한 독서 카드를 써야했던 것으로 기억합니다.

한번은 이문열씨가 쓴 삼국지를 빌려오셨는데 내 생애 그렇게 어려웠던 책은 처음이었습니다. 한자가 너무 많아서 금세 흥미를 잃었던 것 같습니다. 선생님께 말씀드렸더니 어린이용 삼국지로 바꿔오셨지만 그때 낙담해서인지 대학생이 될 때까지 삼국지를 읽지 않았습니다. 이때부터 딱딱한 고전에 대해 거부감이 생겼습니다. . 이후 남들이 다 읽는 베스트셀러나 명작은 기피했습니다. 나의 성격때문인지는 모르겠지만, 남들이 안 보는 책일수록 매력적으로 다가왔습니다.

선생님은 6학년까지 담임이셨는데 스스로 학습법을 체득시키기 위해 애쓰셨습니다. 중학교에 진학한 이후에 변변한 학원도 없는 동네에서 공부하려면 혼자 할 수밖에 없기 때문입니다. 수업 시간은 교습이 아니라 혼자 교과서를 보고 공부하고 문제집을 풀며 모르는 부분은 여쭤보는 식으로 흘러갔습니다.

요즘 논술이 중요하다고 하는데 당시 독서카드를 썼던 경험이 논술실력의 밑바탕이 됐습니다. 막 논술 바람이 불기 시작하는 시기여서 지금처럼 전문화된 학원 교육은 필요 없이 다양한 독서 경험만으로도 충분했던 것 같습니다. 그러나 지금도 논술 실력을 쌓는데 독서만큼 좋은 방법이 없다는 사실은 누구나 알고 있습니다.

중학교 진학을 위한 배치고사 시험이 다가오고 있었습니다. 겨울방학동안 학교에 나가 문제집 네다섯 권을 풀었습니다. 초등학생에게 너무 가혹한 겨울이 아니었나 싶습니다. 그 결과 1등으로 입학하게 되어 영광이었습니다. 서술형 주관식 시험은 정답이 없습니다. 출제자가 원하는 의도가 아니라도 답의 주장과 근거가 명확해서 설득력이 있다면 맞는답입니다. 모르는 문제가 나와도 알고 있는 지식을 활용해 두괄식으로답안을 썼습니다. 이때 그동안 읽어두었던 책들에게 감사하는 마음이들 정도로 그 활용도가 컸다고 할 수 있습니다.

💬 독서의 장애가 되는 유해한 환경 제거도 필요한 조건

어린 시절 책상 왼쪽에는 큰 세계지도가 붙어있었습니다. 가보고 싶은나라에 동그라미를 치고 여행 루트를 표시했습니다. 집에서 동그라미친 나라를 학교에서 '먼나라 이웃나라'같은 책을 빌려 보고 간접적으로 여행할 수 있었습니다. 지금도 여행기를 즐겨 봅니다. '가보기 전엔 죽지 마라'나 '스페인, 너는 자유다'같은 책을 좋아합니다.

독서를 하는 데에 있어 가장 경계해야할 자세는 성적을 올리기 위한 맹목적 독서입니다. 스스로의 목적을 위해서 하는 독서가 바람직합니다. 흥미를 계속 유지할 수 있고 집중할 수 있기 때문입니다. 학생들 스스로 여러 분야에 호기심을 갖고 독서로 해소하려는 방식을 길러야 하며 이를 위해 부모님의 적당한 선에서의 지도가 필요합니다. 유해한 환경을 제거하는 것도 필요한 조치입니다. 독서 프로그램 참가나 논술 학원 수강 등 인위적인 교육 중에도 이런 점을 놓치지 말고 기본으로 삼는 것이 바람직합니다.

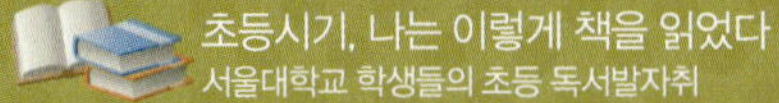

Part 2

📖 독서는 취미가 아닌 습관입니다.

서울대학교 사범대 물리교육
유수지

💬 초등학교 시절 차곡차곡 쌓아두었던 독서능력이 뒷받침해줘

안녕하세요. 저는 현재 대학교 3학년에 재학 중이고, 현재 물리교육학과 물리학을 전공하고 있고 내년에 4학년에 올라가는 대학생입니다. 제가 한글을 배운지 4살 때부터 지금까지 꾸준히 독서를 해왔지만, 가장 많이, 폭넓게 읽은 시절은 역시 초등학교 시절이었고, 중학교 3학년 혹은 대학교 입학 후에도 그에 못지않게 읽었다고 생각하지만 그 때에 비해서는 읽었던 분야가 다양하지 못했던 듯 합니다. 지금의 전문적인 독서에서도 유감없이 영향을 발하는 것도 역시 초등학교 시절의 독서활동이라고 생각합니다. 비록 초등학생 때는 그만큼의 지식과 이해 능력이 없었기 때문에 그 때의 독서가 제 인생의 행로를 바꿔놓을 정도가 아닌 '어떤 분야에 대한 관심 유발', '빠르고 정확한 글 읽기'정도에 미쳤다고 생각합니다. 하지만 그 후 제 가치관이나 진로를 바꿔놓을 굵직굵직한 저작들을 스스로 선택하고 읽어내고 그 책의 내용들을 저의 것으로 만들어내기까지는 초등학교 시절 차곡차곡 쌓아두었던 독서 능력이 뒷받침해주지 않았나 싶습니다. 또한 제 지속적인 독서습관을 잡아주는 데도 초등학교 시절의 습관이 도움이 되지 않았나 싶습니다. 중고등학교 시절에는 분

명 독서가 대학입시를 위한 '의도적인' 독서였다는 것은 부인할 수 없는 사실이지만, 지금의 독서가 취미가 아닌 습관이 되게 한 것은 분명 초등학교 때 알게 모르게 습득한 독서 습관 때문이 아니었을까 라는 생각이 듭니다.

💬 6학년때는 과학동아와 같은 과학잡지를 본격적으로 읽어

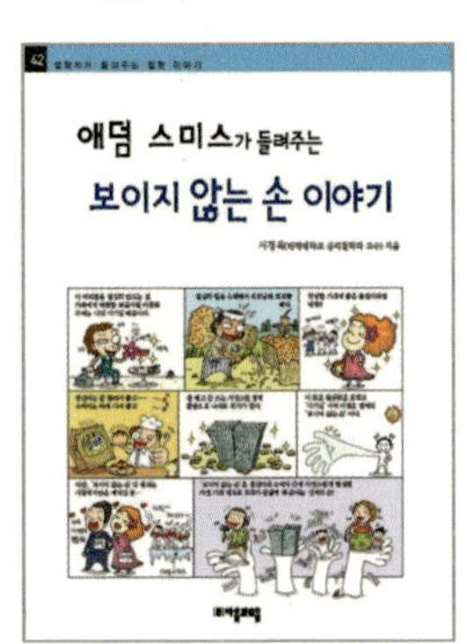

저는 초등학교 시절에 이런 저런 책들을 읽어왔는데 독서량이 많다보니 도서관에 도움을 많이 받았습니다. 저학년에 해당되는 1학년부터 3학년까지는 여러 내용을 포괄하고 있는 전집이나 위인전을 많이 읽었습니다. 그리고 4학년에서 5학년 시절에는 문학책을 좀 더 많이 읽었고 6학년 시절에는 명성이 있다 싶은 굵직굵직한 책들을 읽어왔습니다. 예를 들어 시오노 나나미님의 〈로마인 이야기〉와 여러 저작들이 대표적이었습니다. 그리고 과학동아와 같은 과학 잡지를 본격적으로 읽기 시작했습니다. 그 당시 제 수준에 맞는 과학도서는 많이 없었던 터라 과학 분야는 많이 읽어보지 못 했습니다.

개인적으로 제 독서습관을 좌우했던 시기는 중학교 1학년과 2학년 시절이었습니다. 당시 친구들과 잘 어울리지 못하는 성격이었던 터라 친구들로부터 따돌림을 많이 받았습니다. 한창 사회적으로 왕따가 문제시되던 시점이었는데 부모님께 괜한 불편을 끼치고 싶지 않아서 대학교 입학 전까지도 그 사실을 숨기고 있었습니다. 그 때마다 제 힘이 되었던 것은 점심시간에 혼자 있을 때 도서관에서 읽었던 여러 책들이었습니다.

물론 독서량은 초등학교 시절에 비하면 못했지만 시간이 오래 걸리더라도 책 한권을 제대로 읽는 연습을 그 당시에 많이 했었습니다. 한 페이지를 읽을 때마다 소가 되새김질을 하듯이 여러 번 읽어보고 생각을 정리했었습니다. 물론 독서 능력뿐만이 아니라 제 세계관도 많이 바꿔놓았습니다. 2학년 무렵에 읽었던 〈체 게바라 평전〉은 여느 책보다도 그 당시의 비관적인 세계관을 긍정적으로 바꿔놓지 않았나 라는 생각이 듭니다.

💬 좋아하는 책의 주제가 전공선택에 영향 줘

직접적으로 초등학교 시절의 독서는 분명 국어나 대학수학능력시험의 언어영역 성적에 확실한 도움을 주었던 것은 사실입니다. 신문에나 여느 책에 보면 국어와 영어 학습 능력은 서로 연관이 있다고들 하는데 제 경험상으로 봤을 때에는 간접적으로 영어 성적에도 도움을 주었습니다. 저는 비록 흔히 말하는 사교육 시장의 중심이라는 지역에 살고 있지만은 국어나 영어는 제대로 된 사교육을 받아본 적이 없었습니다. 영어의 경우에는 고등학교 올라가기 전에 아는 선생님을 통해 영어 문법책을 한 권 떼고 영어 방학 때 잠깐 토플을 준비했던 것이 전부였습니다. 국어나 언어영역은 사실 학교 선생님들의 도움을 많이 받은 탓도 있었지만은 딱히 사교육에 대한 필요를 느끼지 못해 받지 않았습니다. 과학 과목과 사회 과목의 경우에는 독서가 분명 직접적인 성적의 향상을 가져와주지 않았다고 생각하지 않지만은 교과에 대한 흥미 유발에는 많은 도움을 주었다고 생각합니다. 예를 들어, 제가 6학년 때

읽었던 이이화 선생님의 〈한국사 이야기〉와 시오노 나나미님의 〈로마인 이야기〉는 저에게 역사에 대한 엄청난 흥미와 재미를 주었습니다. 사회 과목에서 역사 부분이 나오기만을 기다렸을 정도로 말입니다. 비슷한 나이 때에 이 책들을 읽은 대학교 2학년에 재학 중인 제 친동생은 사학 쪽으로 전공을 택하고 싶어 했고, 수학과 과학 과목만을 유난히 좋아하는 고등학교 1학년에 재학 중인 제 막내 동생은 초등학교 시절에 이 책들을 읽고 역사 과목에 대하여 큰 흥미를 가지게 되었습니다. 참고로 제 막내 동생의 경우에는 제가 열심히 모아둔 우주나 물리 서적들을 누나 몰래 하나둘 읽던 게 바탕이 되어 과학 과목에 큰 흥미를 보이고 있고, 물리학과에 진학하여 입자 물리학자가 되겠다는 목표로 오늘도 학교에서 열심히 생활하고 있습니다.

🗨 어머니의 세심한 배려가 독서습관 만들어 줘

앞에서 말씀드린 것과 같이 제 동생들도 독서를 통해 저와 비슷한 경험을 하고 인생의 목표를 갖게 된 것은 어머님의 작지만 꼼꼼한 노력들의 결과라고 생각합니다. 개인적으로 동생들이 두 명이나 있는데다가 아버님께서는 평범한 회사원이었던 까닭에 독서에 대한 물적 지원은 많이 받지 못했습니다. 그리고 요즘 잘 제시되어있는 체계적인 독서 프로그램을 자녀들에게 받게 했다거나 적극적으로 자녀들의 독서에 신경을 쓰시지는 않으셨습니다. 다만 어머님께서는 사소하고 작은 행동과 변화를 통해 독서를 심심풀이 취미가 아닌 습관으로 자연스럽게 만들어 주셨습니다. 최근 베스트셀러 책 중에 '넛지(Nudge)'라는 경영학 도서가 있습니다. 내용을 간략히 살펴보면, 개인이나 집단의 심리를 이용하여 직접적인 명령이나 경고가 아닌 선택을 유도하는 간접적인 방법으로 원만하게 일을 해결하는 예시와 방법에 대하여 원론적으로 기술한 책입니다. 예를 들어 자녀의 손톱을 물어뜯는 습관을 고치기 위해서 직접적인 명령으로 고칠 수도 있겠지만, 한시적일 뿐 지속적으로 고칠 수 있다는 가능성은 경험적으로 봤을 때는 매우 낮습니다. 하지만 마발라(Mavala)나 올리 노 바이트(Orly no bite)라는 쓴 맛이 나는 매니큐어를 발라주면 효과적이고 지속적으로 습관을 교정할 수 있습니다. 제 어머님께서는 그런 방법을 자주 애용하셨는데 예를 들어 자녀들의 봉사활동을 도서관 책 정리 업무로 보내거나 자녀들이 보는 책의 위치를 시선이 닿는 낮은 곳에 두어서 책을 집지는 않더라도 매일 눈과 손으로 책과 친해지게 하셨고 매주 서점과 도서관을 데리고 다니셔서 책은 결코 먼 곳에 불편한 절차를 거쳐 읽는 것이 아닌 가까운 곳에 내가 원하는 대로 읽을 수 있는 것이라는 생각을 알게 모르게 심어주셨습니다.

🗨 '책보는 자세는 편하게 마음껏 하더라도, 책을 보는 눈과 머리만큼은 늘 바르게 하라'

또한 책보는 자세는 아무렇게나 편하게 해도 괜찮지만 책을 보는 눈과 머리만큼은 늘 바르게 하라고 강조하셨습니다. 제 희망 진로가 과학 문화 특히 도서 관련 분야인지라 독서 교육에 대한 강연을 조금씩 들어왔는데 인상 깊었던 강연 중 하나의 내용을 한번 소개하고자 합니다. 주제는 '학생들에게 친근한 학교 도서관 만들기'에 대한 강연이었는데 그 강연에서 나온 이야기 중의 하나는 "학생들이 편하게 눕거나 앉아서 읽을 수 있게, 심지어 책을 읽다가 중간에 자도 괜찮게끔 푹신푹신한 소파와

매트를 배치해 놓아라"라는 내용입니다. 학생들에게 독서를 편안하고 익숙한 일로 자연스럽게 인식시켜라 라는 의도였습니다. 본론으로 돌아가 그 때문에 지금의 저도 필기구를 써야하는 학습이 아닌 독서의 경우에는 자연스럽게 침대에 눕거나 앉아서 책을 보게 되었습니다. 덕분에 늘 침대에 책이 쌓여 아침에 몸이 불편해서 일어나보면 등이나 다리 밑에 책이 깔려 있는 경우가 종종 있었습니다.

물론 침대에서 책 보는 건 괜찮지만 침대에 책을 쌓아놓아서 졸업이 가까운 대학생이 된 지금에도 늘 어머님께 꾸중을 듣습니다. 그리고 아버님께서는 늘 선물로 책을 사주셨던 기억이 문득 납니다. 책으로도 내 자신과 타인에게 뜻깊고 소중한 기억들을 만들어줄 수 있다는 가르침을 받았습니다. 개인적으로 기억 남는 책은 중학교 3학년 때 생일 선물 받은 빌 브라이슨의 〈거의 모든 것의 역사〉라는 책입니다. 비전공자인 작가가 독학으로 물리학, 생물학, 화학, 지질학, 천문학 등 모든 과학 분야를 포괄한 내용의 과학 도서를 쓸 수 있다는 것 자체가 놀라웠던 책이었습니다. 개인적으로 과학 대중 도서를 쓰고 싶다는 생각을 갖게 해준 책이었습니다. 제가 진로를 선택할 때 간접적으로 영향을 주지 않았나 싶습니다. 그리고 사진을 보면 책을 선물해주실 때 아버님께서 남겨주신 메모가 있습니다. 다름이 아니고 그 시절에는 아버님도 정신적으로 많이 힘드신 시기였는데도 제 앞에서 늘 꿋꿋하고 자신감 있는 모습으로 이런 멋진 메모를 남겨 주셨는데 일이 잘 안 풀리고 힘들 때마다 늘 책장 앞의 메모를 보며 큰 힘을 얻곤 합니다.

조선시대의 유학자인 이덕수의 〈유척기에게 준 글〉의 일부분의 내용을 잠시 인용해보겠습니다.

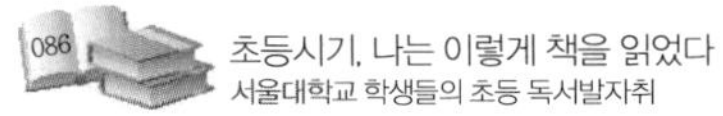

 초등시기, 나는 이렇게 책을 읽었다
서울대학교 학생들의 초등 독서발자취

"독서는 푹 젖는 것을 귀하게 여긴다. 푹 젖어야 책과 내가 융화되어 하나가 된다. 푹 젖지 않으면, 읽으면 읽는 대로 다 잊어버려 읽은 사람과 읽지 않은 사람이 별 차이가 없다."

소나기가 내릴 때는 회오리 바람이 불고 번개가 꽝꽝 쳐서 그 형세를 돕는다. 빗줄기가 굵은 것은 기둥만하고, 작은 것도 대나무 같다. 다급하기는 화분을 뒤엎을 듯 하고, 사납기는 항아리로 들이붓는 것 같다. 잠깐 사이에 붓도랑은 넘쳐흘러 연못처럼 되니 대단하다 할 만하다. 하지만 잠깐 사이에 날이 개어 햇볕이 내리쬐면 지면은 씻은 듯이 깨끗해진다. 땅을 조금만 파보면 오히려 마른 흙이 보인다. 이것은 다른 것이 아니다. 연못처럼 고였던 것이 능히 푹 적시지 못했기 때문이다.

만약 하늘과 땅의 기운이 성대히 교감하고 거세게 장맛비를 내려, 부슬부슬 어지러이 아침부터 저녁까지 내리게 되면, 땅속 깊은 데까지 다 적시고 온갖 사물을 두루 윤택하게 한다. 이것이 이른바 푹 젖는다는 것이다.

책 읽는 것 또한 그러하다. 서로 맞춰보고 꿰어보아 따져 살피는 공부를 쌓고, 그치지 않는 뜻을 지녀, 푹 빠져 스스로 얻음에 이르도록 힘써야 한다. 이와는 반대로 오로지 빨리 읽고 많이 읽는 것만을 급선무로 한다면, 비록 책 읽는 소리가 아침저녁 끊이지 않아 남보다 훨씬 많이 읽더라도 그 마음속에는 얻은 바가 없게 된다. 이는 조금만 땅을 파면 오히려 마른 흙인 것과 한 가지 이치다. 깊이 경계로 삼을 만 하다."

개인적으로 독서에서 가장 중요한 활동은 독서 중 활동이라고 생각합니다. 독서 전 활동은 단지 책의 내용을 짐작하고 흥미를 유발하는 준비운동과 같은 활동이고 독서 후 활동은 내용을 환기시키고 차근차근히 책 전체를 일목요연하게 정리해보는 정리운동과 같은 활동입니다. 앞의 인용문처럼 독서 중에 '서로 맞춰보고 꿰어봐서 따져 살피는' 활동이 이루어지지 않으면 독서 후의 전체를 한 눈에 바라보는 활동도 제대로 되지 못할 뿐 더러 독서 전의 활동에 대한 효과가 없게 됩니다. 독서 중 활동은 반드시 독서 활동의 주가 되어야 할 것이며, 나머지 두 활동들은 독서 중 활동의 보조 역할로 있어야 한다고 생각합니다. 앞서 말씀드렸듯이 개인적으로 초등학교 시절에는 잘못된 도서의 선택으로 내용이 아닌 글자를 읽는 독서를 종종 행하였습니다. 이런 잘 못된 독서 습관과 대학 입시를 준비할 때의 '문제를 신속하게 풀기위한' 글 읽기 자세에서 탈피하기 위하여 대학 입학 와서 독서 방법에 대한 고민을 해왔습니다. 여러 시도했던 방법들 중에서 개인적으로 독서를 할 때, 꼼꼼하게는 아니더라도 기억에 남는 문장이나 읽을 때마다 머리에 스쳐가는 여러 생각들을 노트에 적어 놓는 방법이 잘 맞았습니다. 쓰다보면서 읽다보니 한번 스윽 글자를 읽는 것이 아닌 여러 번 되새겨보면서 내용을 읽게 되었습니다. 물론 지나치게 꼼꼼하게 적지는 않았고 똑같은 내용을 다시 읽었을 때 다른 생각이 들었다면 그 위에 수정하고 형식에는 제한을 두지 않고 생각나는 대로 자유롭게 기술하였습니다. 저같이 손으로 글을 쓰기가 힘들다면 요즘 학생들이 많이 애용하는 블로그나 개인 홈페이지의 힘을 빌려보는 방식도 괜찮다고 생각합니다. 컴퓨터를 많이 사용하고 독서에 대한 뚜렷한 방향이 없는 학생들에게는 자신이 읽은 책을 블로그에 소개하는 방식 등으로 글을 쓰게 유도한다면, 분명 자유롭게 볼 수 있는 공개적인 글이니 내용의 충실성을 위해 책을 꼼꼼히 읽게 될 것이며 본인의 작문을 스스로 가다듬어 볼 수 있는 좋은 기회가 되지 않을까 생각됩니다.

 초등시기, 나는 이렇게 책을 읽었다
서울대학교 학생들의 초등 독서발자취

얼마 전 서점에 갔다가 과학도서 코너에 초등학생들을 대상으로 양자론이나 상대성 이론을 내용으로 한 많은 학습 만화들이 비치되어 있어서 깜짝 놀란 적이 있는데 제가 초등학생이었던 시기에는 그다지 많은 학습만화들이 있지 않았습니다. 교과 내용을 한번 되짚어주는 만화가 하나 있었던 걸로 기억하지만은 한권 읽어보다가 그만둔 게 초등학생 시절에 학습만화를 접해본 경험의 전부인지라 학습에 어떠한 효과을 주는지는 잘 모르겠습니다. 그 후 여러 학습을 목표로 하거나 어려운 고전을 쉽게 이해시키기 위한 만화들이 많이 출판되고 어떤 책들은 베스트셀러가 된 적이 몇 번 있었습니다. 학습 만화에 대한 개인적인 의견으로는 학습만화의 '내용에 대한 포괄적인 전달력'에 따라 선택적으로 자녀분들게 권해드릴 필요가 있다고 생각합니다.

예를 들어, 똑같은 내용이라도 글자보다는 그림으로 설명하면 확실히 주목도가 높아지고 이해 속도가 높아지는 것은 사실입니다. 하지만 학습만화의 경우에는 그림과 글을 함께 배치함으로서 그 자세한 내용을 글로 설명하고 대략적인 내용은 그림으로 흥미를 유발하는 경우가 많은데 만약 그림이 글의 내용을 함축적으로 표현하고 있지 못한 상태로 지나치게 색깔이나 격동적인 인물의 동작으로 글보다 주목도가 높은 경우 글은 제대로 읽지 않고 그림만 보게 되는 현상이 발생할 수도 있습니다. 그리고 자세한 내용과 설명이 있는 글을 읽지 않으니 다 읽어도 내용이 아닌 그림만 기억하게 됩니다. 개인적으로

는 이원복 교수님의 〈먼나라 이웃나라〉가 학습 만화로서의 역할에 충실했다고 생각합니다. 조금만 읽어보면 아시겠지만 처음 출판될 당시에는 글자와 색이 같은 밋밋한 흑백색이었으며(최근에 출판된 도서를 보면 색깔을 칠해져 있지만은 지나치게 명도가 높지 않고 전체적으로 약간 명도가 낮은 색으로 되어있습니다.) 선은 굵직굵직하게 간략한 묘사로 그려놓으셨습니다. 하지만 그림 하나에 많은 내용을 함축하였고 여러 도식을 넣어 설명하는 등 학습만화로서의 본분에 제 역할을 했다고 볼 수 있습니다. 만약 책이 읽기 어려워서 학습만화를 선택해야 하는 경우에는 단순히 얼마나 읽기 쉬운지에 따라 결정해서는 안 되고 만화가 얼마나 내용에 충실하고 잘 전달하고 있는지를 보아야 한다고 생각합니다.

💬 독서에 대한 방향과 방법이 잘 잡히지 않은 초등학생에게 전략적 책 읽기 프로그램 필요해

요즘 교육부에서 독서 교육에 대하여 여러 구체적인 프로그램을 제시하고 이에 따른 유도 방법과 제도(예를 들어 대학 입시에서 평가 잣대로 독서 이력을 포함시키는 제도 등)를 도입하고 있어서 매우 바람직한 현상이라고 생각합니다. 그 중 전략적 책읽기 프로그램이라는 좋은 프로그램이라고 생각합니다. 특히 독서에 대한 방법이나 방향이 잘 잡히지 않는 초등학생들을 대상으로 했을 때, 매우 효과적이라고 생각합니다.

교과 교육과정에 맞춘 독서 프로그램이다 보니 사교육 등으로 책읽기에 소홀해질 수밖에 없는 학생들에게는 분명 교과 학습이라는 목표를 제시하여 조금이라도 책을 읽게 유도하는 점 자체가 우선적으로 바람직하고 교과서에서 벗어나 여러 도서들로 다양한 관점과 지식을 갖게 해주어서 좋다고 생각합니다. 다만 아쉬운 점은 아직 '초등학생들을 대상으로 한' 독서 컨텐츠가 질적으로 풍부하지 않고, 교과 수준에 비해 학생들의 독서 능력이 높지 않아 조금 단계가 높은 책을 제시하기에는 한계가 있다고 생각합니다. 여러 점들을 보완하고 활용한다면 분명 좋은 프로그램이 될 거라고 생각합니다. 그리고 독서이력관리 프로그램이 새로 등장하였는데, 등장할 때부터 사실 개인적으로 지금 초등학교를 다니지 않는 것에 대해 많이 아쉽다는 생각을 했습니다.

💬 내용이 아닌 글자만 보는 독서 안 돼, 독서수준 고려한 책 읽기

제가 초등학교 시절에는 안타깝게도 교육과학기술부에서 독서이력관리에 대한 정책 시도는 없을뿐더러 독서이력이란 것 자체가 없던 시절이었습니다. 물론 독서 교육도 지금만큼 체계적인 것이 아닌 학교에 독서실을 만들고 독서 기록장을 쓰는 게 다였던 시절이었습니다. 그 때의 저는 앞에서 말했듯이 책을 있는 대로 읽는 편이었습니다. 그 학년에 맞지 않는 어려운 책들도 더러 읽었습니다. 만약 지금이었으면 교육과학기술부나 여러 선생님들이 짜놓은 권장도서나 여러 방법들로 책을 선택해서 읽었겠지만 그 때는 그런 자료들이 많이 없었고 자료를 구할 능력도 되지 않았던 것이 사실입니다. 하지만 중학교 올라갈 시점이 되고 나니 그 때의 권장도서 수준을 뛰어넘을 만큼의 독서 능력을 가지게 되었습니다. 물론 아쉬운 점도 많았던 것은 사실입니다. 그 당시 책을 읽을 때는 아무 것도 모른 상태에서 어려운 책들을 덥석덥석 읽고 나니 흥미가 떨어지고 내용이 아닌 '글자'만 보는 독서가 되고 만 경우가 많았습니다. 결론적으로는 제가 추천하는 바는 자신의 학년과는 상관없이 자신의 독서 능력에 맞게 책을 선택하고 읽는 방법을 추천합니다. 요즘 교보문고에서 나온 주간지에 독서 능력에 따라서 별점을 매긴 독서 선택 가이드가 있던데 그런 자료들을 참고하시거나 직접 아이들이 읽어보고 내용에 대해 이해를 한다 싶을 때 골라주는 것이 가장 좋을 듯합니다.

💬 "독서는 취미가 아닌 습관입니다."

몇 개월 전에 신문에 자신의 독서에 대한 어느 작가 분의 기고를 읽은 적이 있는데 일부분이 인상 깊었던 내용이 "자신은 독서를 취미라고 생각해본 적이 없습니다. 생활기록부에 늘 취미를 적는 칸이 있으면 독서가 아닌 취미라 생각되는 다른 일들을 적곤 했습니다. 저는 독서를 취미가 아닌 습관이라고 생각합니다. 잠을 자고 밥을 먹는 것처럼 독서는 생활의 일부분이며 자연스러운 습관의 일부입니다."라는 맥락이었습니다. 저도 개인적으로 동의하는 부분이, 독서는 자신의 교양을 뽐내는 취미가 아니라는 것입니다. 독서는 하나의 자연스러운 생활이자 습관이기 때문에 독서는 독서 본연의 목표가 되는 독서를 해야 하며 자신이 읽은 대로 주위 사람들에게 자유롭게 이야기했으면 좋겠습니다. 개인적으로 어머님과 식사하면서 매일 요즘 읽는 책이나 신문이나 잡지 기사를 생각나는 대로 자유롭게 이야기하는데 제 독서 습관에 큰 도움을 주고 있다고 생각합니다. 이처럼 독서 활동은 따로 시간을 내서 하는 것이 아닌 일상에서도 충분히 쉽게 누구나 할 수 있는 일이라고 생각합니다. 너무 어려워하지 마시고 오늘부터라도 작은 행동으로 실천해보았으면 좋겠습니다. 꾸준히 하다보면 어느 정도 자신만의 방법이 생기고 익숙해질 것입니다. 독서의 방향과 방법을 잡고자 하는 학생들과 학부모님들께 작은 도움이 되길 바라며 이만 글을 마치겠습니다.

책은 나를 비추는 거울이며, 미래를 가리키는 이정표

서울대학교 공과대학 조선해양공학
이예은

💬 얌전하고 소극적인 학생에서 출발, 서울대에 입학하기까지

달콤한 향내의 구름이 뭉게뭉게 흘러가는 하늘 아래, 교문에 들어서는 나를 부르는 명칭이 하루아침에 달라져 있었습니다. 어려운 가정환경 속에서도 따스한 햇살 같이 빛나는 모범생 언니의 그늘에 가려져, 얌전하고 소극적인 학생 중 하나였던 나를 처음으로 다른 사람들이 주목하게 된 날이었습니다. 그러니까 이 이야기는 지금으로부터 6년 전의 한 여름날로부터 시작됩니다.

인테리어 사업을 하고 계셨던 아빠는 억울하게 받아야 할 돈을 여러 곳에서 받을 수 없게 되면서 결국 부도를 맞이하게 되셨습니다. 그리고 우리 가족은 여러 빚쟁이들에게 쫓기는 상황이 되어 정말 동전 하나 없이 거리에 나앉게 되었습니다. 그런 우리들의 모습을 보기 힘드셨던지 아빠는 홀연히 모습을 감추셨고, 엄마는 늘 하루하루의 생계를 걱정하면서 정신적으로 매우 불안정하셨습니다. 아직 초등학생이었던 나에게는 너무나 갑작스러운 변화였고, 내가 처음 느낀 세상은 시릴 정도로 차가웠습니다. 나는 가난이라는 의미를 이해하기에는 너무 어렸고 내 친구들도 그 의미를 이해하기에는 너무나도 어렸습니다. 가난하다는 이유 하나만으로 다른 아이들에게 무시를 받을 수 있다는 것을 처음으로 배우게 되었습니다. 그것은 점점 더 소극적이고 얌전하게 눈에 띄지 않는 중학생이 되도록 만들었습니다.

중학생이 되고 나서 나는 처음으로 거의 모든 학생들이 학원을 다니거나 개인 과외 교습을 받고 있다는 것을 알게 되었습니다. 그리고 그런 차이가 학업성적에도 영향을 미친다는 것을 내 몸으로 느끼게 되었습니다. 그렇기 때문에 나는 늘 내 자신에게 자신이 없었고, 다른 사람들에게 내 자신을 내보인다는 것만큼 두려운 일이 없었습니다. 그런 부정적인 자아를 가지고 일 년의 시간을 흘러버렸습니다. 그렇기에 나와 또, 그런 나를 알고 있던 모든 사람들은 정말 당황하지 않을 수 없었습니다.

2학년 2학기 첫 중간고사를 올백을 받은 것입니다. 개교 이래 두 번째 있었던 일이라고 합니다. 원래 뛰어나게 공부를 잘하던 학생도 아니었고, 어떤 좋은 과외나 학원을 다니지도 않았는데 단 한문제도 틀리지 않고 모든 과목에서 만점을 받았다는 것은 정말 기적이었습니다. 사실 지금 생각해보아도 달달한 솜사탕 맛의 꿈을 꾸는 것 같았습니다. 그리고 그 이후로는 한 번도 전교 1등을 놓치지 않은 채 서울대학교까지 들어오게 되었습니다.

🗨 서울대 입학은 어느 날 갑자기 이루어진 것 아니라, 아주 어렸을 때부터 시작한 독서 때문

그러나 말 그대로 어느 날 갑자기 이루어진 일은 아니었습니다. 사실 다른 아이들에게는 없는 특별한 무언가가 내겐 있었습니다. 바로 '속독'이었습니다. 속독은 아주 빠르게 책을 읽는 것으로 나는 아주 어렸을 때부터 독서를 시작했기 때문에 자연스럽게 몸에 배게 되었습니다. 그것은 다른 학생들과 같은 시간을 공부해도 매우 큰 공부양의 차이를 낳게 해주었습니다. 또한, 어떠한 글에서 얻어야 되는 정보와 불필요한 정보를 빠르게 파악할 수 있게 해줍니다. 그리고 모든 과목들은 결국 언어로 전달되기 때문에 일반 학생들보다 훨씬 빠른 시간 안에 이해할 수 있었습니다.

이러한 '속독'이 가능할 정도로 책을 읽었던 것은 우리 집의 가정환경과도 매우 밀접한 관련이 있었습니다. 아직 아빠가 집을 나가시기 전에도 우리 집에는 컴퓨터는 물론, 텔레비전 또한 없었습니다. 유일하게 집에 있던 것들은 여기저기에서 어르신들이 주신 책들뿐이었습니다. 그렇기 때문에 우리는 혼자 있게 되거나 심심할 때, 다른 아이들과 달리 책을 읽을 수밖에 없었습니다. 하루에 3~4권 정도는 가뿐하게 읽었고, 집에 있는 모든 책들은 적어도 7번 이상 읽었습니다. 그리고 그런 독서를 통해 생긴 습관이나 상식들은 절대 헛되지 않았고, 학업에도 영향을 미치게 되었습니다.

💬 어렸을 적 읽었던 '어린이 과학 백과 60권'이 공과대학 지원 이끌어

그리고 현재 조선해양공학과 공과대학에 다니게 된 것은 어렸을 적에 읽었던 책들의 영향도 작용했습니다. 처음 초등학교를 입학하게 되었을 때, 엄마 친구 분께서 책을 판매하는 아르바이트를 하게 되셔서 엄마께서 입학선물

초등시기, 나는 이렇게 책을 읽었다
서울대학교 학생들의 초등 독서발자취

로 "어린이 과학 백과 60권"을 사주셨습니다. 인체의 신비에서부터 부력의 개념에 이르기까지 굉장히 재미있게 잘 구성되어 있었습니다.

다른 어떤 동화나 소설보다도 이 책 시리즈를 가장 좋아해서 밥을 먹을 때에도 한 손으로 밥을 먹고, 다른 한 손으로는 이 책의 페이지를 넘겼던 기억이 납니다. 또한 이 책을 여러 번 반복해서 읽었기 때문에 다른 아이들보다 훨씬 과학적인 개념이나 실험의 원리를 이해하는 것에 있어서 굉장히 빠르게 되었습니다. 그리고 고등학교에 이르기까지 과학은 한 번 설명만 들으면 절대 잊어버리지 않을 정도로 많은 유익을 주었고, 내가 과학이라는 부분을 좋아한다는 것을 처음으로 깨닫게 해 준 책이었습니다.

🗨 초등2학년, '수학의 이해 10권' 수의 개념과 수학의 역사, 도형의 원리 등

사실 부모님들은 장난감이나 어떠한 놀이기구를 거의 사주시지 않으셨고, 책도 사실 거의 사주시지 않으셨습니다. 우리보다 좀 더 나이가 많으신 친척오빠들과 언니가 보시던 책들을 받아오곤 했는데 초등학교 2학년이 되었을 때, 고등학생이 되시던 친척 언니, 오빠들이 책을 주셨던 기억이 납니다. 고등학교 학생들을 위한 책이었지만 만화로 되어 있어서 아직 초등학생이었음에도 재밌게 읽었습니다. 바로 [수학의 이해 10권]으로 수의 개념과 수학의 역사, 도형의 원리 등 다양하게 다루어져 있었습니다.

그러나 처음에는 고등학교 수학 용어들이 등장하고 처음 보는 도형들도 많아서 이해하기 힘들었습니다. 그래도 수학자들의 여러 에피소드나 간단한 도형의 원리, 도중에 가끔씩 나오는 수학 퀴즈를 풀면서 많은 재미를 느꼈던 기억이 납니다. 그리고 보통 여자들은 남자들보다 공간적 개념이 부족해서 수학에서도 입체 도형이나 벡터 부분에서 약하다고 이야기합니다. 그러나 초등학생 때부터 삼차원 도형에 대해 접했기 때문에 공대에 와서도 충분히 뒤떨어지지 않을 만큼 좋은 성적을 거둘 수 있었습니다.

💬 초등3학년, 역사관련 다양한 책 읽어

초등학교 3학년이 되면서부터 학급 문고나 학교 도서관에 있는 책을 읽기 시작했습니다. 이때부터 훨씬 더 다양하고 폭넓은 책을 읽게 되었습니다. 두 살 위인 초등학교 5학년이었던 언니는 이 때 역사 신문부 활동을 하고 있어서 역사 관련된 책들을 많이 빌려오곤 했었습니다. 그래서 3학년 때에는 매우 다양한 역사 관련 책들을 읽게 되었습니다. 특히 언니가 빌려왔던 "한눈에 보는 조선 왕조 실록", "한눈에 보는 고려 왕조 실록"등 여러 우리나라의 역사에 관련된 책들은 무척이나 재미있었습니다.

특히, 삼국시대 고구려, 백제, 신라의 이야기를 읽으면서 나는 신라가 삼국통일을 한 것에 대해 너무 분해했던 기억이 납니다. 중국을 위협할 정도로 강대국이었던 고구려를 제일 좋아했기 때문이기도 하고, 비겁하게 중국과 손을 잡아 삼국을 통일한 신라의 모습이 너무 얄미워서였기도 했습니다. 그리고 일제 강점기 시대를 읽으면서는 나도 모르게 눈이 토끼처럼 빨개지기도 했습니다. 자신의 부귀영화를 위해 같은 국민을 외면하는 친일파 사람들에게 화가 났고, 우리나라 사람들을 갖은 수단으로 괴롭히던 일본 사람들에게도 너무 분노가 치밀어 올랐기 때문이었습니다. 이 때, 담임선생님도 사회를 가르치시면서 늘 일본에 대해 분노를 터뜨리셨기 때문에 나는 정말 일본에 대한 반감이 매우 심했습니다. 이때는 너무 어려서 일본에는 양심에 구멍이 난 사람들만 살고 있는 줄 알았습니다.

🗨 초등 4학년, 처음으로 추리소설의 재미에 빠지다.

초등학교 4학년 때는 처음으로 추리 소설의 재미를 느끼게 되었습니다. 타당한 이유와 근거를 바탕으로 범인을 찾아내는 것은 매우 매력적으로 생각되었고, 또 그 범인을 좇아가는 장면들의 긴박함이나 모험들은 내가 경험해보지 못한 것에 대한 동경을 불러 일으켰습니다. 사실 이 시기에 장래희망이 탐정이라고 할 정도로 나는 흠뻑 빠져 있었습니다. 주인공들이 겪는 일들을 마치 내가 겪고 있는 것처럼 두근거리면서 읽었고, 부모님 몰래 밤을 새워 책을 읽는 일이 자주 있었습니다. 그러다가 혼이 난 적도 종종 있었습니다.

사실 부모님은 셜록 홈즈나 괴도 뤼팽 등 이런 추리 소설이 부정적인 영향을 줄 거라 생각하셨기 때문에 내가 그런 책을 읽는 것을 좋아하지 않으셨습니다. 하지만 나는 이 추리 소설들을 읽으면서 처음으로 모든 책에 나오는 소재들이나 장면들은 하나 이상의 의미를 가지고 있다는 것을 깨달

았습니다. 또한 어떠한 주장을 하기 위해서는 절대 부정할 수 없는 근거를 확보해야한다는 것을 알 수 있었습니다. 이러한 추리 소설들을 읽으면서 독서 스타일도 많이 변하게 되었습니다. 그 이전에 읽었던 책들은 전반적인 흐름을 파악하기보다 하나하나의 의미를 아는 것에 초점을 두었다면, 추리 소설들은 하나하나 소재가 가지는 의미를 모아 전체적인 흐름을 파악하는 것에 중점을 두게 되었습니다.

🗨 초등 5학년, 언니가 사 온 책을 보다 충격에 휩싸여

처음으로 언니가 자신의 돈으로 책 한 권을 사왔던 날이 있었습니다. 그 책은 내가 그동안 읽었던 책들보다 훨씬 글씨는 작고 훨씬 두꺼운 책이었습니다. 그 책 표지에는 온통 검은 배경 속에서 한 여자가 창백한 얼굴로 긴 머리를 늘어뜨린 채 달콤한 꿈을 꾸는 것 같은 표정으로 잠든 모습이 그려져 있었습니다. 그 책 이름은 바로 "테스"로 내가 처음으로 소설을 읽으면서 아름답다고 느끼게 해 준 책입니다.

힘으로 남자에게 순결을 빼앗기고, 사랑하는 남편에게 그것을 이야기함으로서 잃게 되는 한 여자의 모습이 처음에는 너무 안타깝고 화가 났습니다. 그리고 그녀의 순결을 빼앗은 남자의 재등장은 정말 잔인하다고까지 생각했습니다. 그녀가 그를 칼로 찌르는 장면은 더 이상 선택의 여지가 없었습니다. 그 후 그녀에게 돌아온 남편은 그녀를 잡으러 온 형사들에게 부탁합니다. 부디 이 여자의 잠이 깬 후에 잡아가

달라고. 그의 품속에서 달콤한 마지막 꿈을 꾸는 그녀를 위해서. 사실 초등학교 5학년에 불과했던 나는 이 책의 내용이 굉장히 충격적이었습니다. 한 여자를 힘으로 눌러 망가뜨릴 수 있다는 것을 처음으로 실감했었습니다. 하지만 그 무엇보다도 그 마지막 장면의 남편과 테스의 그 모습을 너무 아름답게 느껴졌습니다. 그녀의 모든 것을 포함한 사랑. 사춘기 시절의 내 머릿속의 가장 아름다운 장면 중에 하나로 기억되고 있습니다.

🗨 초등 6학년, 사랑을 주제로 한 소설까지 다양한 책에 푹 빠져

그리고 내가 초등학교 6학년이 되었을 때, 엄마도 엄마이기 전에 한 사람의 수줍은 소녀라는 것을 처음 알게 되었습니다. 이제 막 풋풋한 사과가 얼핏 빨갛게 변하기 직전처럼 엄마에게도 그런 풋풋한 새로운 사람이 생길 수 있다는 것이 내게는 정말 어느 한 순간의 일처럼 느껴졌습니다. 사실 내 자신에게 일어난 일이 아닌 것처럼 현실감이 없었습니다. 비록 사업에 실패하여 가족들로부터 벗어나있더라도 내겐 아직 아빠가 있는데. 어느 순간 아빠의 자리가 현재가 아닌 과거에 있었습니다. 그러나 한 명의 두근거리는 소녀 같은 엄마에게 나는 반대조차 할 수 없었습니다. 하지만 사실 결국 마지막에는 잘 연결되지 않으셨습니다. 아마 그렇게 들뜨고, 그렇게 낙심하고 하는 엄마의 모습은 굉장히 낯설었지만, 그래도 그녀가 그렇게 생기 있어 보인다고 생각한 것은 사실 아주 오랜만이었습니다. 다른 사람들의 따가운 눈총을 받으며 가슴 아파하던 그녀의 모습이, 너무 안타까웠습니다.

그런 시기였기 때문에 "주홍 글씨"가 그렇게 내게는 매력적이었던 것 같습니다. 비록 남편이 있었지만 아주 순수한 여자와 한 남자의 비밀이야기가 불쾌하다는 감정을 일으키기 보다는 왠지 하나의 아름다운 장면을 보는 느낌이었습니다. 비록 사회에서 보기에는 그렇게 아름다운 이야기가 아니지만, 나는 그런 감정이 그렇게 다른 사람들이 비난할 만큼 가벼운 것이 아니라는 것을 알고 있기 때문에 더욱 그랬던 것인 줄도 모르겠습니다. 그렇기에 나는 지금도 다른 사람들의 삶이나 사고방식을 비난하는 것을 그다지 좋아하지 않습니다. 어떠한 삶을 살던지, 어떠한 사고를 하던지 그들은 그들만의 고민과 괴로움이 있을 테니까요. 나는 그냥 그들이 더 이상 서있기 힘들 때 단지 어깨만 빌려 줄 수 있는 존재가 되기로 생각했습니다.

💬 효과적인 독서위해 구체적이며 체계적인 시스템을 따라하는 것도 좋은 방법

초등학교 때 많고 다양한 장르의 도서를 읽으면서 사실 나는 어느 누구도 옆에서 독서지도를 해주지 못했기 때문에 내 연령 때에 수준에 맞추어서 차근차근 읽을 수 없었습니다. 또한 꼭 내 연령 때에 읽어 두었으면 좋았을 책들도 읽지 못한 것도 여럿 있었습니다. 그런 점이 매우 아쉽다는 생각이 드는 일이 많습니다. 또한, 사실 그러한 독서들을 읽고 난 이후에 다시 그 독서들의 내용에 대해 다시 점검해 주는 일이 없었기 때문에 그냥 모래알처럼 흩어져 버린 책들도 있었습니다.

이런 일들을 줄여 주고, 또한 가장 효과적으로 독서를 하기 위해서는 구체적이고 체계적인 시스템을 따라 하는 것이 제일 좋다고 생각합니다.

그렇기 때문에 전략적 책읽기 프로그램이 매우 필요하다고 생각합니다. 독서는 독서를 하는 것도 중요하지만 독서 전 후가 훨씬 중요하다고 생각합니다. 독서 전에는 어떠한 책을 읽어야 하는지 그 수준이 알맞은지 그리고 흥미를 가질 수 있도록 도와주어야 하며, 독서 후에는 그 책의 내용을 이해했는지, 그 책의 내용을 이해함으로서 얼마나 사고가 확장되었는지 체크하는 것이 훨씬 바르고 좋은 독서 습관을 가질 수 있는 데 도움이 될 것입니다.

🗨 책을 읽고 난 후, 여러 의견을 교환하는 것도 균형적 독서를 위해 필요해

나는 내 위에 언니의 영향을 많이 받아, 주로 책을 읽을 때 그녀의 추천에 따라 많이 읽게 되었습니다. 그리고 책을 읽고 나서도 그 느낌을 그녀와 많이 나누었습니다. 비록 어떠한 체계적인 시스템에 따라 균형적으로 독서를 한 것은 아니지만, 독서를 한 후 많은 의견 교환을 통해 나의 생각을 다른 사람에게 전달하는 방법을 배우게 되고 또한 언니의 의견을 들어줌으로서 내가 책을 읽으면서 놓친 부분들에 대해 깨닫게 되는 그런 시간이 되었습니다.

그리고 이렇게 책을 읽고 난 이후에 여러 의견을 교환하는 것만큼 다른 사람의 가치관이나 사고방식을 파악하는 것이 용이한 방법은 없을 것이라 생각됩니다. 간혹 서로에게 독서퀴즈를 내주며 누가 더 많이 맞추는지 시합을 하고는 했는데, 그것 또한 매우 많은 도움이 되었고 사실 학창 시절동안 언니와 내가 독서 퀴즈 대회부터 시작해서 국어 경시 대회, 글짓기 대회 등 여러 대회에서 상을 받은 것이 매우 많은 것은 그러한 이유일 것이라 생각합니다.

💬 혼자 독서를 한 남동생의 경우 편중되게 책을 읽어

다만 아쉬운 것은 약간 나이 차가 나는 남동생입니다. 남동생은 우리와 연령대가 차이가 있었기 때문에 함께 독서를 하고 이야기를 나누기에는 너무 어려서 보통 언니와 나만 독서토론을 하곤 했었습니다. 그래서인지 남동생은 혼자 독서를 했기 때문에 굉장히 편중되게 책을 읽었습니다. 역사부분은 무척이나 흥미가 많아서 아주 많이 읽은 반면에, 소설이나 여러 문학 작품에는 그다지 관심이 없어서 읽지 않았습니다. 또한 여러 전쟁 소설을 좋아하고, 영웅 일대기만을 읽는 것을 좋아해서 사회나 국사과목은 굉장히 점수가 높지만, 과학이나 수학 관련된 책들에는 흥미가 없어서 읽지 않아 성적이 그렇게 높지 않았습니다. 물론 본인의 흥미가 아니기 때문이라고 생각할 수 있지만 독서의 편중도 무시할 수 없다고 생각합니다.

그렇기 때문에 독서이력진단검사를 통해 아이들이 책을 어떻게 읽는지 어느 부분 쪽으로 기울어져 있는지 확인하는 것은 매우 중요한 일이라고 생각합니다. 그 아이들의 흥미가 어느 한 쪽에만 편중되기 이전에 하루라도 빨리 여러 장르에 대한 흥미를 유발하고 사고를 발전시키도록 하는 것이 필요하기 때문입니다. 그래서 아이들을 체계적으로 책을 읽히게 하고 싶다면 이런 진단검사를 하는 것이 무엇보다 우선이라고 생각합니다.

　무엇보다 다른 아이들이 책을 멀리하게 되는 이유는 책보다 흥미를 끄는 존재가 많기 때문이라고 생각합니다. 텔레비전이나 컴퓨터, 축구 등 여러 가지가 책보다 훨씬 재미있게 보이기 때문입니다. 그렇기 때문에 나는 특히 텔레비전을 제한하는 것이 무척 중요하다고 생각한다. 아이들의 창의적인 사고를 막는 가장 대표적인 매체가 텔레비전입니다. 생각하기 이전에 시각적으로 보여주기 때문에 아이들은 어떠한 것에 대해 제한적이고 고정적인 사고를 하기 시작하게 됩니다. 그러나 한 번이라도 책이 주는 흥미를 스스로 깨닫게 된다면 책을 읽지 않을 수 없게 됩니다.

　나는 책을 읽는 시간을 따로 갖기 보다는 공강 시간이나 쉬는 시간, 지하철로 이동하는 시간 등 여러 자투리 시간을 모아 읽습니다. 책을 읽으면서 시간을 효과적으로 보낼 수 있게 되고 아주 많은 분야에 있어 총체적인 지식을 얻게 됩니다. 어떠한 공간이나 시간이 독서를 위해 마련되는 것이 아니라 스스로가 독서를 하는 공간으로 만들어 나가는 것이 중요하다고 생각합니다.

　책은 나를 비추는 거울이며, 미래를 가리키는 이정표라고 생각합니다. 그런 책을 체계적이고 총괄적으로 연결해서 읽게 된다면 어느 누구보다도 경쟁력을 갖춘 인재가 될 수 있을 것이라고 생각합니다.

우리 아이에게 책이 꼭 '친구'가 될 수 있도록 했으면

서울대학교 사범대학 역사교육
이다혜

이 글을 읽을 우리 아이와 부모님을 위해 저 내 소개를 조금 하는 것이 좋겠습니다. 나는 지방 소도시에서 태어나 평범하게 초등학교와 중학교, 고등학교를 졸업했습니다. 공부를 잘하는 편이긴 했지만 천재라거나 수재라는 이야기를 들은 것은 아니었고,, 성실한 학생이라기보다는 반짝반짝한 아이디어가 많고 활동적인 학생이었습니다. 내가 졸업한 고등학교에는 서울대학교에 입학하면 대학 4년간의 장학금을 지원해주는 장학 프로그램이 있었는데, 가정 형편이 넉넉하지 못했던 나는 서울대학교에 입학하면 등록금 부담이 없으니 서울에서 유학하는 것이 가능할 수도 있겠다고 막연히 생각하는 정도였습니다. 내가 크게 공부를 잘하던 학생이 아니었기 때문에 막상 서울대학교에 합격하였을 때는 주변 사람들이 많이 놀라워했던 기억이 납니다. 나는 대학에서 역사교육학을 전공했고, 현재는 전공을 바꿔 서울대 생활과학대학 소비자학과에서 석사과정으로 소비자학을 공부하고 있습니다.

부모님 피해 서점 테이블 밑에 숨어 책 읽기 했던 어린 시절

나는 유난히 책을 좋아하는 아이였는데, 부모님 두 분 모두 집에서 책을 읽으시는 편도

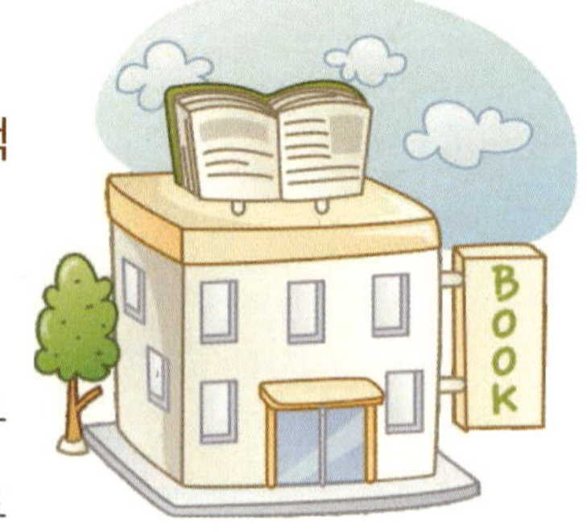

아니었고, 내게 책을 읽어주신 적도 거의 없기 때문에 어째서 내가 책을 좋아하게 되었는지는 잘 모르겠습니다. 막연히 생각나는 것은 내가 어렸을 때 하드커버로 된 얇은 디즈니 동화 전집을 유난히 좋아했다는 것인데, 알록달록하고 세련된 삽화가 아무래도 내 마음을 끌었던 것 같습니다.

하지만 우리 어머니께서는 거실을 작은 서재로 만들고 독서를 권장하는 요즘 어머니들과 달리 내가 책 읽는 것을 끔찍이도 싫어하셨습니다. 많은 사람들이 의아해 하리라고 생각되는데, 아무래도 내가 책을 너무 좋아해서 나를 책에서 떼어 놓기가 너무 힘드셨기 때문에 그러셨을 거라고 생각됩니다. 실제로 나는 초등학교를 입학하기 전부터 종종 부모님 몰래 서점으로가 서점 테이블 밑에 숨어서 책을 읽곤 했는데, 혼자 거리를 다니기에는 너무 어린 나이였기 때문에 내가 사라질 때마다 부모님께서는 언제나 노심초사하며 나를 찾으러 다니셨습니다. 또 책을 읽고 있을 때는 책에 집중하느라 누가 옆에서 불러도 잘 듣지 못했고, 책을 읽고 난 다음에는 책장에 꽂아 두지 않고 여기 저기 놔둬서 정리벽이 있는 어머니를 곤혹스럽게 만들곤 했습니다. 어린 시절에는 책만 읽고 있으면 잔소리가 들렸기 때문에 가족끼리 백화점에 가면 서점에 숨어서 읽었고, 집에 있을 때는 화장실에 숨어서 책을 읽거나 친구 집에 놀러가서 책만 읽고 오는 등의 행동을 했습니다. 내가 책 읽는 것을 싫어하시던 어머니께서도 나중에는 이력이 나셨는지, 책을 화장실에 두고 나오지만 않으면 크게 야단을 안치셔서 초등학교 5학년 때 부터는 주말이면 아무 것도 안하고 몇 시간씩 흔들의자에 앉아서 머리가 어지러워질 때까지 책만 읽곤 했습니다.

💬 나에게 영향을 준 책, 책, 책

나는 1984년생이라 1991년에 초등학교에 입학했고, 1997년 2월에 초등학교를 졸업했습니다. 우리 부모님께서 책에 관심이 없으시기도 했지만 그 당시에는 초등학생이 읽을 만한 좋은 책이 별로 없었던 것으로 기억됩니다. 초등학교 시절 내가 읽었던 책들과, 내게 영향을 준 책을 떠올려 보면 다음과 같습니다.

초등학교 1학년 때부터 나는 학교, 집, 친구들을 통해 구할 수 있는 모든 책을 닥치는 대로 다 읽었는데, 초등학교 1, 2 학년 때는 서양과 동양의 전래동화들을 중심으로 읽었습니다. 〈신데렐라〉, 〈백설 공주〉, 〈잠자는 숲속의 미녀〉, 〈이솝 우화〉, 〈안데르센 동화집〉 같은 서양의 전래동화들과 〈콩쥐팥쥐〉, 〈흥부놀부〉 같은 우리나라 전래 동화들을 이 시기에 읽었던 것 같습니다. 권선징악의 내용을 담은 전래동화를 통해 정의감을 기르고 옳고 그름이 무엇인지 판단의 기준을 세우게 되었습니다. 또 인과응보의 정확한 개념은 이해하지 못했지만 내가 한 행동에 분명한 결과가 따르게 된다는 것을 막연히 이해하게 되었습니다. 또 돌이켜 생각해보면, 민담이나 전래동화에는 문학의 원형, 현재 작가들이 차용하는 모티브가 많이 담겨 있기 때문에 나중에 언어영역을 공부하는데 큰 도움이 되었던 것 같습니다.

이 시기에 읽은 책 중에 아직까지도 기억에 남는 것은 안데르센의 〈그림 없는 그림책〉입니다. 역설적인 제목도 독특했고 달님이 외로운 소녀에게 하루 동안 본 것을 이야기 해 준다는 이야기를 읽으면서 부모님께서 맞벌이를 하셔서 늘 혼자 있던 나와 그 소녀를 동일시하며 많은 위로를 받았습니다. 게다가 이 책은 이모 댁에 있던 책이라 이모 댁을 방문했을 때만 읽을 수 있었기 때문에 특별한 날에만 만날 수 있는 친구 같은 책이었습니다.

당시에는 동화책을 전집으로 구매하는 것이 유행했기 때문에 책에 관심이 없는 어머니께서도 방문판매자의 권유로 전집을 한 질 구매하셨는데 그렇게 해서 우리 집에 온 것이 웅진출판사에서 60권으로 나온 〈세계위인전기〉입니다. 이 전집은 30편은 한국 위인, 30편은 외국 위인을 다루고 있고 부록으로 한국, 세계 인명사전을 줬습니다. 전반적으로 동화식으로 구성되어 있지만 관련 사진과 연표가 첫 장에 나와 있어 위인의 실재성을 느끼며 읽을 수 있었습니다. 또 각 권마다 삽화 스타일이 전혀 달라 전집임에도 불구하고 각각 다른 책을 보는 것 같은 재미가 있었습니다. 나는 초등학교 1학년 때부터 6학년 때까지 이 전집을 모두 암기할 정도로 반복해서 읽었는데, 각 위인전마다 난이도가 조금씩 달라서 마치 신대륙을 탐험하는 기분으로 각 권을 조금씩 살펴 1학년 때 몇 권, 2학년 때 몇 권 씩 내 수준에 맞는 책을 스스로 찾아 읽었습니다. 나는 지금도 가끔씩 농담처럼 그때 어머니가 위인전기가 아니라 과학동화 전집 한 질을 구매했더라면 나는 자연대나 공대 연구실에 있을 거라고 이야기 하곤 합니다. 유년 시절 내내 집에 있는 책 중에 내 수준에 맞는 책이라고는 이 전집 한 질뿐이었기 때문에 이 전집을 여러 번 반복해서 읽다 보니 유난히 역사를 좋아하는 아이가 되어 대학에서 역사학을 전공하게 된 것이 아닌가 하는 생각이 듭니다.

💬 위인전 때문에 역사는 최고, 과학동화 전집을 접할 기회 없었던 점이 아쉬워

실제로 나는 중학교 때부터 국사, 세계사 모든 과목을 좋아했고 고등학교 때도 역사 관련 과목은 누구에게도 지지 않을 만큼 자신 있었습니다. 살신성인해서 인류를 위해 희생하는 삶을 살다간 위인들의 삶에 대해 읽다보니 또래보다 정의감도 높았던 것 같습니다. 또, 위인들도 어린 시절에는 불안하고 힘들어하기도 했다는 것을 알게 되면서 심리적으로 위축되거나 힘들다고 느껴질 때에도 누구나 겪는 일이라고 생각하고 무난하게 지나갔던 것 같습니다. 사춘기가 지나서까지도 나도 위인들처럼 역사에 이름을 남기는 뛰어난 인물이 되어야겠다는 생각을 많이 했습니다.

🗨 초등 3,4학년때 국내외 창작동화 많이 읽어

초등학교 3, 4학년 때 부터는 한국의 창작 동화와 서양의 창작 동화를 많이 읽었습니다. 요즘 한국 창작동화와는 많이 다르리라고 생각되지만, 내가 당시 읽었던 한국의 창작 동화집을 쓴 작가들은 일제 강점기나 6.25 전쟁 등 민족의 시련기에 어린 시절을 보내 황량한 어린 시절의 경험을 갖고 있고, 그 경험을 토대로 동화를 쓴 사람들이 많았습니다. 나는 학급문고에 있던 문고본 책으로 이러한 창작 동화들을 읽었는데, 읽고 나면 내 마음까지 갑갑하고 황량해져서 나중에는 의도적으로 한국 창작 동화들은 읽지 않으려고까지 했습니다. 하지만 나중에 그러한 쓸쓸하고 슬픈 감정도 어린 시절에 독서를 통해 간접적으로 경험하는 것이 정서 발달에 좋다는 한 교수님의 말씀을 듣고 그러한 경험도 나쁘지 않은 것이었구나 하고 생각하게 되었습니다. 하지만 권정생 선생님의 작품 같은 경우, 한국 전쟁 시기나 전후 혼란한 시대상을 배경으로 하고 있었지만 보편적인 인류애가 그 바탕에 깔려 있는 작품이었기 때문에 애착을 갖고 열심히 찾아 읽었습니다. 권정생 선생님의 〈강아지 똥〉 같은 동화의 경우, 그 속에 표현된 사랑, 희생, 헌신 같은 개념들은 이해하는 데 시간이 오래 걸렸습니다. 하지만 분단문제, 생명존중 등은 권정생 선생님의 〈바닷가 아이들〉을 통해 이해할 수 있게 되었습니다.

  이 시기에 내가 즐겨 읽었던 소설은 유럽의 동화들로 나는 특히 마녀, 바다괴물, 난쟁이 등의 판타지적 요소들을 좋아했습니다. 이웃 중에 학원출판사에서 나온 메르헨 전집을 가지고 있는 친구가 있었는데 몇 번씩 빌려서 읽었을 정도로 이 서양 창작동화 전집을 좋아했습니다. 〈세순경 아저씨와 바다괴물〉, 〈초콜릿 공장의 비밀〉, 〈마녀는 싫어〉, 〈느림보 임금님과 핌피 공주〉 등은 아직까지 제목과 줄거리가 생생할 정도입니다. 최근에 알아보니 이 전집은 품절되어 전집을 구하려면 매우 고가에 구입해야 한다고 합니다. 도서관에서 읽은 일본 동화인 〈난장이 코코코〉는 마법을 쓸 줄 아는 난장이들의 이야기인데 최근에 우연히 헌책방에서 발견하자마자 사서 읽었을 정도로 어렸을 때 좋아했던 동화입니다. 이 시기에 내가 가장 좋아했던 작가는 핀란드 작가인 토베 얀손의 무민 트롤 시리즈입니다. 이 동화에는 다양한 모습을 띤 생명체들이 주인공이고 각각 성격도 제각각이고 똑같은 사건에 대한 반응도 제 각각입니다. 이 소설을 통해 다양성의 개념을 이해할 수 있었습니다. 또, 물건을 변화시키는 마법의 모자는 정말 갖고 싶은 물건이었습니다. 나는 하늘을 날고 싶다는 생각을 많이 했었는데, 이 동화에는 달걀 껍데기를 마법의 모자에 넣으면 타고 날아다닐 수 있는 구름이 생성된다는 설정이 있습니다. 이 구름이 어찌나 타고 싶었던지! 원형으로 된 집 구조, 등장인물들이 겨울잠을 자는 설정 등 모든 것이 매혹적이었습니다. 초등학교 5학년 때부터는 〈난장이 코코코〉와 권정생 선생님의 한국 창작 동화, 그리고 토베 얀손의 무민트롤 시리즈를 결합해 한국식 판타지 동화를 구상하기도 했는데 결국 쓰지는 못했지만 마법을 쓸 줄 아는 생명체들이 사는 상상의 세계를 구상하며 열심히 세계지도도 보고 이런저런 캐릭터도 만들어 보는 등 틈이 날 때마다 나만의 판타지 세계를 구상하며 즐거워했습니다.

💬 초등 5학년 때 다양한 장르와 분야의 독서를 하게 돼

초등학교 5학년 때 쯤에 드디어 우리 동네에 작은 도서관이 생겼습니다. 그 전에는 동네에 있는 마을금고의 독서 코너에 비치된 몇 권의 책을 빌려 읽는 수준이었는데 이제는 도서관에서 책을 빌려 읽게 되어 선택의 폭이 확연히 넓어진 것입니다. 하지만 지금 돌이켜 보면 도서관이라고 하기에는 웃음이 나올 정도로 교실 한 칸 정도의 크기 밖에 안 되는 공간에 어린이용 책과 어른용 책이 무질서하게 꽂혀 있던 수준이었고, 고전이나 명작 보다는 실용서 위주의 책 밖에 없는 등 양서를 구하기는 힘들었던 것으로 기억합니다. 초등학교 고학년이 되자 도스토예프스키, 톨스토이, 셰익스피어 등 세계적 문호의 저작을 완역한 것을 읽고 싶다는 생각이 들었습니다. 그러나 동네 도서관에 이러한 책들이 전혀 구비되어 있지 않았기 때문에 주변 친구들로부터 초등학생, 중학생용으로 적당히 각색한 책들을 빌려 읽었습니다. 지금도 이 시기에 고전 명작들을 충분히 읽지 못한 것에 대해 몹시 안타깝게 생각하고 있습니다. 〈죄와 벌〉같은 경우는 상, 하로 구분된 것 중 상권 밖에 구하지 못해서 상권만 몇 번을 반복해 읽었고 아직도 하권을 읽지 못했습니다. 아무래도 책이 유일한 탈출구였던 어린 시절만큼 독서에 집중하지 못하고 시간을 내기도 힘들기 때문인 것 같습니다.

이 시기에 읽었던 책으로 가장 기억에 남는 것은 〈쉰들러 리스트〉입니다. 이 책은 시립도서관에서 빌려서 읽었는데 내가 도전하기에는 정말 두꺼운 책이었습니다. 책의 표지에는 뛰어난 책이어서 여기저기에서 상을 받았다는 표시가 되어 있었습니다. 나는 어떤 책이든 손에 잡히면 마지막 페이지까지 한 번에 연결해서 읽어야 직성이 풀리는 성격이어서 이 책에 도전한다는 것은 쉽지 않아 보였습니다. 하지만 토요일 방과 후부터 이튿날인 일요일까지 밥 먹는 시간과 자는 시간을 제외하고 쉬지 않고 읽었고, 책을 충분히 이해하지는 못했지만 두꺼운 책을 다 읽어냈다는 뿌듯함만으로도 충분히 만족스러웠습니다. 이후부터는 어떤 두꺼운 책이든 두려워하지 않고 선뜻 선택해서 읽게 되었습니다.

초등 고학년은 동화에서 성인책으로 넘어가는 시기

얼마 전 케임브리지대 경제학 교수인 장하준 교수가 딸이 삽화가 없는 책을 읽기에 힘들어하는 것 같아 두꺼운 책에 대한 두려움을 없애주기 위해 〈나니아 연대기〉를 모두 소리 내어 읽어 주었고, 그 결과 목에 이상이 왔다는 내용의 인터뷰를 읽은 적이 있습니다. 초등학교 고학년은 동화에서 성인책으로 넘어가는 시기이고 이게 큰 도전이 될 수 있기 때문에 적절한 지도와 격려가 필요한 것 같습니다. 어머니께서도 내가 이틀 내내 아무것도 하지 않고 두꺼운 책과 낑낑대는 것을 보고 조금 기특하게 생각하셨던 것 같습니다. 이후 본격적으로 두꺼운 책을 읽기 시작했는데, 이 시기에 크리스티앙 자크의 〈람세스〉가 출간되어 선풍적인 인기를 얻고 있었습니다. 나 역시 신간을 구해서 〈쉰들러 리스트〉를 읽었던 것과 마찬가지로 주말 내내 아무것도 하지 않고 〈람세스〉만 읽는 작전으로 몇 주 안에 다섯 권을 독파했습니다. 〈쉰들러 리스트〉와 비교도 되지 않게 양이 많았지만 워낙 흡인력 있는 이야기라 두꺼운 책을 읽고 있다는 자각을 할 새도 없이 신나게 읽어 나갔던 것 같습니다.

초등학교 6학년 때 처음으로 과학 관련 책을 읽게 되었는데 바로 〈과학대백과사전〉입니다. 담임선생님의 도움으로 과학 관련 경시대회에서 수상하여 부상으로 탄 책으로 너무 두꺼운데다 사전이라 읽을 생각도 없이 책상 한편에 두었던 책입니다. 하지만 읽을거리가 궁하던 시절이라 결국엔 펼쳐서 독파하게 되었는데 백과사전이라기보다는 과학계의 최근 동향들을 초등학생의 수준에 맞게 흥미롭게 구성해놓은 책이었습니다. 가장 기억에 남는 주제는 〈발에도 표정이 있다〉라는 것으로, 특수 제작한 판넬 위에 맨발로 올라가 발바닥의 주름을 관찰해보면 피실험자의 기분 변화에 따라 발바닥의 주름도 얼굴 표정처럼 변한다는 것입니다.

초등학교 고학년 시기에는 우리 집에서 신문을 받아보기 시작해서 신문도 읽었습니다. 활자로 된 것이라면 무엇이든 읽어대던 때라 신문도 재미있게 읽었던 편입니다. 전체적인 신문 내용은 이해하기 힘들었지만 신문의 각 기사 끝에 정리된 용어정리나 용어 해설 등은 반드시 눈여겨 읽었습니다.

내가 현재 초등학생들과 세대차이가 날 정도로 나이차이가 많이 나는 것은 아니지만 나의 독서이력이 현재 초등학생들이 경험하는 것과는 많은 차이가 있으리라고 생각됩니다. 일단 나는 문화적으로 소외된 지역에 살았고, 부모님께서도 자녀교육에는 관심이 많으셨지만 나의 독서에는 관심이 없으셨습니다. 나름 많은 책을 읽었지만 양서를 가려 읽기 보다는 손에 닿는 대로 읽었던 편이라 해당 시기에 꼭 읽어야 할 책을 제대로 읽지 못했다는 아쉬움도 듭니다. 왜 나는 책 읽기를 그토록 좋아했던 것일까 생각해보면 아무래도 나의 첫째 칭찬 경험이 독서와 관련 있기 때문인 것 같습니다. 내가 다닌 유치원에서는 매일 하나씩 재미있는 이야기를 들려주었고, 그걸 집에 가서 엄마에게 들려준 뒤, 엄마가 그 이야기를 숙제장에 적습니다. 그리고 유치원에 돌려보내는 과제를 내주었습니다. 나의 어머니께서는 직장생활로 늘 바쁘셨기 때문에 나는 스스로 선생님이 이야기해주신 것을 숙제장에 적어 갔는데 덕분에 유치원을 졸업할 때 어머니께서 몹시 자랑하셨던 기억이 납니다.

어린 시절에는 항상 책이 가득한 거대한 도서관에 갇혔으면 좋겠다고 생각했습니다. 대구에 처음으로 교보문고가 생겨서 에스컬레이터를 타고 올라가고 또 올라가도 책만 가득한 서점에 처음 방문했을 때는 이곳이 바로 어린 시절부터 꿈꿔왔던 곳이구나 하고 가슴 설레어 하기도 했습니다. 중학교 때부터는 한국 현대소설을 읽기 시작했고, 처음에는 1920년대와 1930년대의 단편소설을 읽다가 그 다음에는 여성작가로 관심이 옮겨가 좋아하는 여성작가의 작품을 모두 찾아 읽기에 이르렀습니다. 또 이문열 삼국지 등 대하소설도 읽기 시작했습니다. 중학 시절 읽은 한국 현대소설은 고등학교에 가서 언어영역을 공부하는데 정말 큰 도움이 되었습니다. 언어영역 문제에는 소설의 일부분이 제시되어 있지만 대부분의 소설이 내가 읽어 본 것이라 지문을 이해하고 문제를 푸는 것이 조금도 힘들지 않았습니다.

어린 시절부터 독서를 통해 집중력을 기르고 어떤 책이든 끈기 있고 빠르게 읽어내는 습관을 들여 고등학교 때는 교과서를 하루에 한권씩 독파할 정도로 남들에 비해 적은 시간에 비해 높은 효율을 내는 학습 습관을 형성할 수 있었습니다. 이렇게 책을 좋아하던 나도 고등학교 때 해리포터 시리즈를 읽은 것 외에는 거의 책을 읽지 못했습니다. 양서와 고전을 접할 기회는 훨씬 늘어났지만 학교 공부를 따라가고 각종 동아리 활동에 교우 관계를 유지하는데 시간을 소비하느라 일 년에 책 한권을 읽기도 쉽지 않았습니다. 대학에 온 이후에는 내가 직접 책을 사서 읽기 시작했는데 그렇게 해서 읽은 책보다 어린 시절에 읽은 책들이 더 기억에 생생합니다.

책은 누구에게나 공평하고, 어린 시절 책이 함께 한다는 것은 커다란 축복

책은 누구에게나 공평합니다. 누구에게나 위로와 희망을 동시에 줍니다. 감수성이 지나칠 정도로 예민했고 늘 외로웠던 내 어린 시절에 책이 함께 했던 것은 정말 큰 축복이었습니다. 지금도 나는 힘이 들고 슬플 때마다 책을 읽으며 위로를 받습니다. 역사를 전공한 덕분에 힘든 내게 위로가 되는 것은 사마천의 〈사기〉와 같은 역사책입니다. 다양한 인간 군상이 담겨있는 〈사기 열전〉을 읽으며 다시 마음을 다잡고 내가 추구할 바는 무엇인지 생각해 보곤 합니다. 많은 부모들이 자녀가 책을 사랑하는 사람으로 자라기를 원할 것입니다. 책을 많이 읽음으로써 오는 학습능력 향상, 정서 함양 등 부수적인 효과들에도 관심이 많을 것이라고 생각합니다.

하지만 나는 책을 만나는 것은 평생 배신하지 않는, 그리고 그 누구에게도 말 못할 내밀한 고민과 성장통을 위로받을 수 있는 최고의 친구를 만나는 것이라고 생각합니다. 책이 없는 인생은 상상만 해도 너무 쓸쓸합니다. 어떠한 효과를 노리기보다는 아이의 평생을 풍부하게 해 주기 위해서, 내일을 고민하고 개척하는 사람으로 성장할 수 있도록 아이에게 '책'이라는 친구를 소개해줬으면 좋겠습니다.

Part 3

독서이력이
적성, 진로를 결정한다.

📓 독서가 생활이었던 집안 환경과 초등시기 독서 변화의 3가지 순간들

서울대학교 사회과학대학 외교학과
계현수

01 독서가 생활이었던 집안 환경과 중요한 세 가지 순간들

"이 책꽂이는 두고 가시는 거죠?"
"아니요, 뜯어서 갈 건데요. 허허."

초등학교 5학년을 마치고 미국으로 이사 가기 위해 집을 살 사람들이 아버지와 나누던 대화 한 토막이 아직도 귓가에 남아 있습니다. 우리 집 거실은 그야말로 서재라 할 수 있었습니다. 직접 치수를 재시고 원목을 주문구매하신 아버지는 거실 벽 전면에 책꽂이를 설치하셨습니다. 거실 겸 서재인 셈이죠. 집에 오면 아무도 없는 오후를 초등학생인 저는 늘 거실에서 책과 함께 보내곤 했습니다. 그 후 이사한 집에서 아버지께서는 아예 제일 커다란 안방 두 쪽 벽을 바닥부터 천장까지 모조리 책장으로 꾸미시고 커다란 책상을 가져다가 서재 겸 공부방으로 만드셨습니다. 이는 중학교 이후의 이야기니 일단 제쳐두고 초등학교 때 저의 독서이력에 일조했던 우리 집안 환경에 대해 이야기 해보겠습니다.

💬 부모님은 한가한 일요일 오후, 교보문고에 두어 시간 쯤 어린이 책 코너에 저와 동생을 방목(?)해...

앞서 말한 듯 우리 집 어디에나 책이 있었습니다. 제 방에도 책꽂이가

있었지만 거실에도 보기만 해도 손 대고 싶어지는 책꽂이가 있었지요. 그 책꽂이 일부는 원래 우리 집에 있던 책으로 채워졌고, 일부는 한 달에 적어도 한 번, 보통 두 번은 나들이 겸 가는 교보문고 광화문 점에서 사온 책들로 채워졌습니다. 어린 시절, 다른 건 아무리 사달라고 떼써도 소용없었지만 책이라면 얼마든지 원하는 대로 사준다는 게 부모님의 방침이었습니다. 부모님은 한가한 일요일 오후, 교보문고에 두어 시간 쯤 어린이 책 코너에 저와 동생을 그야말로 방목하셨습니다. 그러면 저희는 거기서 뛰노는 아이들과 함께 마음에 드는 책을 집고 앉아서 책 속에 빠져들곤 했습니다. 그리고 서점을 나설 때쯤 책을 몇 권 쥐고 바로 앞에 있는 메밀국수 집에서 통만두를 먹으면서 일요일 오후를 마감하곤 했습니다.

이런 환경 속에서 책 읽기란 생활과도 같았고 가장 즐거운 유희 중 하나였습니다. 딱히 부모님이 어떤 책을 읽으라고 지정해주시지는 않았지만 책 읽는 것 자체를 가장 일상적이고 즐거운 활동으로 인식할 수 있는 환경을 만들어주신 것이 제가 책 읽기를 좋아할 수 있게 된 가장 결정적인 배경이라고 생각합니다. 그 때는 전혀 몰랐으나, 독서이력 만들기에 있어서 부모님의 숨은 역할이 정말 중요하다는 생각이 듭니다. 책과 친근한 환경을 만들어주신 것이 아버지의 역할이었다면, 어머니께서는 결정적인 순간에 적당한 책을 추천하셔서 저의 독서이력 관리를 해주셨습니다. 초등학교 시절 저의 독서이력에는 크게는 세 가지 중요한 순간이 있었습니다. 비록 부모님께서 특정 책을 강요하지 않으셨고 제가 원하는 책을 우선으로 생각하셨지만, 그 세 가지 순간은 사실 부모님께서 만들어주신 것이라 할 수 있습니다. 첫 번째는 활자가 큰 어린이 책에서 활자가 작은 어른이 보는 책으로 넘어가는 순간, 두 번째는 여기에서 조금 더 수준이 높아진 장편소설, 특히 한국작가들의 창작소설을 보는 단계로 넘어간 순간, 그리고 마지막으로는 갑자기 능동적인 책읽기가 필요해진 순간이었습니다. 어머니께서는 제가 눈치채지 못하는 순간에 그러한 책들을 슬쩍 제 손에 놓아주시곤 하셨습니다. 그 때가 각각 2학년, 3~4학년, 5학년 때였습니다.

02 학년 별 구체적인 독서이력

🗨 1학년 – 전래동화, 세계동화 및 위인전을 끼고 살다.

1학년 때 늘 품에 안고 보았던 책은 프뢰벨 동화시리즈, 한국 전래동화, 외국 전래동화집 등 각종 전집과 위인전이었습니다. [시튼 동물기], [나무야 나무야 누워서 자거라], [퀴리 부인], [세종대왕], 등 초등학교 1, 2학년용으로 나오는 그림이 곁들여진 동화 및 세계명작 시리즈를 주로 읽었습니다. 이 시기 독서의 특징은 한 마디로 무한 반복과 책 속에 나오는 이야기를 실제 생활에서 재현해보는 것이라고 할 수 있습니다. 위인전의 경우, 아무래도 위인의 어린 시절을 읽다보면 이색적인 부분이 눈에 보이고 그 부분이 뇌리에 박힐 때가 많았습니다. 예를 들면, 저는 아직도 세종대왕이 책 한 권을 100번이나 읽었다는 이야기와 퀴리 부인이 어린 시절 책을 읽을 때 옆에서 형제들이 의자를 쌓아놨어도 이도 모르고 집중했다는 삽화가 기억납니다.

지금 돌이켜 보면 위인전을 반복해서 보면서 저도 모르게 사회의 도덕적 규범이 무엇인지 알게 되고 성공한 사람들은 어떤 사람들인가라는 가치관을 갖게 된 듯 합니다. 또한 동화전집의 경우, 일단 내용이 무척 재밌기 때문에 읽기가 쉬웠고 좋아하는 이야기는 정말 계속 읽었던 것 같습니다. 독서 자체가 저에게는 신나는 놀이였기 때문입니다. 한국 동화 뿐 아니라 아프리카, 남미, 아이티, 동유럽, 북유럽 등 세계 동화를 읽으면 그 내용이 저도 모르게 머릿속에 남아서 지금도 가끔 생각이 날 때가 있고 문화 콘텐츠를 접할 때 비슷한 모티브를 종종 발견하곤 합니다. 그렇기 때문에 각종 전래동화책은 어린 시절 정서발달은 물론 지식적인 측면에서도 커다란 도움이 된 듯 합니다. 또한 외국이 친밀해지고 생각의 범위가 단순히 한국이 아닌 전 세계적으로 확장되고 현재 외교학과를 복수 전공하게 된 것도 어려서부터 세계 동화를 많이 읽은 덕이 아닌가 싶습니다.

2학년 – '첫 번째 중요한 순간', 활자가 작은 책을 읽기 시작합니다.

2학년 때는 독서이력에 있어서 첫 번째 중요한 순간이 왔습니다. 그 이전까지는 활자가 크고 그림이 들어간 어린이용 책을 보던 제가 처음으로 어른들이 볼만한 활자가 작은 책을 보게 된 것입니다. 그 책은 서강 출판사에서 나온 『그리스로마신화』 였습니다. 이것도 어머니께서 권해주신 책인데 책 내용이 중요하다기 보다는 저도 이제 어른들이 읽는 책을 읽는다는 자부심에 들떠서 정말 기분이 좋았던 것 같습니다. 지금 돌이켜 생각해보면 처음에는 그렇게 글자도 조그맣고 딱딱한 표지도 아닌 두꺼운 책을 읽기가 조금은 벅찼습니다. 하지만 제 손에 놓인 책을 보며 이런 책을 이제는 읽어도 될 정도로 제가 컸다는 묘한 자부심과 함께 도전정신에 불타게 되었습니다. 그리고 이 책의 감촉을 느낀 그 이후로 지금까지 책에 대해서라면 두께, 내용에 불문하고 이해가 가지 않아도 닥치는 대로 읽게 되었습니다. 물론 2학년 때도 계속 위인전을 읽었습니다. 다만, 위인전도 이제는 세 권짜리 두꺼운 책으로 읽게 되었습니다. 또한 주말마다 할머니 댁을 방문할 때 사촌의 창작동화 전집을 보곤 했습니다. 이처럼 2학년 때 독서이력의 특징은 처음으로 활자가 작은 책을 접하면서 독서에 대한 자신감을 얻게 되었다는 것과 계속적으로 동화와 위인전을 읽었다는 것입니다. 또한 그동안 읽었던 분야와는 다른 자연과학에 관련된 학습만화를 읽기 시작한 것도 중요한 특징입니다. 이것도 10권짜리 시리즈물인데 지금 와서 생각해봐도 학교 수업 시간에 배운 것보다 이런 학습 만화에서 배운 내용이 훨씬 더 기억에 잘 남았던 것 같습니다. 조금 아쉬운 점은 초등학교 때는 그나마 이런 자연과학 쪽 학습만화라도 봤는데 비해 중학교 이후 전혀 이런 책들을 접하지 않으면서 성향이 완전히 문과 쪽으로 굳어져 버린 점입니다.

또한 『춘향전』으로 시작된 한국고전과 세계고전 만화 시리즈를 빼놓을 수 없습니다. 실제 요약되지 않은 완전판으로 소위 세계명작을 접하기 시작한 것은 중학교 때지만 저는 사실 이미 초등학교 시절에 학습만화로 웬만큼 유명한 세계명작과 한국고전을 접했습니다. 덕분에 나중에 세계명작을 접하기가 더 쉬웠고 실제 고전을 책으로 읽을 때도 줄거리를 대강 알았기 때문에 커다란 도움을 받았습니다. 게다가 한국 고전의 경우, 『춘향전』, 『홍길동전』, 『흥부전』처럼 아주 유명한 것 말고도 다양한 이야기를 읽을 수 있었기 때문에 후에 고등학교 국어교과서나

국사교과서에 나오는 웬만한 작품들은 미리 초등학교 시절에 접했다고 볼 수 있습니다.

💬 3학년 – "두 번째 중요한 순간", 창작동화를 읽기 시작합니다.

3학년 때는 독서이력에 있어서 두 번째 중요한 순간이 왔습니다. 바로 국민서관, 한양출판 등에서 양장으로 출판하던 창작동화 시리즈를 읽기 시작한 것입니다. 그 첫 번째 책은 바로 오정희 작가의 『송이야, 문을 열면 아침이란다』 1, 2권이었습니다. 그 이전에 읽던 세계동화라든가 전래동화와 달리 바로 제가 살고 있는 서울에서 초등학생이 겪는 이야기가 묘사된 이 책은 저에게 큰 충격이었습니다. 그리고 연달아 만나게 된 소중한 책인 『아기참새 찌꾸』 시리즈와 『누리야 누리야 뭐하니』, 『인도로 간 또또』, 『황금동전의 비밀』, 『먼 나라에서 이렇게 살았어요』, 『미미의 일기』 등 지금 돌이켜보아도 유명한 작가들의 주옥같은 작품들로 초등학교 시절을 행복하게 보낼 수 있었습니다. 이 책들 역시 어머니가 계산대 위에 은밀히 올려놓으신 책들입니다. 이런 책들은 편집도 매우 근사하게 되어 있었기 때문에 그런 책들을 보고 있는 것 자체로 행복했습니다. 내용도 그 전까지 읽던 전래동화나 위인전과는 차원이 다른 새로운 세계였습니다. 곽재구 작가의 『아기참새 찌꾸』를 보면서 저는 상상력을 키워나갈 수 있었고 주변의 사소한 사물에 관심을 기울이는 버릇을 갖게 되었습니다. 양귀자 작가의 『누리야 누리야 뭐하니』를 읽으면서 저로서는 전혀 상상도 할 수 없는 삶을 살아가는 한 소녀에 대해 알게 되며 타자에 관심을 갖게 되었습니다. 강석경 작가의 『인도로 간 또또』를 읽으면서 '자아'를 어렴풋이 느끼게 되며 외국체험에 대한 흥미가 더 커졌습니다. 일일이 모두 나열할 수는 없지만 이 책들은 초등학교 시절 내내 저의 소중한 친구들이었습니다. 전래동화나 세계동화가 좀 더 보편적인 가치관을 제게 심어주었다고 한다면 한국 작가들의 창작동화는 저에게 문과적인 기질을 심어놓는 데 확실한 기여를 한 것 같습니다. 이 책들을 통해 문학적인 상상력을 할 수 있었고 언어능력이 발달된 것 같습니다. 또한 시리즈물로 계속 출간되었기 때문에 나올 때 마다 새로운 책을 사서 거실 책꽂이에 꽂아놓고 아껴보곤 했습니다. 이 때부터 독서는 물론 책 자체를 사랑하는 'book mania'가 되었다고 할 수 있습니다.

또한 창작동화와 더불어 이원복 교수의 『먼나라 이웃나라』 시리즈도 빼놓을 수 없는 초등학교 시절의 애독서입니다. 이 책으로 쌓은 유럽국가에 대한 기본적인 지식은 지금도 유용하게 쓰이고 있습니다. 헨리 8세의 부인이 여덟 명이었다는 유명한 이야기는 물론, 상식으로 알고 있어야 하는 모든 역사적 지식을 이 책으로부터 얻을 수 있었습니다. 또한 이 책으로 역사적 지식뿐만 아니라 세계정세 구도에 대한 감각을 얻을 수 있었고 지금 국제정치에 관심을 갖게 된 계기가 아닌가 싶습니다. 그리고 이 책을 필두로 역사에도 깊은 관심을 갖게 되어서 우리나라의 역사에 대한 책들도 많이 읽게 되었습니다. 독서의 특징 중 하나는 하나에 관심을 갖게 되면 파급효과로 그와 연관된 또 다른 책들을 보게 된다는 것인데 저는 독서이력관리에 있어서 그런 점을 매우 잘 활용한 것 같습니다.

🗨 4학년 – 어른들의 책에 손대기 시작합니다.

4학년 때는 부모님의 책을 몰래 읽기 시작했습니다. 학교에서 돌아오면 거실에 앉아 책꽂이에서 창작동화 한 권을 빼서 읽다가 그 옆에 있는 제 영역이 아닌 부모님 영역에 접근하기 시작한 겁니다. 첫 시작은 우리나라 선인들의 이야기를 모아 놓은 『꺼리』라는 책이었습니다. 이미 저에게 친숙한 한음과 오성 이야기가 나오는 것을 보고 재미나게 읽기 시작했다가 김삿갓이 나오는 부분에서 눈을 뗄 수 없었습니다. 지금 생각해보면 창작동화를 읽으면서 나도 어른 책을 읽을 수 있다는 묘한 자신감으로 부모님 책에 손을 대기 시작한 것 같습니다. 마침 당시 라디오에서 흐르던 『꺼리』 선전도 있었고 말입니다. 지금 보아도 작은 글씨의 이 책은 사실 기본적으로는 옛날이야기를 하고 있다는 점에서 제가 읽던 전래동화와는 별 차이가 없습니다. 하지만 완전히 어른이 보는 책이기 때문에 이 책을 보면서 저의 독해 능력이 매우 발달한 것은 물론 어른의 세계를 엿본다는 흥분감 때문에 다른 또래 친구들보다는 좀 더 조숙해진 것 같습니다. 이런 책들은 부모님 몰래 본 것이고 이런 재미가 또 독서에 더욱 몰입하게 된 계기가 된 것 같습니다.

『꺼리』 외에도 빨강머리 앤이 어른이 된 이후의 『빨강머리 앤』 시리즈, 박완서, 최인호, 공지영, 은희경 작가의 여러 소설들과 대하소설 『아리랑』, 베르나르의 『개미』, 김진명 작가의 『무궁화 꽃이 피었습니다』 등도 초등학교 때 읽었던 어른 책이었습니다. 이런 책들은 창작소설과는 또 다른 재미가 있었습니다. 부모님이 추천해주신 책 몇 권 말고는 몰래 본 책들이기 때문에 그런 책을 본다는 사실 자체가 저에게는 모험이자 처음으로

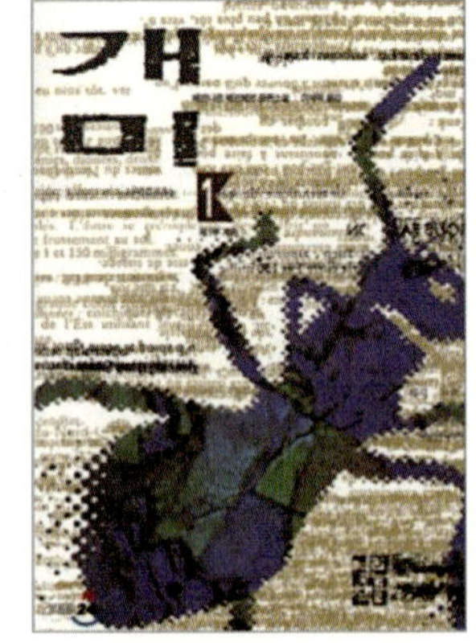

부모님에게 비밀을 갖게 된 시작이었습니다. 부모님이 보지 말라고 말씀 하신 것은 아니지만 왠지 봐서는 안 될 것 같다는 인식이 있었기 때문입니다. 지금 돌이켜 생각해보면 책은 단순히 지식의 폭을 넓히고 언어능력 발달에 도움이 되는 등 단편적인 영향을 미친 것이 아니라 저의 삶에 있어 최초의 순간에 함께 한 적이 많은 제 삶의 동반자였던 것 같습니다. 또한 아버지께서도 역사책을 좋아하는 저를 보시고는 네루가 감옥에서 딸에게 써준 편지를 엮은 『세계사편력』 같은 책을 추천해주셨습니다. 물론 초등학교 4학년이 보기에는 너무나 벅찬 책이었지만 이렇게 책을 추천해주시는 모습은 저에게 무척 인상적이었습니다. 제가 이런 책을 볼 수 있다고 아버지께서 인정해주신 것이라고 생각했기 때문입니다. 그리고 그 이후로 책을 더 열심히 보게 되었습니다. 또한 그 이후 아버지께서는 종종 저에게 책을 추천해주시기도 하고 저에게 추천할 책이 없냐고 물으시기도 하십니다. 저에게 책을 추천받으신 것은 중학교 이후인데 이러한 경험이 저에게는 매우 중요한 영향을 주었습니다. 부모와 자식 관계에 있어서 책이란 의사소통의 매개가 존재하는 것입니다. 초등학교 때 부모님과 함께 공유한 추억의 절반 이상은 서점에서였고 서로 주거니 받거니 책을 추천하면서 직접적으로 건네지 못하는 애정표현을 한 것 같습니다. 그리고 저에게 추천을 해줄 책이 없냐고 물어보신 것 자체로 저는 무척 감격했습니다. 제가 추천해줄 책을 읽을 만하다고 아버지께서 판단을 하시고서 저에게 그런 질문을 하신 셈이니까 제가 그만큼 인정받는 기분이었습니다. 부모의 독서이력관리는 환경을 만들어주고 책을 권해주는 것 외에도 이렇게 함께 책을 공유하며 책으로 의사소통을 할 수 있는 것이 진정한 독서이력관리가 아닐까 싶습니다.

🗨 5학년 – "세 번째 중요한 순간", 읽기 어려운 책이 생기다.

5학년 때는 믿을 수 없는 일이 일어났습니다. 지금도 제가 제일 좋아하는 작가 중 하나로 손꼽히는 에리히 캐스트너의 『하늘을 나는 교실』을 읽을 수 없었던 것입니다. 정확히 이 책을 만난 것은 1995년 10월 3일, 즉 4학년 때였습니다. 하지만 이 책을 읽을 수 있게 된 것이 5학년 말 무렵이므로, 5학년 때 경험으로 넣겠습니다. 머리말 이후 "의자 2백 개가 밀려 들어갔다."[4] 로 시작되는 문장이 도무지 이해가 가지 않는 것입니다. 그 문장을 읽고는 더 이상 진도가 나가지 않았습니다. 그래서 그 책을 던져놓고 있었는데 초등학교 5학년 때 정말 책을 많이 읽게 해주신 담임선생님을 만났습니다. 선생님께서는 매월 독서왕을 뽑으셨습니다. 매월 읽은 책에 대한 감상문을 쓰고 읽은 책과 읽은 페이지 분량을 기록해서 내면 그 페이지 분량만큼 학생마다 스티커로 막대그래프를 만들어 주셨고 가장 많이 읽은 사람이 독서왕이 되어서 문화상품권을 상품으로 받았습니다. 이런 행사가 달이 갈수록 경쟁이 가열되어서 어떨 때는 그랜드대사전을 처음부터 끝까지 다 보고 천 몇 페이지를 읽었다고 적은 적도 있었지만 독서왕에 못 뽑히기도 했습니다. 이 때 정말로 책을 많이 읽었고 상품으로 받은 문화상품권으로 셰익스피어의 4대 비극과 5대 희극으로 셰익스피어를 처음 접할 수 있었습니다. 이때는 정말 분야를 가리지 않고 책을 읽었습니다. 주로 자연과학, 발명가, 역사인문지리에 관련해서는 시리즈물을 많이 읽었는데 그런 책을 읽으면서 학교에 재미난 책을 가져와 친구들과 교환해서 보기도 했습니다. 이런 식으로 5학년 때 정말 책을 많이 읽었습니다. 이렇게 1년 동안 책

---

4) 하늘을 나는 교실, 에리히 캐스트너, 서울: 시공사, 1995, p23.

을 읽자 어느 순간 다시 펼쳐본 『하늘을 나는 교실』을 술술 읽을 수 있게 되었습니다. 그리고 너무나 재미있어서 시공사에서 당시에 나온 에리히 캐스트너의 모든 책들과 마크 트웨인의 『왕자의 거지』 같은 책 들을 모두 읽어버렸습니다.

그 때 『하늘을 나는 교실』을 잘 읽을 수 없었던 까닭은 일단 익숙하 지 않은 외국 이름, 어려운 문학적 표현, 수준 높은 단어 때문이 아니었 나 싶습니다. 하지만 이해가 가지 않는 것은 그 이전에도 어른들이 읽는 책을 읽었는데 어째서 이 책이 유독 읽기 힘들었던 까닭입니다. 제 생각 에는 "의자가 2백 개가 밀려 들어갔다."바로 이 표현에 질린 게 아니었 나 싶고 작가의 글쓰기 방식이 독자가 무조건적으로 수용하는 읽기보다 는 작가와 소통하며 읽는 방법을 요구해서가 아닌가 싶습니다. 그 이전 까지 아무리 어른 책이더라도 주로 줄거리가 있거나 정보전달의 글이었 기 때문에 그저 흐름을 따라 읽기만 하면 되었는데 에리히 캐스트너의 경우, 서술 중간에 자신의 생각을 계속 넣으며 단순히 스토리 서술자에 머무르지 않기 때문입니다. 그렇기 때문에 이 책을 접하면서 저는 처음 으로 비판적으로 생각하며 글을 읽어야 했던 것입니다. 그리고 매우 까 다로운 문학 감상을 요구한 작품이 아니었나 싶습니다. 물론 당시에는 이런 것은 전혀 생각지 않았고 다시 읽어보니 술술 읽힌다는 것에 매우 기뻤습니다.

🗨 6학년 – 책으로 영어공부를 합니다.

6학년 때는 미국에서 잠시 1년 동안 살았습니다. 이때, 한국에서도 책 을 많이 가져갔지만 현지 도서관 이용을 많이 했습니다. 도서관이 잘 되

어 있었기 때문에 한 달에 몇 번씩은 도서관에
가서 책을 한 무더기 빌려오곤 했습니다. 영어를
알파벳 정도로만 알고 갔기에 처음 6개월 동안
은 의사소통이 되지 않았지만 책만은 계속 보았
습니다. 그러다가 어느 정도로 책의 내용을 읽을
수 있게 되자 『Sweet Twin Valley』 라는 시리즈
물을 읽기 시작했습니다. 쌍둥이 자매에 대한 시
리즈인데 단어 뜻을 모르든 알든 그냥 읽었습니

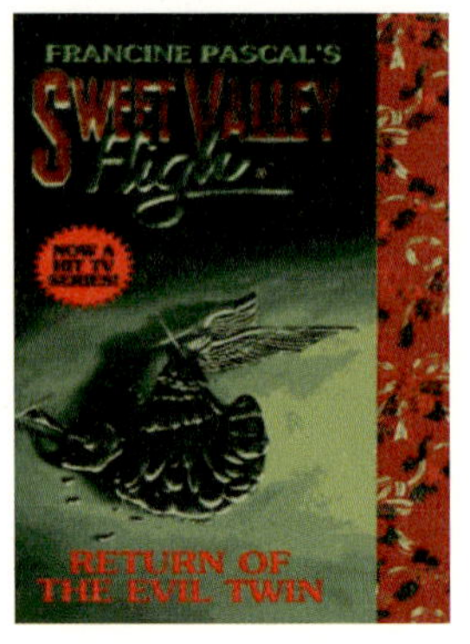

다. 사전을 쓰면서 읽다보면 중간에 흐름이 끊기고 책에 몰입하기가 어
려웠기 때문에 무조건 그냥 읽어 내려갔습니다. 한 번에 이 시리즈물만
10권도 넘게 빌려오곤 했는데 이러면서 영어실력이 부쩍부쩍 늘어난 것
같습니다. 친구들과 놀면서는 회화 실력이 늘 수 있었지만 영어 텍스트
를 읽는 능력은 이 때 한 독서를 통해 생긴 것 같습니다. 사전을 찾으면
서 공부해도 영어 공부는 되지만 제가 했던 것은 세세한 읽기가 아니라
전체 맥락을 이해하고 구조를 보는 읽기였던 것 같습니다. 이러한 읽기
를 통해 영어 뿐 아니라 주어진 글의 전체 구조를 어떻게 빨리 파악하고
핵심 요지를 찾으며 비판적으로 읽는 방법을 저절로 습득한 것 같습니
다.

03 초등학교 시기 독서이력 관리의 중요성

저의 초등학교 시절 독서이력을 살펴보았을 때, 저는 책 읽기 매우 좋
은 환경에서 자랐고 부모님께서 정말 중요한 역할을 해주신 것 같습니
다. 집안에는 언제나 책이 있었고 가족들이 놀러가는 곳도 보통 서점이

었기 때문에 어려서부터 책=즐거운 것으로 마음속 나만의 공식이 새겨 졌습니다. 부모님의 아끼지 않는 투자도 투자였지만 중요한 순간마다 좋은 책을 저에게 내미셨던 어머니의 역할도 매우 컸습니다. 서로 책을 추천하며 책을 의사소통의 매개로 삼은 아버지 역시 저에게 지대한 영 향을 주셨습니다.

초등학교 시절 독서이력은 제 가치관이나 학업능력, 교과목별 선호도 에도 커다란 영향을 끼쳤습니다. 어려서부터 본 위인전이나 동화책을 통해 사회화되었다는 생각마저 들 정도로 어느 것이 선·악이고 보편적 인 사회규범, 가치인지를 책을 통해 배울 수 있었습니다. 책을 통해 배 운 것이 크다는 사실 자체가 저의 현재 성격이나 가치관을 규정하는 중 요한 요소입니다. 또한 독서를 통해 배양된 읽기 능력 자체는 학업능력 과 직결된다고 생각합니다. 비단 특정 과목뿐만 아니라 읽기 능력은 모 든 과목에서 그 과목이 전하고자 하는 내용을 파악하고 이해하는데 가 장 기본이 된다고 생각합니다. 얼마나 빨리 그 내용을 이해하고 핵심을 파악하느냐 자체가 읽기 능력에 의해 결정되는 부분이 많기 때문입니다. 그리고 이러한 읽기 능력은 단지 정규교육을 받는 동안에만 필요한 것 이 아니라 인생 전반에 걸쳐 필수로 가져야 할 나만의 강력한 무기가 될 수 있습니다. 기본적으로 정보의 전달과 인간과 인간간의 의사소통이 문자화된 역사시대 이후로 텍스트를 읽고 파악하는 힘은 그 사람이 가 진 가장 중요한 능력이 되었다고 생각합니다. 그리고 이 능력은 원래 타 고난 것 외에 어린 시절에 얼마나 다독을 하고 전략적으로 독서를 했는 가와 직결된다고 생각합니다. 그렇기 때문에 초등학교 시절 독서이력 관리가 중요한 것입니다.

저는 저의 독서이력에 대해 대체적으로 만족스럽게 생각하고 현재진행형으로 계속 저만의 독서법과 독서영역을 발전시키고 있지만 한 가지 아쉬운 점이 있다면 어느 정도 특정 분야의 책을 편식했다는 점입니다. 그래서 자연과학 쪽으로는 충분히 감각이 발달되지 않은 듯 하여 최근에도 의식적으로라도 계속 그 분야의 책을 읽고 친숙하게 느끼려는 노력을 하고 있지만 쉽지가 않습니다. 지식으로는 받아들일 수 있지만 그것을 감각으로는 발전시키기 어려운 것 같습니다. 어린 시절 조금 더 균형적으로 다양한 분야의 책을 읽었더라면 하는 아쉬움이 남습니다. 이런 점에 있어서 전략적 책읽기 프로그램이 초등학교 시절 균형적인 독서에 도움이 되지 않을까 싶습니다. 수학, 과학관련 도서 같은 경우 그것을 통해 줄거리를 만들어내기 쉽지 않기 때문에 읽기가 어렵습니다. 저도 과학 관련 책은 소설의 형태로 과학지식을 전달하고 있는 형태의 책 혹은 학습만화 형태로 접한 것이 다인 듯 합니다. 그렇기 때문에 전략적 책읽기 프로그램을 통해 의식적으로 균형적인 독서를 하면 학생의 독서능력 향상은 물론 다양한 분야에 관심을 갖게 하여 어른이 된 후 삶 속의 흥밋거리가 더 늘어나고 관심 영역의 폭이 훨씬 넓어지는 결과를 가져오지 않을까 생각해보며 글을 마칩니다.

'지금의 열린 마음, 큰 세계를 보는 눈도 초등시절 독서이력 덕분'

서울대학교 대학원 미술경영
배연경

우리나라에서 다양한 책을 접할 기회는 초등학교 시기가 유일

저의 어린 시절부터 지금까지 변하지 않는 집안 풍경이 있다면, 주말 오전, 함께 책을 읽고 계시는 부모님의 모습일 것입니다. 부모님이 저나 제 동생에게 책을 읽으라고 강요하신 적은 단 한 번도 없지만, 독서하는 분위기가 자연스럽게 형성되어 다양한 책을 접하게 되었던 것 같습니다. 중학교 고등학교만 들어가도 입시가 시작되는 한국에서, 초등학교 때 바른 독서습관을 형성하고 다양한 책을 접해보는 것은 매우 중요합니다. 중학교에만 들어가도 별도로 입시를 준비하지 않아도, 학교 공부량도 증가하고, 또 본격적으로 진로에 대해 생각해보기 시작하는 시기이기 때문에, 초등학교 시절처럼 다양한 책들을 접해볼 기회는 그만큼 줄어들게 됩니다. 지금도 서점에 가는 것을 좋아하고, 여러 책들을 읽어보려 하는 저이지만, 지금은 시간적 여유도 상대적으로 적고, 또 독서 취향도 형성되어버려서 전공 분야나 관심분야의 책 중심으로 읽고 있습니다. 제가 가장 많은 책을, 가림 없이 읽을 수 있었던 시절은 초등학교 시절인 것 같습니다.

💬 한 번 책을 펼치면 최소 30분은 책에 집중해

저는 한 달에 두어 번 서점을 방문하고, 도서관도 한 달에 한 번 방문하는 편입니다. 최근에는 전공 관련 서적을 중심으로 독서하는 편이지만, 시사지 등의 잡지도 많이 보려하고 있습니다. 서점에 가서는 여러 분야의 책들을 두루 둘러본 후에 마음에 드는 책을 고릅니다. 어렸을 적에는 아무 생각 없이 마음이 가는대로 책을 읽었었지만, 최근에는 그러다보면 소설 혹은 관련 분야 중심으로만 책을 고르게 되어 의식적으로 비소설과 소설을 고루 읽으려 하고 있습니다. 독서는 조용한 곳에서 주로 하려 하고, 한 번 책을 펼치면 최소 30분은 투자하여 책에 집중하려고 노력합니다. 주변이 소란스러우면 책에 집중하지 못하고, 30분보다 적은 시간 책을 읽으려 하면 내용의 흐름을 연결해가며 읽기 어려워 이 공간과 시간에 대한 것은 지켜가며 독서하려 하고 있습니다.

💬 독서 후에는 책의 제목과 저자, 간단한 감상 등을 남겨놓는 것이 도움돼...

어렸을 적에도 형식적인 독후감을 쓰는 것은 숙제로만 생각되어 별로 좋아하지 않았지만, 최근에는 읽었던 책의 제목과 한두 줄 정도의 감상 정도는 다이어리나 인터넷 블로그 등에 남겨두려 하는데, 그러한 기록들을 통하여 제가 읽었던 책에 대한 간략한 내용이나 제가 받은 인상을 시간이 지나고 다시 살펴볼 수 있어 여러모로 도움이 된다는 사실을 깨

달았기 때문입니다. 뒤늦게 깨닫긴 하였지만, 그 중요성을 알기에 요즘
에는 주변의 학생들에게 책의 제목과 저자, 간단한 감상 등을 남겨놓는
것이 도움이 된다는 점을 강조하며 이 방법을 권유하곤 합니다.

02 초등학교 각 학년 별 독서이력 및 경향

💬 초등학교 1학년에서 2학년까지 : 삽화가 들어간 책, 자연과학, 동화 많이 읽어...

초등학교 1학년 때에는 전래동화, 신화, 그리고 위인전을 중심으로 책
을 읽었습니다. 어떤 사람에 대한 배경지식이나 선입견 없이 책을 고르
고 읽었기 때문에, 그만큼 동서양의 위인 혹은 분야는 구별 없이 책을
읽어나갔습니다. 어린이용으로 쉽게 풀어 나온 책들이라 내용도 쉬웠고,
재미있는 일화 중심이었던 점이 좋았던 것 같습니다. 또한 삽화도 중간
중간 들어가 있어 읽는 재미를 더해주었던 것 같습니다. 때로는 삽화를
보고 마음에 들면 읽을 정도로 삽화에도 주목하였던 것 같습니다.

초등학교 2학년 때에는 역사나 자연과학과 관련된 학습 도서와 함께
어린이를 위한 동화나 소설을 주로 읽었습니다. 그렇게 변화하게 된 특
별한 계기는 없으나, 굳이 생각해보자면, 초등학교 2학년 때 이사를 간
동네에 있던 이동도서관이었던 것 같습니다. 성인과 어린이들을 위한
도서로 차 안을 가득 메운 이동도서관은 매주 1~2회 정도 동네를 돌았
는데, 아직도 책을 한 아름 들고 새로운 책을 빌리러 이동도서관을 찾아
갈 때의 설렘을 기억합니다. TV를 많이 보던 시절도, 컴퓨터가 있던 시

절도 아니었기 때문에 더욱 즐거운 마음으로 독서하였던 것 같습니다. 많은 친구들이 방과 후 학원에서 시간을 보낸 반면, 저는 부모님께서 학원은 되도록 보내지 말자는 주의이셨기 때문에, 더욱 많은 시간을 독서에 할애할 수 있었습니다.

점차 짧고 간단한 문장에서 더 길고 복잡한 문장에도 친숙해지면서, 읽을 수 있는 책의 종류도 다양해져갔습니다. 이동도서관에는 아이들의 학습을 고려해서인지 기본 상식이나 과학적 지식 등을 알려주는 책들이 많았고, 우리나라 외에도 외국 작가들의 책들이 많았습니다. 그로인해 전래동화나 신화, 위인전을 읽었던 1학년 때와는 달리, 현대 작가들의 책들도 많이 접하게 되었던 것 같습니다. 또한 덕분에 비소설과 소설을 좀 더 고르게 읽을 수 있었습니다.

🗨 초등학교 3학년 : 우리나라 고전을 만화로 엮어낸 시리즈가 나중에 원작을 읽게 만들다.

초등학교 3학년 때 쯤에는 우리나라 고전을 만화로 엮어낸 책 시리즈가 나왔습니다. 재미있는 만화 형식으로 엮어내어 원래는 어려울 '구운몽' '전우치전' '한중록' '인현왕후전'등의 책을 쉽게 접할 수 있었습니다. 이 책들이 '어려운 고전'이라는 선입견 없이 '재미있는 책'이라 생각하고 읽었기 때문에 더욱 많은 고전들을 만화 형식으로 접하였던 것 같습니다. 부모님께서는 만화로 제가 이 책들을 다 읽어버려 나중에 원래의 문장을 유지한 원작들을 읽지 않게 될까 걱정하셨고, 물론 중학교 시절 이런 책들을 다시 접하여야 할 때 '내용을 이미 아는걸,'이라 생각하며 다시 읽으려하지 않은 적도 있습니다. 하지만 이 시기에 한 번쯤은 접해봐야 할 우리나라 고전들을 만화로나마 읽어볼 수 있었고, 오히려 '구운몽'등의 몇몇 책들에 대해서는 '원작을 다시 읽어봐야지'하는 흥미가 생길 만큼 관심을 갖게 되었습니다. 아직도 저는 서양의 고전들 보다는 우리나라 고전에 대해, 잘 알지는 못해도 친근감을 갖고 더욱 가벼운 마음으로 접하고 있습니다. 초등학교 3학년 때부터는 집에서 가까운 도서관을 알게 되어 어머니와 함께 한 달에 2번 정도 도서관을 방문하여 책을 빌려오곤 하였습니다. 초등학교 3학년이면 그다지 어린 나이는 아니지만, 비교적 이른 시기에 도서관을 가보고 이용하면서 도서관이란 곳을 친숙하게 느낄 수 있었고, 그래서 도서관이란 장소를 편하게 느끼고, 지금까지도 학교나 집 근처 도서관을 자주 방문하는 습관이 생긴 것 같습니다.

💬 초등학교 4,5학년 : 시리즈 읽는 재미에 푹 빠져.. 용돈까지 책 사는데 사용

초등학교 4~5학년 시절에 제가 주로 읽었던 책은 한 출판사에서 나온 '책 읽는 어린이' 시리즈의 책들이었습니다. '대지' 부터 '비밀의 화원,' '홍당무,' 또 '괴도신사 루팽'까지 다양한 종류의 동서양 고전을 좀 더 쉽게 풀어낸 책이었는데, 이 시절에는 이 시리즈를 읽는 것이 너무 좋아서 용돈을 모아가면서까지 이 시리즈의 새로운 책을 사곤 하였습니다. 어느 정도 읽을 후에는 책 표지 날개에 나열된 시리즈의 책들 제목을 보고 읽고 싶은 책을 고르곤 했는데, 동네 서점에 읽고 싶은 책이 구비되어있지 않는 경우에는 조금 멀리 있었던 큰 서점에 부모님과 함께 가서 책을 사곤 하였습니다. 이 시기까지도 '고전은 어렵다'는 편견이 없었기 때문에 그저 '재미있는 이야기'로써 많은 책들을 접할 수 있었던 것 같습니다. 옛날 책은 어렵다는 편견은, 지금 생각해보면 중학교에 들어가면서부터 생긴 것 같습니다. 오히려 학교에서 읽어야 되는 권장도서목록을 보면서, '이 책들은 재미는 없을 거야'라는 인식이 생겼던 것 같은데, 그나마 예전에 쉽게 풀어 나온 책들을 통해서라도 접해보거나 제목을 들어보았던 책들은 편견 없이 '아 이런 책이 있었지,'라고 생각하며 읽게 되었던 것 같습니다.

초등학교 6학년 : 미국의 집 근처 도서관에서 추측해가며 읽은 책들의 기억

초등학교 5학년 2학기부터 초등학교 6학년 때에는 어머니와 함께 저와 제 동생이 미국에서 학교를 다니게 되었습니다. 영어는 기본 회화밖에 하지 못하는 상태에서 가게 된 것이라 우선은 학교에 적응하고 영어를 배우는 것이 가장 중요하였습니다. 그 때에도 제게 도움이 된 것은 책이었습니다. 여름방학 중에 도착을 하여, 친구를 사귀지 못하였던 터라, 저와 제 동생은 집 근처의 도서관에 자주 가 책을 보았습니다. 처음에는 유치원생들이 읽는 책부터 시작하여 영어 독해력이 향상됨에 따라서 자연스럽게 책의 수준을 높여갔습니다. 사전을 보며 공부하는 형식으로 읽는 것이 아니라, 책을 읽으며 문맥에 따라 단어의 뜻을 추측해가며 읽었던 것이라서, 문장 이해력이 향상되었던 것 같습니다. 어휘 등도 자연스럽게 익혀나갔습니다. 단어를 하나하나 찾아보며 더디게 책을 읽다보면, 책의 내용도 파악하기 어렵고, 독서 자체가 공부의 일환이 되어버려 그 즐거움이 사라지기 쉽다고 생각합니다. 재미있는 책을 읽으며 내용에 집중하다보면, 비록 바로바로 어떤 어휘를 익히는 것은 늦어질지 모르나, 장기적으로 보았을 때에는 여러모로 도움이 되는 것 같습니다. 학교에 들어가며 학교 친구들과 이야기를 하며 회화도 자연스럽게 익혔으나, 그 때도 도움이 되었던 것은 책을 읽으며 가지게 된 영어에 대한 자신감이었습니다. 매우 어린 아이들의 그림책부터 시작하여, 몇 개월 후에는 초등학교 고학년을 위한 책을 읽었고, 6학년을 마치고 중학교에 들어갈 무렵에는 성인을 위한 소설책도, 단어는 다 이해하지 못하는 상태였으나, 자주 읽곤 하였습니다. 초등학교의 어휘는 한계가 있어 고급 영어를 구사할 정도의 영어실력이 된 것은 아니지만, 대신 문맥을 통하여 단어의 뜻을 추측하고, 전체적인 내용을 파악할 수 있는 문장 및 내용 이해력에는 독서가 큰 도움이 되었습니다.

🗨 한국으로 돌아온 초등 6학년 말, 국어 어휘력 때문에 한국의 근현대 소설 읽어

초등학교 6학년 말, 다시 한국으로 돌아와서 중학교에 들어가기 전 저희 부모님이 걱정하셨던 것은 저의 국어 어휘력이었습니다. 그래서 부모님께서는 저에게 한국의 근현대 소설을 많이 추천해주시곤 하였습니다. 이전에 읽던 책들보다 문장도 더 복잡하고, 한자어도 꽤 섞여있어 독해력에 많은 도움이 되었던 것 같습니다. 단기간에 그 효과가 나타난 것은 아니었지만, 복잡하거나 한자 어휘가 많이 섞인 문장들을 더욱 쉽게 읽어나가기 시작하였고, 중학교에 들어가 문학시간 등에서 비문학과 문학의 다양한 글들을 접할 때 그 경험은 많은 도움이 되었습니다.

03 초등학교 시기 독서 경험의 영향과 전략적 책읽기 프로그램의 중요성

🗨 지금의 열린 마음, 우물이 아닌 큰 세계를 보는 눈도 초등시절 독서 이력 덕분

독서가 중요하다는 것은 다들 알고 있는 사실이지만, 어떤 책을 읽어야할지, 어떻게 읽어야 할지에 대해서는 알려주는 가이드도 없고, 독서이력에 대한 이야기에도 '그런게 왜 필요해?'라고 생각하며 넘겨버리는 경우도 많습니다. 하지만 요즘 다시 생각을 해보면, 초등학교 시절 제가 읽었던 책이 제 가치관이나 진로 등에 꽤 큰 영향을 미쳤다는 것을 느낄 수 있습니다. 초등학교 때 접했던 동서양의 고전이 후의 학업에 여러모로 도움이 되었다는 것은 좀 더 직접적으로 드러나는 효과인 것 같습니다. 그 외에도 초등학교 시절 분야를 가리지 않고 읽었던 독서이력 덕분에 지금의 제가 가지고 있는 가치관은 어떤 한 방향으로 치우쳐있지 않다는 것을 느끼곤 합니다. 또한 새로운 것, 나와는 다른 것도 더 열린 마음으로 쉽게 받아들이곤 합니다. 물론 자라온 환경 등 다른 요인들도 있겠지만, 독서 또한 저의 열린 사고에 큰 도움이 된 것 같습니다. 또한 세계로 나아고자 하고, 한국이라는 작은 우물이 아닌 세계라는 큰 바다를 바라보는 저의 세계관도 독서를 통하여 다양한 나라의 일들과 사람들에 대한 이야기를 접하였기 때문이 아닌가 생각됩니다. '바다 건너 다른 나라에서는 많은 일들이 일어나고 있고, 나도 국제적인 무대에서 일해보고 싶다'는 큰 꿈은 초등학교 시절부터 조금씩 생겨났고, 훗날 제가 스스로 미국 유학을 결정한 계기가 되었습니다.

이처럼 초등학교 시절에 독서습관을 들이는 것은 매우 중요합니다. 책을 많이 읽음으로써 더 넓은 세계관을 형성하고 지식을 늘려나가는 것 외에도, 독서를 통해 얻은 독해력이나 문장 이해력은 학업에서, 또 더 나아가 훗날 사회생활을 할 때에도 매우 중요합니다. 글이나 문서를 읽고 그 요지를 바로 파악할 수 있는 능력은, 오늘날 같은 정보화 사회에서 더욱 중시되는 능력일 것입니다. 이처럼 올바른 독서습관을 형성하는 데에는 전략적 책읽기 프로그램이 여러모로 도움이 될 것이라고 생각합니다. 독서를 어떻게 해야 할지, 어떤 책을 읽는 것이 좋을지 고민하는 학생들과 부모님들께 학생에 맞추어 알맞은 책을 권장하고 지도하여 올바른 독서습관 형성하는데 큰 역할을 할 것입니다.

💬 독서이력은 진로결정에도 도움주므로 다양한 책 읽게 해줘야

독서이력을 작성해나가고, 독서를 지도하는 것은, 학생의 성향을 파악하는 데에도 매우 중요한 역할을 합니다. 저의 경우에는, 저는 이과보다 문과에 자신이 있었는데, 이 성향은 제가 어릴 때부터 드러났습니다. 과학이나 수학에 대한 책들도 재미있게 읽곤 했으나, 비중으로 보면 역사나 문학, 예술 분야의 책에 더 흥미를 느끼고 더욱 많이 읽곤 했습니다. 학생이 어떠한 책을 읽고 있고 어떤 분야의 책을 더 자주 읽는지 파악함으로써, 학생의 성향이 무엇인지 알고, 앞으로 진로를 결정하는데 도움을 줄 수 있습니다. 물론 성향이 파악된 후의 독서 지도는 문과 쪽에 관심이 있는 학생은 그쪽의 책을 더 많이 읽도록 지도하고, 이과 쪽에 관심이 있는 학생은 이과 분야의 책을 더욱 읽도록 지도하는 방향으로 이루어져서는 안 됩니다. 초등학교 시기는 아직 확실하게 한 분야의 진로를 결정하기에는 이른 시기라고 생각됩니다. 이 시기에는 오히려 시간적 여유가 있을 때 더욱 다양한 분야와 다양한 장르의 글들을 읽어가며 학생의 세계를 넓히고 더 많은 것을 직간접적으로 경험하는 것이 중요합니다. 그러므로 역사나 문학 분야의 책을 많이 읽는 학생이 있으면, 수학이나 과학 분야의 책을 더욱 많이 읽도록 권장하고, 독서하는 책의 장르 중 소설이 큰 비중을 차지하고 있다면 비소설 혹은 시 같은 책을 더욱 권장하여, 균등하게 다양한 분야와 장르의 책을 읽는 독서습관을 갖도록 지도해야합니다. 이렇게 지도하기 위해서는 우선 학생들의 독서이력을 파악하고, 학생들에게 적절한 책 목록을 제시하여 주어야 합니다. 이러한 점에서 독서이력과 전략적 책읽기 프로그램은 매우 중요하다고 생각합니다.

04 독서 시 중요한 활동 및 독서를 위한 분위기 형성

독서를 지도할 시 중요한 것 중 하나는, 읽을 책을 학생 자신이 선택하는 것입니다. 권장도서목록 중에서 하는 선택이라도, 학생이 관심이 가는 책을 선택한다면 더욱 흥미를 가지고 독서에 임할 수 있을 것이라 생각합니다. 그 이후에는 되도록 책에 대한 아무 선입견 없이 독서하는 것이 중요한 것 같습니다. '이 책은 유명한 고전이다' 혹은 '이것은 교과서에도 나오는 이야기이다,' '이 작가는 문학사에서 매우 중요한 인물이다,'등의 이야기를 듣고 책을 읽기 시작하는 것은, 물론 때에 따라서는 긍정적으로 책을 접하는데 도움이 될 수도 있으나 한편으로는 그 책이 실제보다 더욱 어렵다고 느끼거나 부담을 가지고 책을 읽게 되어 독서에 방해가 될 수도 있습니다. 배경 지식이 있는 것과 선입견을 가지고 있는 것은 매우 다릅니다. 배경 지식은 책의 이해에 도움이 되지만, 선입견은 책을 순수하게 읽어 내려가는데 장애물이 될 수도 있습니다. 독서를 지도할 때에는 학생에게 배경지식은 제공하되 편견 혹은 선입견은 심어주지 않도록 유의해야 할 것입니다.

💬 독서 중에는 책 자체에 집중할 수 있어야...책을 읽은 후의 감상을 적는 것 매우 중요해

독서 중에는 어휘 등에는 우선 신경 쓰지 않고, 문맥 속에서의 의미를 파악하고 책의 내용 자체에 집중할 수 있는 분위기를 형성해주어야 합니다. 잘 모르는 단어를 일일이 사전에서 찾아보며 책을 읽다보면 내용의 흐름을 놓치기 쉽습니다. 어휘 등은 독서 후에 다시 확인할 수 있으니, 독서 중에는 책 자체에 집중할 수 있어야 합니다.

독서 후에는 내용을 이해하고 있는지 확인하기 위하여 요약을 하거나 관련 문제를 푸는 것도 효과적일 수 있습니다. 하지만 제게 가장 중요하다고 생각되는 것은, 책을 읽은 후의 자신의 감상을 적는 것입니다. 자신의 느낌도 좋고, 중간에 든 의문점도 좋습니다. 이런 식으로 책을 읽고 난 후 자신의 감상 및 의견을 적다보면, 책을 비판적으로 읽는데 더욱 도움이 될 것입니다. 사실 대학교에 들어가서, 그리고 대학원에 들어가서 중시되는 것은 책이나 논문 등을 통한 정보 획득보다 어떠한 주장을 얼마나 효율적으로 파악하고 비판적으로 바라볼 수 있는가하는 것입니다. 이것은 신문기사나 잡지 등의 글을 읽을 때에도, 소설 혹은 비소설의 글을 읽을 때에도 중시되는 능력입니다. 단순한 요약문 작성은 책의 내용 자체를 파악하는 데에는 도움이 될지 모르지만, 책을 얼마나 능동적으로 읽었는가를 파악하는 데에는 큰 도움이 되지 않는다고 생각합니다. 책의 내용을 그대로 받아들이는 것이 아니라, 생각을 하며 비판적으로 읽고, 토론 등을 통하여 책의 내용을 자신의 것으로 소화하는 것이 더욱 의미 있는 독서 활동이 아닌가 생각합니다.

이러한 독서 전, 독서 중, 독서 후의 활동은 전략적 독서 프로그램을 통하여 더욱 효과적이고 효율적으로 행할 수 있으리라 생각됩니다. 하지만 이러한 전략적 독서 프로그램의 효과를 더욱 높이기 위해서는 학생이 독서할 수 있는 환경을 마련하는 것이 중요합니다. 서점이나 도서관 등에서 학생이 다양한 책들을 더욱 쉽게 접할 수 있도록 하고, 학생 자신이 읽을 책을 선택할 자유를 주는 것, 또한 독서에 집중할 수 있는 조용한 분위기를 형성해 주는 것은 학생의 독서 습관에 중요한 영향을 미칩니다. 하지만 무엇보다도 중요한 것은 부모님이 강요해서 하는 독서가 아니라 학생이 즐거워서 하는 독서가 되어야 한다는 것입니다. 이것을 위해서는 가정에서 온 가족이 함께 독서를 하고 읽은 책에 대하여 의견을 나누는 분위기가 도움이 될 것 같습니다. 학교는 어떤 책을 읽을지 권장목록을 제시하여주고, 독서에 도움이 될만한 배경지식을 교육하거나 학생의 어휘력을 향상시켜 주는 정도의 기능을 할 뿐입니다. 학생이 자연스럽게 책에 손을 뻗게 되는 환경은 가정에서 만들어지는 것입니다. 또한 학생 홀로하는 독서가 아니라 온 가족이 함께하는 독서시간이라면, 그 즐거움은 배가 된다고 믿고 있습니다.

학생의 독서 습관은 단기적으로 형성되는 것이 아니라 몇 년간의 시간을 걸쳐 형성되고, 한 번 형성된 독서 습관은 웬만해서는 바꾸기 어렵습니다. 시간적으로 심적으로 여유가 있는 초등학교시기에 학생들이 올바른 독서습관을 형성하고, 독서의 즐거움을 알 수 있도록 하는 데에 전략적 독서프로그램이 여러모로 도움이 되었으면 합니다.

 **M 인터뷰**

Q Question 1.

초등학교 시기 가장 독서를 왕성하게 진행했던 시기는 언제였나요? 그리고 그 상황에 대해 말씀해주세요.

A Answer

초등학교 2~4학년. 학교공부에 대한 부담감이 없었고, 또한 이동도서관이나 집 근처의 도서관 등 책을 접할 기회가 많아서 다양한 책을 읽을 수 있었던 것 같습니다. TV나 컴퓨터에 시간을 쏟던 시기도 아니어서 여가에는 주로 책을 읽었고, 특히 '책 읽는 어린이'시리즈나 '만화로 보는 우리고전' 시리즈가 나오던 시기라 더욱 흥미를 가지고 책을 읽었다.

Q Question 2.

자신의 주변 독서환경은 어떠했나요?

A Answer

부모님께서 책을 많이 읽으셔서 특히 주말이면 책을 읽는 분위기가 자연스럽게 형성되었던 것 같습니다. 또한 인근에 도서관의 접근성도 높았고, 2~4학년 때에는 주2회 정도 이동도서관이 돌았기 때문에 책을 쉽게 접할 수 있었던 환경이었습니다. 또한 한 달에 2~3번 정도 부모님과 서점에 가서 원하는 책을

1~2권 고를 수 있었습니다. 자율적으로 읽고 싶은 책을 선택하고, 집중해서 읽을 수 있었던 환경이라 독서하는 습관이 생긴 것 같습니다.

초등학교 1학년, 2학년, 3학년, 4학년, 5학년, 6학년 등 총 6년을 독서의 관점에서 봤을 때, 시기를 나눈다면 어떻게 나눌 수 있을까요? 그리고 그 이유는 무엇인가요?

◦ Answer

1~2학년은 위인전 중심으로, 그림책 중심으로 읽었고, 별 생각 없이 책을 읽었던 것 같습니다. 부모님께서 읽을 만한 책을 선택하여 주신 적이 더 많았던 것 같습니다.

3~5학년은 자율적으로 책을 선택하여 읽었던 시기이고, 가장 다양한 분야를 적극적으로 읽었던 시기입니다. 문학, 과학 혹은 일반상식관련 책들을 읽어가며 책을 읽는 분야를 넓혀갔고, 읽는 책의 수준도 높여갔습니다.

5~6학년은 미국에서 영어를 배워야 했던 시기였는데 독서가 큰 도움이 되었습니다. 일상 영어를 책을 통해서도 익혀가며 어휘력 및 문법, 그리고 독해력을 늘릴 수 있었습니다.

◦ Question 4.

교과연계도서를 주로 많이 읽었나요? 아니면 교과연계도서와 상관없이 흥미분야에 대한 독서를 했나요?

학교 교과과정을 생각하며 책을 읽었던 적은 없다. 어쩌다보니 예전에 읽었던 책들이 교과과정과 연관되었을 때가 더 많았습니다. 주로 흥미를 느낄 수 있었던 책을 위주로 읽었는데, 그것은 역시 내 스스로 책을 선택할 수 있었기 때문이었습니다. 부모님이 가끔 추천해주시기도 하였으나 주로 자신이 읽을 책을 선택하였고, 그러다보니 자연스레 흥미 있는 책을 읽는 경향이 있었습니다.

평생의 독서습관을 좌우하는 시기는 몇 학년 때였나요? 왜 그렇다고 생각하나요?

역시 3~5학년이었던 것 같습니다. 독서하기 위해 주변이 조용해야 하며 정돈된 환경이어야 한다는 것을 의식하며 읽기 시작할 때이기도 하였고, 어디서 내가 원하는 책을 구할 수 있는지에 대한 지식도 생겨났다. 또한 도서관을 이용하는 습관도 이 시기에 형성되었습니다.

세계명작, 위인전, 신화와 전설, 동화, 과학과 환경, 옛날 이야기, 동시, 사회탐구, 역사 등으로 나눈다면 각 학년별로 가장 많이 읽었던 책은 무엇이었나요? 그리고 그 책을 많이 읽게 된 요인은 무엇이라고 생각하나요?

시 종류보다는 소설이나 비소설 등의 산문을 읽었는데, 어떤 것을 읽고 무슨 뜻일지 곰곰이 생각해보는 것보다 바로 이해를 하며 정보를 얻는 것에 더 흥미를 느꼈기 때문인 것 같습니다. 과학 관련 도서보다는 역사 관련 도서를 더 많이 읽었는데, 그것은 역사에 관심이 있으신 아버지의 영향이었던 것 같습니다. 어릴 때 전문적이지는 않아도 역사 이야기를 해주시기도 하였고, 읽으시는 책 중에 역사관련 도서가 꽤 비중을 차지하였는데, 그런 것을 보고 들으며 자연스레 영향을 받은 듯 합니다.

학습만화책이 많이 읽은 편이었나요? 그리고 학습만화책이 도움이 되었나요? 안되었나요? 도움이 되었다면 어떤 도움이 되었을까요?

학습만화책이라기보다는 우리나라 고전이 만화로 되어 나온 것을 주로 읽었던 기억이 있습니다. 어떤 한 주제에 대하여 흥미를 느끼는 데에는 도움이 되었으나 쉽게 읽히는데 익숙해지면 더 어렵게, 장문으로 되어있는 책은 읽기 싫어지는 문제가 생기는 것 같습니다.

✎ 고등시절 언어영역 참 쉬웠던 것은 5, 6학년 때 다양한
장르의 책 읽기 덕분이었습니다.

서울대학교 법학부
손건훈

01 책에 대한 거부감에서 책에 대해 빠져들기까지

💬 **독서에 대한 끔찍한 거부감에서 책 속으로 푹 빠져든 계기는?**

초등학교 책은 읽고 싶은 대상이기도 했지만, 독후감을 써야 한다는
강박감은 책에 대한 부정적 태도를 만들었습니다. 그래서인지 제 경우
책과 가까워지고 책을 많이 읽게 되기까지는 남모를 과정을 겪어야 했
습니다.

어렸을 때, 두껍고 딱딱해 보이는 책에 대한 이미지에다가 어른들이
책을 많이 읽는 게 좋다는 말, 책을 많이 읽어야 한다는 말은 저 멀리
떨어져 있는 책에 대해 거부감을 갖게 했던 것 같습니다. 그래서 초등학
생이었던 나에게 누군가가 억지로 책을 쥐어주었다면, 어린 나의 선택
은 분명 장난감과 텔레비전이었을 것입니다. 그래서 독후감을 쓰기 위
해서, 독서 노트에 한 장 더 채워 넣기 위해서 읽어야만 했던 초등학교
에서의 독서 기억은 여전히 나에게 끔찍한 악몽으로 남아 있으면서도
용케도 그것을 극복하고 책 읽기의 달인(?)이 되었던 것은 지금도 달콤
한 추억으로 남아 있습니다. 마치 냉탕에 있다가, 우여곡절 끝에 온탕을

간 격이라고나 할까요.

그러던 제가 어떻게 책을 좋아하게 됐을까요. '사람은 책을 만들고 책은 사람을 만든다.'라는 캐치 프레이즈를 내건 서점의 광고 문구가 아직까지도 기억에 선합니다. 어렸을 때 엄마의 손을 잡고 따라갔던 서점에서 보았던 형형색색의 책들이 아직도 눈앞에 아른거리기만 합니다. 누군가가 나에게 억지로 책을 읽으라고 말하지 않았어도 어렸을 때 엄마와 함께 했었던 서점에서의 기억은 나를 한 걸음씩 책에 다가가게 만들었습니다. 그러면서 서서히 책이 친구가 되었고, 책이 보물창고처럼 소중하게 생각되었습니다. 그래서 지금도 저는 '책' 하면 어렸을 적 엄마와 함께 들렀던 그 서점, 그 문구가 기억나고 영원히 잊혀지지 않을 것입니다.

🗨 말동무인 '책을 만나러 도서관으로, 서점으로

초등학교를 다닐 때, 저에게 책이라는 존재는 내가 세상에 대한 모든 호기심을 해결하고 새로운 경험을 할 수 있는 좋은 기회였습니다. 그래서 정말 책을 많이 읽었던 것 같습니다. 말동무처럼, 동무를 만나러 책을 만나러, 도서관이나 서점으로 부지런히 오갔던 기억이 아른거립니다.

초등학교 시절의 독서 경험은 나에게 정말 대단히 큰 영향을 미쳤었던 것 같습니다. '세 살 버릇 여든 간다'라는 말이 있듯이 초등학교 시절의 독서 경험은 독서 습관에 영향을 미쳤고, 중학교 이후의 학업 성적에도, 그리고 나의 성격과 대인 관계에까지도 많은 영향을 미쳤다고 할 수 있

 초등시기, 나는 이렇게 책을 읽었다
서울대학교 학생들의 초등 독서발자취

습니다. 대학에서의 전공을 선택하고 앞으로의 진로 결정에까지 많은 영향을 미쳤음은 두말할 필요도 없습니다.

02 책 읽기의 시작 초등학교 1, 2학년

💬 교과서 내용은 지식이라기보다 일상생활에서 흔히 접할 수 있는 것들이라, 그만큼 평소의 독서가 성적에 영향을 미쳐

초등학교 1학년 때, 읽은 책들은 대부분 많은 삽화로 호기심을 끌 수 있는 책들이었습니다. 지금까지도 기억에 오래 남는 것은 과학 분야의 책들입니다. 나비의 세계, 벌의 세계, 사과의 종류 등 과학과 관련된 책들이 흥미있었습니다. 사실 지금도 초등학교 1학년이 읽을 만한 책들을 본다고 하더라도 책의 모든 내용을 이미 알고 있는 것은 아닙니다. 그만큼 초등학교 저학년 수준의 책들도 상당한 양의 지식과 내용을 담고 있습니다. 혹여 잘못하여 지나치게 어려운 책을 읽기 시작하다간 책에 대한 흥미를 쉽게 잃어버리기 마련입니다. 그래서 초등학교 저학년 때에는 관심이 가는, 손이 가는 책들을 많이 보았습니다. 한 두 분야에 한정된 것이 아니라 다양한 분야에 걸친 다양한 내용들이 담긴 책들을 보았다.

💬 교과 시험 공부하지 않고 성적이 좋은 이유가 궁금하다고? 교과 시험공부하지 않고, 성적 좋은 것은 머리가 좋아서가 아니라 평소 독서의 힘

책의 내용은 대개 재미있었습니다. 수준에 맞는 책을 보아야 한다는 것은 책을 거의 처음 접하는 초등학생들에게 꼭 필요한 말입니다. 처음부터 어려운 책을 접했다가 책 보는 것에 대해 싫증을 내고 짜증을 부리기 시작하면 다시는 책을 찾지 않게 됩니다. 책은 한 번 손에 쥐지 않으면 다시 쥐기는 힘듭니다. 이럴 경우 학교에서의 수업 성적도 크게 기대하기는 힘듭니다. 초등학교 저학년 시절에는 고학년이나 중, 고등학교에서나 배울 법한 지식들을 배우는 것이 아닙니다. 교과서에 쓰여져 있는 내용들은 지식이라기보다 일상생활에서 흔히 접할 수 있는 것들입니다. 그만큼 평소의 독서가 성적에 많은 영향을 미치는 것입니다. 나는 초등학교 저학년 시절 다양한 책을 읽었기 때문에 산수와 같은 한 두 개의 과목만을 제외하고는 딱히 숙제를 해 가는 것 이외에 공부를 하지 않더라도 일정 수준 이상의 성적을 유지할 수 있었습니다.

저학년 때의 독서가 중요한 것은 언어에 대한 이해력과도 깊은 관련이 있기 때문입니다. 요즈음은 유치원 혹은 그 이전에도 학교 수업과 유사한 형태의 수업을 듣기는 하지만 아무래도 학교와 같은 형태로 수업을 듣기 시작하는 첫 출발점은 초등학교 때부터입니다. 공부를 잘 하려면 수업 시간 외에 따로 공부를 하거나 예·복습을 철저히 하는 것도 중요하지만 무엇보다도 수업시간에 수업 내용을 듣고 이해할 수 있도록 하는 게 가장 중요합니다. 이를 위해서는 기본적인 언어능력을 갖출 수 있도록 해야 하며, 핵심을 추론해 내는 능력도 갖출 수 있어야 합니다. 이를 위해서는 다양한 책을 많이 읽어두어야 합니다.

💬 학습용 만화책은 최선은 아니지만 그래도 많은 도움 돼

책의 범위는 굳이 한정할 필요가 없습니다. 나의 경우 만화책부터 시작해서 어린이용 소설 책, 과학 책 등을 많이 보았습니다. 흥미를 잃지 않고 책을 읽도록 하는데는 만화만큼 좋은 것이 없었습니다. 이 시기에 읽었던 만화책 중에서 'ㅇㅇ은 왜'라는 시리즈가 있었는데, 이 책은 과학적 원리들을 쉽게 풀어놓은 책이었고, 재미있어서 여러 번 반복해서 보았습니다. 하지만 만화책이라고 해서 쉽게 무시할만한 책들은 아니었습니다. 이 책을 통해 알게 된 지식들이 고등학교 생물 시간이나 지구과학 시간에도 나왔기 때문입니다. 학습용으로 만들어진 만화책은 흥미를 끌게 한다는 점, 기억에 오래 남는다는 점에서 도움이 되었던 것 같습니다.

🗨 책을 높다란 책꽂이에 정렬해놓는 것은 어른들의 보이지 않는 이기심

책을 읽을 때 어떤 책을 먼저 읽어야 하고, 어떤 책을 나중에 읽어야 하는지 굳이 순서를 정해두고 읽지는 않았습니다. 계획을 세워서 차근차근 독서를 해 나갔다면 체계적일 수 있다는 장점이 있었겠지만, 쉽게 흥미를 잃어버릴 수도 있었을 것입니다. 책을 꼭 읽어야겠다는 생각 대신 주위에 책을 가까이 두고, 쉽게 손이 닿아 자주 접할 수 있도록 하였습니다. 이 시기에 나는 놀이 기구가 주위에 가까이 있으면 놀이 기구에 먼저 손이 갔고, 책이 주위에 있으면 책에 손이 먼저 갔습니다. 책과 가까이 지내다보니 책과 친해지게 되었고, 굳이 목표를 세우지 않더라도 자연스레 많은 책들을 읽어나갈 수 있었습니다. 요즘 초등학교 저학년 학생을 둔 친척이나 친구들의 집에 방문해 보면 손이 쉽게 닿을만한 거리에는 보통 장난감이 가까이 있는 경우가 많습니다. 책을 굳이 높다란 책꽂이에 꽂아서 정렬해 두어야만 직성이 풀리는 것은 어른들의 보이지 않는 이기심이라는 생각이 듭니다.

💬 책 읽기 좋은 시간은 늦은 오후나 아침, 그 이유는?

저의 경우에 초등학교 2학년 때에는 책을 많이 읽지 못했습니다. 제가 다니던 초등학교에서 학교 교사를 신축하느라 교실 수가 많이 축소되어 오전이 아닌 오후에 등교를 해야 하는 경우가 많았습니다. 초등학교 입학 전부터 아침 6시에 일어나는 습관이 몸에 배어있어 아침에 일찍 일어나기는 했지만, 아침 시간부터 책을 보고 싶어하지는 않았었습니다. 아침 시간에는 보통 텔레비전 채널을 넘겨가며 시간을 보내기도 했었고, 피아노를 배우러 학원에 가기도 했었습니다. 초등학교 2학년 때의 기억을 반추해 보면 독서 시간의 확보란 대단히 중요한 것이라고 할 수 있습니다. 억지로 책을 읽게 하는 것이 아니라 자발적으로 책을 읽게 하려면 밤 늦은 시간과 지나치게 이른 아침 무렵은 아무래도 힘들 것이고, 주로 늦은 오전이나 오후쯤이 적당합니다. 그 시간에 지나치게 많은 일과가 있거나, 학원에 나가거나 악기나 미술 교습 등을 받는다고 한다면 자발적으로 책을 읽는 시간은 많이 줄어들 수밖에 없습니다. 초등학교 시절을 통틀어 2학년 때만큼 책과 거리를 둔 적은 없었던 것 같습니다. 여전히 좀 더 많은 독서를 하였으면 좋았으리라는 아쉬움 은 남습니다. 하지만 무엇보다도 독서 환경 중 가장 중요한 요소가 독서 시간을 확보하 는 것이라는 것을 알게 됐다는 데에 의의가 있다고 생각합니다.

 초등시기, 나는 이렇게 책을 읽었다
서울대학교 학생들의 초등 독서발자취

03 이제는 책을 곁에 두며... 초등학교 3, 4학년

💬 초등 3,4학년은 독서 범위가 넓어졌던 시기

　초등학교 3, 4학년 때에는 독서 범위가 대단히 넓어졌던 시기였습니다. 특히 이 시기에 가장 흥미를 끌었던 책들은 역사 서적들이었습니다. 역사란 대단히 어려운 영역입니다. 시대적 범위가 넓기도 하고, 수많은 사람들도 등장하고, 새로운 사건들도 자주 출현하다 보니 책을 읽고도 잘 기억이 나지 않는 경우가 많습니다. 저의 경우에는 20여권으로 된 세계사 만화 전집을 읽었던 것이 역사 책 읽기의 출발이었습니다. 만약 내가 글로 된 역사책을 읽었더라면 대번에 역사는 재미없는 분야라 생각했을 터이고, 역사에 흥미를 붙이는 일은 불가능했을 것입니다. 학습 만화, 그 중에서도 시리즈로 출판된 학습만화는 나에게 그 분야에 대해 흥미를 붙이는 데 최고의 효과를 발휘했습니다. 초등학교 때에는 학교에서도 역사 교육이 본격적으로 이루어지지 않기 때문에 역사 관련 서적에 대해 큰 관심이 없을 수도 있고, 잘 접하지 않을 수도 있습니다. 그렇기에 나의 경우만 하더라도 하나라도 더 외우기 위해서, 알기 위해서 역사 책들을 읽기보다는 역사 만화 속의 이야기들이 재미있어서 자주 찾았었습니다. 하지만 재미있다 보니 여러 번 반복해서 볼 수 있게 되고, 또 기억에도 오래 남아있을 수 있게 되었습니다. 중학교와 고등학교 시절 세계사 공부를 할 때 쉽게 공부할 수 있었고, 학교에서 아직 수업하지 않은 부분도 미리 알 수 있었던 것은 이 시기에 독서했던 내용이 머리속에 남아있었기 때문이었습니다.

💬 3,4학년 때는 1,2학년 때 보았던 책도 다시 보게 돼

이 시기에도 어떤 책이든 재밌게 읽을 수 있는 게 대단히 중요합니다. 재미있게 읽을 수 없으면 다시는 책을 찾지 않게 되고, 그렇게 된다면 독서의 기회는 영영 돌아오지 않게 됩니다. 저학년 때에도 그랬지만 3학년과 4학년 때에도 다양한 분야의 책을 읽었다. 역사 만화 뿐만이 아니라 다양한 위인전 전집, 그리고 어린이용 세계 문학 전집 등 한 질의 세트로 나와 있는 책들이 집에 많이 있었고, 이들을 자주 보았습니다. 저학년 때에는 쉬운 동화책들을 읽었다면 이제는 이 책들보다 한 걸음 더 나아간 소설책들을 읽을 수가 있게 되었습니다. 하지만 이 시기에 읽었던 소설책이라고 해서 그림이 전혀 없고 딱딱하거나 어려운, 정치나 사회적인 이슈들을 담은 책들은 아니었습니다. 톰 소여의 모험, 달타냥, 몽테크리스토 백작 등 재미있게 읽을 수 있게 어린이용으로 각색된 책들을 보았습니다. 또한 저학년 때 보았던 책들을 반복해서 본다든지 하는 경우도 많았습니다. 책이란 한 번 보아서는 기억에 잘 남지 않습니다. 잊혀질 법할 때쯤 한 번씩 손이 다시 가서 다시 읽어보았던 책들이 기억에 오래 남는다고 할 수 있습니다.

💬 재미만을 위한 만화책은 절대 손 안대

그런데 유달리 내가 읽지 않았던 책의 부류는 재미만을 위한 만화책이었습니다. 재미만을 위한 만화책이란 시중에서 흔히 학습 만화 이외의 '만화'로 분류되는 만화책들입니다. 이 시기에는 책을 잘 읽지 않는 친구들이라고 하더라도 이런 만화책을 보는 경우는 꽤 많았습니다. 하지만 내가 이런 책을 읽지 않았던 것은, 물론 부모님이 이런 책들을 사주시거나 권유하신적도 없었지만, 한 번 읽고 나서는 다시 찾지 않게 되는 데에 그 이유가 있었습니다. '책 읽는 재미' 란 단순히 내용만이 흥미롭다는 것이 아니라 읽는 사람의 추리 능력과 지적 호기심을 이끌어낸다는 것을 의미합니다. 너무나도 대중적인 만화책들은

나에게 책 읽는 재미를 선사해 주지 못했고, 이들을 거의 찾지 않게 되었습니다.

💬 주말에 텔레비전 시청보다는 주로 책을 읽어

책을 읽는 시간을 정해놓지는 않았지만, 주말에는 텔레비전 시청보다는 책을 주로 읽었었습니다. 집에서 식사를 할 때엔 가족과 대화를 나누기도 하였지만 책을 보면서 밥을 먹는 경우도 많았습니다. 저학년 때의 독서 습관은 이 시기의 내가 책을 항상 곁에 두며 즐겁게 읽을 수 있도록 하는데 큰 도움이 되었습니다. 강요에 의해 무조건적으로 책을 읽기보다 책은 재미있고 언제나 가까이 있다는 생각을 갖게 된 것이 책 읽는데 많은 시간을 투자할 수 있도록 만들어 준 원동력이었습니다.

초등학교 3, 4학년이 되면 학교에서 있는 시간도 늘어나고, 학원을 다니거나 악기나 미술, 컴퓨터 교습 등을 받는 시간도 새로이 생기게 됩니다. 그렇기에 이 시기에는 독서를 할 수 있는 독서 환경을 잘 조성해 주는 것이 필요합니다. 이 시기 내 방에 들어서면 책장이 가장 먼저 눈에 들어왔고, 제 눈높이에 맞춰 좋아하는 책들이 꽂혀있었습니다. 아무래도

눈에 잘 띄게 되면 손길이 자주 가기 마련입니다. 그러다보면 한 권씩 찾아 읽게 되고, 어느 순간 손이 잘 가지 않던 책들도 찾아서 읽게 됩니다. 이 때의 버릇으로부터 비롯된 것이지만, 지금도 좋아하는 책들을 제 눈높이에 맞추어 책장에 꽂아놓습니다.

💬 초 3,4학년 때는 200페이지 전후의 책을 읽어, 독후감을 쓰기 위한 책 읽기는 오히려 역효과

이 시기에 읽었던 책들은 저학년 때 읽었던 책들보다는 어느 정도 두꺼워지기 시작했습니다. 학교 교과서가 두꺼워지는 만큼, 이 시기에 읽었던 책들은 대략 권당 200페이지 정도 되는 책이었습니다. 사실 저학년 때에는 책 한권을 읽는다는 것이 거의 부담이 없습니다. 몇 글자 되지 않는 책은 저학년 때에도 몇 분 걸리지 않고 쉽게 읽어나갈 수 있습니다. 하지만 이 시기에는 책은 오랜 시간 읽어도 끝이 안 보인다는 생각이 들었습니다. 아무리 재미있는 책이라도 읽다가 그 두께와 양에 질리면 그만입니다. 대신 한 번에 다 읽어야 한다는 부담을 버리고, 정말 읽고 싶을 때 읽고 싶은 곳을 펴서 읽는 것이 좋은 방법이었습니다. 좋은 독서란 억지로 스스로를 강요해서는 쉽게 이루어지지 않습니다. 또 강요에 의한 독서는 효율적인 것이 아닙니다. 책과 관련한 문제를 풀기 위해서, 반드시 독후감을 쓰기 위해서만 하는 독서는 많은 스트레스를 주었습니다. 책의 내용이 잘 기억에 남지도 않았을 뿐더러, 책이 주는 재미에 빠져들기 힘들었기 때문이었습니다.

04 넓고 깊은 독서의 세계로…초등학교 5,6학년

💬 고학년 때 국내외 소설, 수필, 희곡, 비문학 등 다양한 장르의 책을 읽게 돼

초등학교 고학년 때의 독서는 유달리 기억에 많이 남아 있습니다. 읽는 책의 양이 이전 시기보다 많이 증가했기 때문입니다. 물론 읽는 책의 장르도 넓어졌다. 이 시기에 읽었던 책은 크게 세 부류로 나누어볼 수 있습니다. 한국 및 외국의 소설류, 역사 부류, 그 외에 수필이나 희곡, 비문학에 관련된 책들입니다. 이 시기에 읽은 소설책들도 아직은 어려운 내용을 담고 있는 소설책이라 보기는 힘들었습니다. 이 때 읽은 소설들도 주위에서 흔히 보는 일반적인 소설책은 아니고 3, 4학년 때 읽었던 소설책보다는 한 단계 정도 더 나아간, 어린이들을 위한 소설이었습니다. 이러한 소설 부류들은 집에 여러 질의 세트가 있었기 때문에 틈 날 때마다 꺼내볼 수 있었고, 주로 여러 단편들이 한 권으로 엮어져 있었기에 읽는 데에 큰 부담도 없었습니다.

💬 고등학교 시절 언어영역 쉽게 할 수 있었던 이유, 5,6학년 때 책 읽기 덕분

이 시기의 독서가 중요했던 이유는 이 시기에 읽었던 소설책들이 나의 독해 능력 향상에 크게 도움을 주었기 때문입니다. 고등학교 시절 언어영역 공부를 할 때 크게 노력하지 않더라도 쉽게 글을 읽어나갈 수 있었던 것은 이 시기의 독서가 훌륭한 역할을 했었기 때문이었습니다. 특히 소설들은 새롭고 독특한 어휘들을 많이 접할 수 있는 기회를 만들어주었습니다. 이러한 어휘력의 향상은 학교 성적의 전체적인 향상으로 이어졌습니다. 나는 초등학교 4학년 무렵까지는 공부를 아주 잘했던 학생은 아니었던 것으로 기억합니다. 하지만 초등학교 고학년으로 올라갈수록 읽는 책의 양이 늘어나게 되었고, 이들은 어휘력뿐만이 아니라 논리력, 추리력, 이해력 등을 종합적으로 향상시켜주어 많은 성적 향상을 가져오게 되었습니다.

우리나라 고전소설 초등 고학년 때 꼭 읽어야, 중고등학교 성적 좋아져

초등학교 고학년에 읽었던 책 중 고등학교 시절의 성적에 직접적으로 영향을 미쳤던 것은 우리나라의 고전 소설들이었습니다. 박씨전, 용재총화, 구운몽, 유충열전 등과 같은 우리나라의 고전 소설을 이 시기에 처음으로 접하게 됐는데, 이 책들은 고등학교 시절의 국어 공부에 대단히 큰 도움이 되었습니다. 대부분의 학생들은 수능 언어영역 공부를 시작하면서 고전 소설을 처음으로 접하게 됩니다. 고어의 말투는 낯설기 짝이 없으며, 내용은 일반적인 상식만으로는 이해하기 힘들었습니다. 하지만 나는 어렸을 때부터 고전 소설을 충분히 접할 수 있는 기회가 있었기 때문에 이들을 배워나가는데 큰 어려움을 겪지 않았고, 오히려 수능에서 요구하는 것 이상의 내용을 알고 있어 공부를 하는데 매우 유리했었습니다.

소설로 쓴 삼국지, 이야기 한국사 재미있게 읽어

초등학교 고학년 시절부터 삼국지나 초한지 등의 장편 역사 소설을 탐독하기 시작했습니다. 한 권으로 나온 삼국지부터 시작하여 60권의 만화로 그려진 삼국지는 많은 등장인물과 여러 가지 에피소드를 통해 나의 관심을 끌고 호기심을 집중시키는 데에는 안성맞춤이었습니다. 어떤 책이든 장편의 세트를 읽기 시작하려면 부담이 될 수도 있지만, 장편의 만화책이라면 큰 부담을 갖지 않고 시작해볼 수 있었습니다. 무엇보다도 만화책 속에서의 사건들은 일반적인 글 줄이 아닌 등장 인물들의 대화와 행동 묘사를 통해 전개되고, 책 속의 그림들은 대단히 역동적이기 때문에 지루하지 않았습니다. 나는 유달리 삼국지를 좋아했기 때문에, 만화 삼국지를 읽고 난 후에도 소설책으로 쓰여진 삼국지를 여러 권 찾아서 비교하면서 읽어보았던 기억이 있습니다. 삼국지뿐만 아니라 '이야기 한국사'라는 제목으로 10권이 세트로 되어 있는 책들도 읽었는데, 이 책들은 국사 공부에 지대한 영향을 미쳤습니다.

보통 역사책들은 학교 국사 수업시간에 다루지 못하는 내용까지도 자세하고 세밀하게 설명합니다. 학교에서는 단순히 사실관계의 나열을 배운다면, 역사책을 통해서는 역사적 사건들의 배경과 인물들의 역할에 대해 보다 상세하게 알 수 있습니다. 학교에서 배우는 것보다 한 걸음씩 더 앞서나간다는 기분은 더욱 역사 책들을 찾게 만들게 됩니다. 3, 4학년에 역사 만화를 통해 역사에 흥미를 가졌다면 이 때는 본격적으로 역사에 보다 깊은 관심을 가질 수 있게 되었고, 하나의 이야기로써 역사를 이해하는 것은 생각의 폭을 깊게 하였을 뿐만 아니라 성적에도 좋은 영향

을 주었습니다.

초등학교 고학년 때는 이전 시기보다 더 책을 읽을 시간이 부족해집니다. 나의 경우, 음악이나 미술, 컴퓨터 등에 모든 관심이 집중되어 있어 학원을 다니며 배우기를 원했습니다. 그렇기 때문에 독서를 할 수 있는 시간은 상대적으로 많이 줄어들었습니다. 하지만 1학년에서부터 4학년까지 책 읽는 습관을 들여놓았다면 시간이 조금 줄어드는 것은 크게 문제되지 않는다고 봅니다. 책과 친해진다면 책이란 반드시 시간을 내어서만 보아야 하는 것이 아니라, 틈나는 대로 언제든지 찾아서 볼 수 있기 때문입니다.

💬 누나의 독서습관이 나에게 영향 미쳐

나의 경우, 나를 책으로 이끌었던 것은 한 살 위의 누나의 독서 습관이었습니다. 누나는 지독히도 책을 좋아했었습니다. 돌이켜보면 나 역시 또래에 비해 많은 책을 보았다고 얘기할 수 있겠지만, 누나는 항상 책과 함께 했었습니다. 밥을 먹거나 쉴 때, 언제나 누나의 손에는 책이 들려 있었고, 심지어는 호기심을 충족시킨다는 이유로 백과사전을 정독하기도 하였습니다. 그 모습에 가끔은 나도 지지 않으려고 책을 더 보려고 하기도 하였고, 재미있는 책들을 더 많이 찾아서 읽으려 노력했었습니다.

초등시기, 나는 이렇게 책을 읽었다
서울대학교 학생들의 초등 독서발자취

0 5 잊을 수 없는 책의 기억들

🗨 공부를 잘할 수 있었던 비결은 넓고 깊은 독서 때문

독서가 중요한 것은 단순히 지식을 알고 이해하는 것에서 한 발 더 나아가 생각할 수 있는 힘을 길러주는 것에 있습니다. 대학에 입학한 후 예전의 학창 시절을 회상해 보면, 초등학교 시절 많은 시간을 학교 공부에 붙들려있거나 학원에 매달려 있는 것보다는 넓고 깊은 독서를 했던 것이 성적 향상의 비결이었고, 공부를 잘 할 수 있었던 가장 큰 원동력이었던 것 같습니다.

🗨 수불석권(手不釋卷)의 자세가 필요하다

하루라도 책을 읽지 않으면 입안에 가시가 돋는다는 말과 함께 손에서 책을 놓지 않는다는 수불석권(手不釋卷)이라는 말이 있습니다. 그만큼 독서는 중요하며, 필요하다는 뜻입니다. 특히 초등학교 시절의 독서 습관은 짧게는 학창 시절을, 길게는 평생을 좌우할 수도 있기에 대단히 중요합니다. 사람은 책을 만들고 책은 사람을 만든다는 말의 뜻은, 책을 통해 우리는 우리가 살아가는 세상을 더 넓고 깊게 이해할 수 있다는 것입니다. 하지만 많은 사람들이 이러한 독서 교육의 필요성을 인지하고 있음에도, 자발적인 독서 훈련이 이루어지게 하기보다는 강제적이고 의무적인 독서를 요구함으로서 학생들에게 독서의 필요성은 자꾸만 잊혀져 가는 것 같습니다.

🗨 초등학교 시절의 독서 앞으로 내 삶을 떠받치는 커다란 기둥

책은 타인의 삶을 바라보고, 나 자신을 성찰할 수 있는 창문입니다. 초등학교 시절부터, 책을 통해 내가 경험하지 못했던 새로운 세상을 조금이나마 이해할 수 있었고, 사람들이 살아가는 모습을 보며 내 마음이 조금씩 자라나고 있음을 느꼈습니다. 책을 통해 되돌아보는 자신은 어제와 또 다른 내일의 나를 준비할 수 있는 여유를 주었고, 조금 더 앞선 미래를 내다볼 수 있는 힘을 주었습니다. 그렇기에 독서는 지금도 여전히 살아가면서 가장 큰 힘을 얻는 공간입니다.

초등학교 시절의 독서는 여전히 나에게 커다란 기억으로 남아 있습니다. 이 기억은 언제까지든 머리 속에서 잊히지 않고, 앞으로의 내 삶을 떠받치는 커다란 기둥과 같은 역할을 하리라 믿습니다.

초등시기, 나는 이렇게 책을 읽었다
서울대학교 학생들의 초등 독서발자취

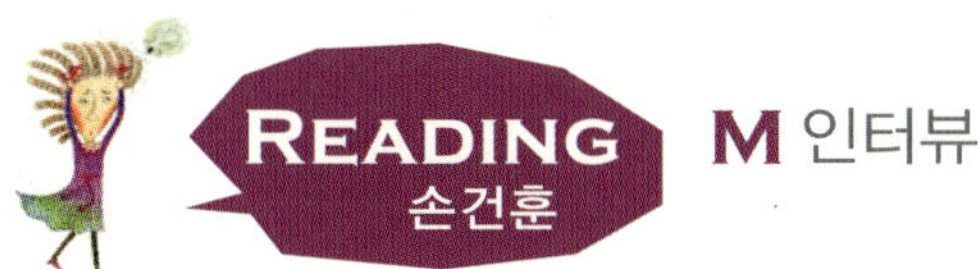

^Q Question 1.

초등학교 시기 가장 독서를 왕성하게 진행했던 시기는 언제였나요? 그리고 그 상황에 대해 말씀해주세요.

^A Answer

초등학교 5~6학년의 시기입니다. 이 시기에는 1~4학년에서 길들여졌던 독서 습관이 이 시기에는 완전히 확립되었고, 책을 주위에 가까이 두고 자주 볼 수 있는 환경이 조성이 되었습니다. 그래서 가장 다양한 분야의 많은 책을 읽을 수 있었던 시기였습니다.

^Q Question 2.

자신의 주변 독서환경은 어떠했나요?

^A Answer

대단히 좋은 조건이었습니다. 일단 어머니께서 나의 독서에 많은 관심을 가지고 있으셨고, 학년별 수준에 맞춰서 많은 책을 사 주셨습니다. 또한 주말에는 공립 도서관에 함께 가서 새로운 책도 읽어볼 수 있는 기회도 만들어주셨습니다. 이 때 살았던 집 역시 상당히 조용한 편이었기 때문에 집중하여 책을 읽는데 큰 도움이 되었습니다.

초등학교 1학년, 2학년, 3학년, 4학년, 5학년, 6학년 등 총 6년을 독서의 관점에서 봤을 때, 시기를 나눈다면 어떻게 나눌 수 있을까요? 그리고 그 이유는 무엇인가요?

A Answer

1,2학년 / 3,4학년 / 5,6학년으로 나눌 수 있다고 봅니다. 크게 세 시기로 나눈 것은 이 시기별로 책을 읽는 내용과 범위가 많이 달라지기 때문입니다. 저도 저학년에서는 쉬운 동화책 위주로 읽고, 중간 학년에서는 위인전 등의 책을 보았습니다.. 고학년에는 범위를 넓혀 다양한 소설책과 역사 관련 책을 봤습니다.

Q Question 4.

교과연계도서를 주로 많이 읽었나요? 아니면 교과연계도서와 상관없이 흥미분야에 대한 독서를 했나요?

A Answer

다양한 분야의 책을 읽었습니다. 읽은 책들이 교과연계라고 보기는 힘들다고 할 수 있습니다. 교과에 대한 부연설명하거나 직접적으로 도움을 주는 책들은 아니기 때문입니다. 하지만 가리지 않고 다양한 분야를 많이 읽었기 때문에 정확하게 말하면 흥미분야라고 보기도 역시 힘들다고 할 수 있습니다.

Q Question 5.

　평생의 독서습관을 좌우하는 시기는 몇 학년 때였나요? 왜 그렇다고 생각하나요?

　1학년이라고 봅니다. 학교에 다니면서 책을 본격적으로 접할 수 있는 기회가 생기는 것이 바로 이 시기이기 때문입니다. 다른 학년에서는 이미 확립된 독서습관이 잘 고쳐지기 힘들고, 또 새롭게 정립되는 것도 힘들다고 봅니다. 1학년 때, 가장 활발하게 독서할 수 있을 때의 독서습관이 가장 중요하다고 봅니다.

　세계명작, 위인전, 신화와 전설, 동화, 과학과 환경, 옛날 이야기, 동시, 사회탐구, 역사 등으로 나눈다면 각 학년별로 가장 많이 읽었던 책은 무엇이었나요? 그리고 그 책을 많이 읽게 된 요인은 무엇이라고 생각하나요?

　1,2학년에는 동화와 옛날 이야기, 3,4학년에는 위인전, 세계 명작, 5,6학년 때에는 세계 명작과 신화와 전설을 많이 읽었습니다. 학년별 수준에 맞추어서 읽다보니 이러한 순서대로 읽게 되었다고 할 수 있습니다.

　학습만화책이 많이 읽은 편이었나요? 그리고 학습만화책이 도움이 되었나요? 안되었나요? 도움이 되었다면 어떤 도움이 되었을까요?

학습만화책은 대단히 많이 읽은 편입니다. 그리고 읽은 것 이상의 도움이 되었습니다. 학습 만화는 단순히 지식을 전달하거나 내용적 측면만을 강조하는 것에서 한 발 더 나아가 독서에 흥미를 가질 수 있도록 해주고, 같은 내용도 오래 기억될 수 있도록 도와줍니다.

Part 4

책 읽기에도 전략이 필요합니다.

지금도 아쉬운 점은 어렸을 적 다양한 분야의 책을 읽지 **못한 것**

서울대 산림과학부 산림환경
김지수

🗨 엄마는 항상 스스로 책을 아주 좋아한다고 말해...

나는 어렸을 적 책을 적게 읽진 않았지만, 그렇다고 해서 아주 많이 읽었다고 생각하지는 않습니다. 다만 독서가 특별하거나 시간을 들이는 일이 아니라, 아주 일상적이고 자연스러운, 하나의 놀이라고 생각했던 것 같습니다. 왜냐면, 책은 놀이터의 흙이나 운동장의 나무처럼 가지고 놀 수 있는, 흔한 물건이었기 때문입니다.

그래서인지 책과 관련된 기억을 떠올리라면, 나는 서재나 도서관보다 집의 부엌이 있는 풍경이 생각납니다. 나와 동생은 마루와 부엌 사이에 앉아 장난을 치거나 책을 읽고 있고, 엄마는 식탁에 앉아 책을 읽고 계셨습니다. 종종 엄마는 부엌에서 집안일을 하는 동안, 강의를 녹음한 테이프를 틀어놓기도 했고, 우리와 함께 숙제를 하기도 했습니다. 엄마는 공부에 대한 욕심으로, 나와 동생이 초등학교 때 방송통신대학을 등록해서 다시 수업을 듣고 있었습니다. 하지만 엄마가 수업 때문에만 책을 읽었던 것은 아니었습니다.

엄마는 항상 스스로 책을 아주 좋아한다고 말했습니다(지금도 그렇게 말합니다). 엄마의 고향은 아주 낙후된 시골이어서 책을 접하기 쉽지 않았다고 했습니다. 그래서 엄마는 서울에 와서부터 책을 마음껏 만날 수 있어서 행복했다고 했습니다. 그래서 좁은 집 여기저기에 책이 널려 있곤 했습니다. 우리가 이해할 수 있는 책은 아니었습니다. 역사, 문학, 미술사, 언어에 대한 책들이 대부분이었던 것으로 기억합니다. 그 책들을 읽을 일은 없었습니다. 나는 그냥, 집에 책들이 있다는 것만 알았습니다. 매일 마루에서 마주치는 책들의 제목은 초등학생인 나와 동생에게는 너무 어려운 것들이었습니다. 그렇게 집에는 항상 책이 있었습니다. 읽었든 읽지 않았든, 그것이 누구의 것이든, 어떤 것에 관한 것이든 잡다한 책이 많이 있었습니다. 거실에는 큰 책장이, 각 방 책장들에는 책들이 있었습니다. 책은 마치 집 곳곳에 있는 서랍장이나 책상 같은 부속품처럼 느껴졌습니다. 책을 의식적으로 읽으려고 했다기 보단, 그저 늘 옆에 있는 어떤 물건이었습니다. 그래서 책을 '읽는 것'과 책을 '가지고 노는 것'이 구분지어진 일이 아니었습니다.

집 밖에서도 책과 마주칠 일이 많았습니다. 내가 2~3학년쯤 되었을 때부터 학교 도서관을 적극적으로 이용하게 되었습니다. 요즘에야 각 학교마다 도서관을 만들어놓는 것이 보편적이지만, 교실을 없앤 자리에 책들을 가져다놓고, 학생들에게 책을 기증받는 것이 신기한 일이었습니다. 그래서 더 책을 빌리는 계기가 되지 않았었나 싶습니다(하지만 생각보다 재밌는 책은 많이 없었습니다). 초등학교 때 수영을 배웠던 일이 있는데, 구에서 운영하는 그 곳은 구립도서관 옆에 붙어있는 곳이었습니다. 수영장에 가기 전에 또는 끝나고 나서 친구들과 어린이 도서관에 우르르 들리곤 했는데, 책보단 그곳에 있는 놀이기구와 장난감이 좋아서 들렀을 것입니다. 그러다가 책을 한두 권 읽기도 하고, 가끔은 빌리기도 했습니다. 책과 관련된 다른 '놀이터'는 헌책방이었습니다. 아마 내

가 초등학교 4학년 즈음이었을 것입니다. 엄마는 이런 곳도 있다며 개포
동 근처에 있던 아주 큰 헌책방에 종종 데려가곤 했습니다. 2~3층으로
된 건물이었는데, 신기한 풍경이기도 했거니와, 마치 미로 같은 구조 때
문에 엄마가 책을 보는 동안 동생과 숨바꼭질 하듯 놀았던 기억이 납니
다.

💬 내가 책에 많이 노출된 것은 부모님 덕분

책을 어렵게 느끼지 않는 또 다른
이유가 있다면, 강요받지 않았다는 것
입니다. 부모님의 교육 철학은 '원하지
않는 것을 시키지 않는다. 하고 싶어
하는 것을 도와준다.'였습니다. 책에

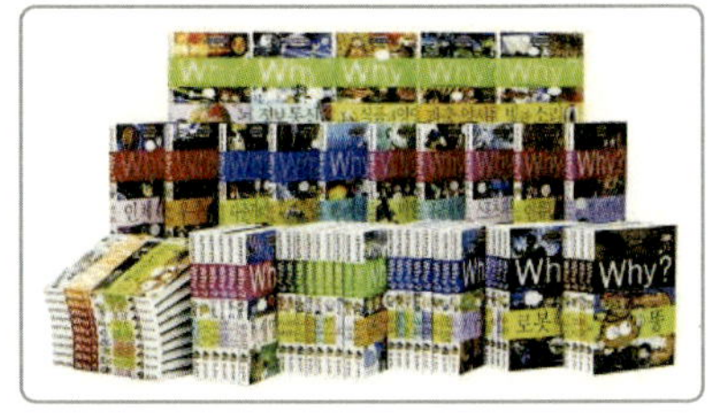

대해서도 같은 방식이었다고 할 수 있습니다. 아빠와 엄마는 한 번도 나
나 동생에게 책 읽는 것을 강요하지 않았습니다. 다만 책에 많이 노출되
게 해주셨던 것 같습니다.

유치원에 다닐 즈음이었습니다. 아빠와 엄마는 나와 동생에게 동화 전
집을 사주었습니다. 그 전에도 책을 종종 사주셨겠지만, 시리즈로 된 전
집은 없었습니다. 보림이라는 곳에서 나온, 두 개 또는 세 개 파트로 나
누어진 짧은 동화책들이 50권정도 있었습니다. 그 동화 전집은 창작 동
화들이었습니다. 초등학교 때까지 집에 계속 있었던 책들인데, 어찌나
많이 봤는지 지금도 그 내용들을 기억할 정도입니다. 하지만 부모님은
다른 전집은 사주신 적이 없었습니다. 고전이나 위인전 전집도 거의 없

었습니다. 대신 마음에 든 책들은 수십 번씩 읽었습니다.

동화집과 함께 가장 많았던 종류는 과학과 관련된 책들이었습니다. 초등학교 1학년 때 가장 많이 읽은 책은 '왜'시리즈였습니다(정확한 이름은 아님). '우리 몸은 왜', '우주는 왜', '지구는 왜', '컴퓨터는 왜'…. 동화책처럼 같은 책을 반복해서 읽었습니다. 반복해서 읽은 이유는 딱히 없었습니다. 그림이 많이 들어간 만화 같은 책이어서 재밌었기 때문일 것입니다. 반면 역사나 사회에 관련된 책은 별로 읽지 않았습니다. 문학이 아닌 분야로는 과학책을 처음 접하고부터 과학 분야의 책이 재밌어서 계속 이쪽 책들을 사달라고 했습니다. 그래서 부모님은 사회나 역사 분야의 책을 굳이 사주시지 않으셨던 것 같습니다.

3, 4학년 즈음엔 초등학생용 동화도 많이 읽었습니다. 딱히 읽는 분야가 달라지지는 않았습니다. 부모님은 '좋은 책'과 '나쁜 책'을 구분하지 않으셨습니다. 부모님은 우리를 데리고 서점에 가서, 보고 싶은 책을 가져오라고 자주 하셨습니다. 그때 나는 '나쁜 책'일 수도 있었던 〈최신 유행~최불암 유머 모음집〉같은 것들도 들고 왔었습니다. 부모님은 별 말 없이 사주셨는데, 나중에 머리가 조금 크고 나서, 책장에 꽂힌 그 책을 보고서 부모님께 물어봤었습니다. "대체 내가 이런 책을 왜 샀었지. 엄마는 왜 안 말리고 사줬어?"엄마는 "세상에 나쁜 책은 없어. 별 도움이 안 될 책을 읽게 되어도 '아, 이런 책은 나한테 별 소용이 없구나'하는 것을 알게 해주니까 그것도 의미가 있겠지."라고 하셨습니다.

어릴 때 읽은 책이 고등학교, 대학교에서의 흥미와 묘하게 일치해

어릴 때 읽은 책을 떠올리면서 새롭게 알게 된 것이 있는데, 이때의 취향이 나의 고등학교, 대학교에서의 흥미와 일치한다는 점입니다. 중학교에 올라가면서부터는, 초등학교 때만큼 많은 책을 읽지 않았다. 친구들과 놀거나 공부하는 시간에 치였기 때문입니다. 그럼에도 (성적과 관계없이) 내가 좋아하던 과목들은 사회보다는 수학, 과학이었습니다. 중고등학교 때뿐만 아니라 지금도, 읽는 책은 거의 예외 없이 소설이나 과학과 관련된 비문학류입니다. 지금 전공하고 있는 분야도, 결과적으로는 이때 만들어진 취향 덕분에 결정되었다고 말할 수 있습니다. 고등학교 때 문과/이과 선택에서도 큰 고민 없이 이과를 선택했고, 생물과 관련된 전공을 택하는 데에도 초/중학교 때 읽은 책들에서 큰 영향을 받았다고 할 수 있습니다. 초등학교 시절 읽었던 그 책들이 취향에서 더 나아가, 생각하는 방식까지도 직접적인 영향을 미쳤기 때문이었을 것입니다. 나는 어떤 것을 보거나 들을 때, 읽거나 생각할 때 먼저 분석부터 하는 편입니다. 심리 검사나 적성 분류를 할 때, 항상 나타나는 강점 유형도 그랬습니다. 사실 문과와 이과를 구분해서 이야기 하는 것은 억지지만, 사람들이 흔히 하는 분류로 나는 확실히 '이과적'인 사람이 되었습니다. 그리고 그것은 계속해서 '왜'라고 물었던 책들 덕분이었다고 감히 말할 수 있습니다.

💬 초등학교 때까지의 독서량 덕분에 읽는 능력과 속도는 남들보다 앞서

취향을 결정하는 것 말고도, 책을 읽는 것은 내 삶의 여러 부분에 큰 도움을 주었습니다. 가장 직접적인 도움은 중 고등학교 시절, 그리고 지금에 이르기까지 글을 읽는 부분에서입니다. 분야에 상관없이, 대학에 진학해서 혹은 그 이후로도 '읽는'활동은 필수적이라고 생각합니다. 어렸을 때, 특히 유치원부터 초등학교 때까지의 독서량이, 현재 읽는 능력을 결정해준 것 같습니다. 중학교와 고등학교 시절에는 그때만큼 많은 책을 읽지 않았었습니다.

단순하게는 읽는 속도를 늘려준다는 것입니다. 나는 다른 사람들보다 읽는 속도가 빠릅니다. 고등학교, 대학교 친구들 사이에서도 항상 가장 빠른 편이었습니다. 수업시간에 어떤 글이 주어지거나, 문제를 풀거나, 심지어 만화를 읽을 때도 그렇습니다. 덕분에 여러 상황에서 편안한 점이 많았습니다. 가령 전체 지문 읽는 시간을 적게 쓰는 대신, 어려운 부분에 집중해서 문제를 더 수월하게 푼다든가, 자료를 찾고 내게 필요한 부분을 추리는 시간이 다른 사람들보다 적게 걸린다든가 하는 등입니다.

가장 편했던 것은 수능 언어영역을 풀 때였습니다. 고등학교 때 가장 약한 과목이 수학이었기 때문에, 언어 영역 공부를 할 시간에 수리 영역을 풀곤 했습니다. 그래서 다른 과목에 비해 언어 영역에 쏟은 시간은 훨씬 적었습니다. 그런데도 모의고사를 볼 때 언어 영역이 항상 가장 잘 나오곤 했습니다. 수능에서도 마찬가지였습니다. 사람들이 우스갯소리로 '언어 영역은 공부를 하건 안 하건 점수가 변하지 않는다'고 말하곤 합니다. 난 아마도, 그것은 어릴 때 형성되는 언어 능력이 계속해서 영향을 미치기 때문이라고 생각합니다. 수능 언어에서 측정하는 것은 어떤 사실을 알고 있느냐 아니냐가 아니라, 지문을 읽고 파악해내는 능력이기 때문입니다. 외국어나 탐구 과목에서도 크게 다르지 않다고 봅니다. 수능이 기본적으로 요구하는 것은, 문제가 묻고 있는 점을 읽어내고 해석하는 능력 자체입니다. 학교에서 보면, 놀라운 암기능력을 가진 사람들을 종종 보게 되는데, 그 사람들과 경쟁할 수 있었던 것은 남들보다 좀 더 빠른 읽기 속도와 전체 맥락을 이해하는 능력 덕이 컸다고 봅니다.

💬 초등시기 책 읽는 즐거움을 알게 된 것이 중고등 때 책 읽는 습관 갖게 해

하지만 수능이나 대학 입시보다 내게 더 중요했던 것은 책 읽기가 정말 재밌어졌다는 점입니다. 중 고등학교 때 잠자기 전 한두 쪽이라도 책 읽는 습관이 생긴 것도, 초등학교 무렵 알게 된 즐거움 덕분입니다. 사실 그때는 적극적으로 읽으려고 하기 보다는, 그저 습관처럼 머리맡에 책을 두었었습니다. 긴장을 풀거나 잠을 푹 자기 위한 한 방법이기도 했습니다. 그런데 대학에 온 후에, 책 읽기가 정말 즐거운 일이라는 것을 새삼 알게 되었습니다. 지하철에서나, 공강 시간을 재밌게 보낼 수 있는 한 방법이 되기도 했습니다. 어릴 때 책을 어려워하거나 지겨운 것이라고 생각했다면, 즐거운 일 하나를 모른 채 살고 있었을 지도 모르겠습니다.

지금도 그렇지만, 책을 읽으면서 의식적으로 다른 활동을 하지는 않았습니다. 책 뒷부분을 흘끗 보고, 독서 중에는 필요하거나 맘에 드는 부분을 접어서 표시하기도 하지만, 대부분은 책에 특별히 기록하거나 하지는 않았습니다. 책을 다 읽고 나서도 크게 특별한 활동은 하지 않았다고 할 수 있습니다. 가끔 아주 강렬하게 충격을 준 책을 읽고 나서는 짤막하게 소감을 쓰기도 했지만, 그것도 줄거리를 요약한다거나 하지는 않고, 책에서 강렬한 부분과 내게 준 느낌을 잊지 않기 위해서만 간단하게 기록해 둡니다.

책과 관련된 어떤 활동을 한 것은 초등학교 4학년 무렵이었습니다. 4학년 여름방학 때 친구의 어머니가 모아서 만든 집단이었습니다. 또래 5~6명 정도가 매 주 한 번씩, 1주일 간 정해진 책 1~2권을 읽고 모여서, 그것과 관련된 주제로 그림을 그리거나, 문제를 풀거나, 아니면 직접적으로 관련이 없는 활동을 하곤 했습니다. 예를 들면, 그 주에 읽은 책이 역사와 관련된 것이었으면, 우리나라 지도를 주고 각 시대별로 색을 칠하는 식이었습니다. 처음엔 방학 때만 잠깐 하려고 시작되었는데, 모였던 친구들이 모두 아주 좋아해서 1년 정도 계속 모였습니다. 물론 우리가 좋아했던 것은, 책읽기보단 모여서 노는 활동이었습니다. 책을 읽어 가지 않아도 그냥 옆에 앉아서 같이 활동을 했습니다. 그때는 책읽기가 특별한 활동이 아니라 노는 일의 하나로 느껴졌습니다. 책들은 아주 다양한 분야였습니다. 어린이용 소설, 동시집도 있었고, 역사, 과학, 수학과 관련된 비문학 책들도 있었습니다. 성에 관한 책이나 외국어와 관련된 책들도 있었을 만큼 장르가 아주 다양했습니다. 과학과 역사같은 부분은 교과서와 관계된 때도 있었지만, 굳이 그것에 맞추어 책이 선정되지는 않았습니다. 이 활동이 가장 좋았던 것은 재미였습니다. 덕분에 의식하지 못한 사이에 거의 매주 책을 읽을 수 있었던 것 같습니다. 또 누가 시키지 않아도 책을 읽기도 했습니다.

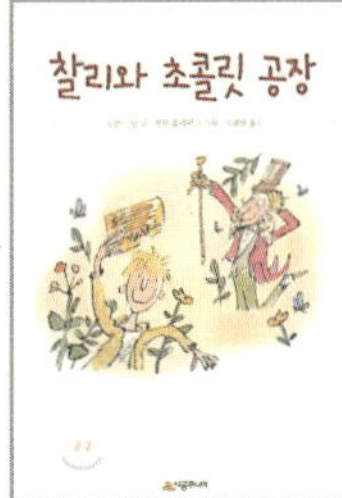

로알드 달이 쓴 〈찰리와 초콜릿 공장〉을 읽어오는 주였습니다. 책을 받자마자 너무 재밌어서 하루 만에 읽고선 그 친구네 다시 놀러갔었습니다. 친구네 집에는 로알드 달이 쓴 다른 책들이 여러 권 있었습니다.

난 거기에 있던 〈마녀를 잡아라〉, 〈멍청씨 부부 이야기〉, 〈마틸다〉같은 책을 빌려서 단숨에 읽었습니다. 한 가지 더 좋은 점을 꼽자면, 책의 세세한 부분을 다시 보게 되었다는 것입니다. 초등학교 때도 지금처럼 책을 빨리 읽는 편이었는데, 빨리 읽는 만큼, 세부적인 내용은 그냥 지나치는 경우가 많았습니다. 활동을 하면서 그런 부분을 다시 읽어보아야 했었는데, 그 덕분에 대충 빨리 읽기만 하는 버릇에서 조금 벗어날 수 있었던 것 같습니다.

여전히 아쉬운 점은 어렸을 적 다양한 분야의 책을 접하지 못한 것

글을 쓰다 보니, 어릴 적 독서 습관에서 아쉬운 점들도 보입니다. 가장 아쉬운 것은, 초등학교 1~2학년, 그러니까 책에 대한 취향이 막 생겨나던 때에 더 다양한 분야의 책도 접했다면 어땠을까 하는 점입니다. 독서 모임을 하던 때 외에는, 굳이 역사와 관련된 책을 거의 읽지 않았습니다. 그래서 지금도 (싫어하는 것은 아니지만) 역사나 사회와 관련된 책은 거의 읽지 않게 되고, 그 분야에 대한 흥미도 별로 없습니다. 또 기초적인 지식을 접하는 데서도, 좋아하는 분야만큼 쉽게 느껴지지가 않습니다. 자연스럽게 그 분야에 아는 것도 많지 않습니다. 같은 방식으로, 나는 지금도 평전을 거의 읽지 않습니다. 이것도 어렸을 적 위인전을 별로 접하지 않았던 것과 연결된다고 생각합니다. 더 넓은 분야의 책을 만났다면 취향의 범위도 더 넓어지지 않았을까 합니다. 하지만 한편, 부모님이 그런 책을 읽으라고 강요하지 않으신 것도 고맙게 느껴집니다. 만약 그때 위인전이나 역사책을 사다 놓고, 일부러 읽게 했다면, 나는 책 읽는 것을 의무적인 것으로 생각하곤, 재밌어 할 수 없었을 것입니다.

 초등시기, 나는 이렇게 책을 읽었다
서울대학교 학생들의 초등 독서발자취

💬 맥락을 읽는 것 보다 구체적 내용 파악하는 책 읽기 방법을 했더라면... 하는 아쉬움

다른 아쉬운 점은, 책 읽는 방식입니다. 나는 이 부분에서 초등학교 저학년 때의 독서 관리가 중요한 영향을 미친다고 봅니다. 부모님을 비롯해, 주위 어른들은 나에게 '~한 방식으로 책을 읽어라'라고 아무도 말하지 않았습니다. 물론 강제하지 않았기 때문에 좋은 점도 있었지만, 책을 빨리 '읽어치우고', 맥락만 파악한 채 자세한 내용을 기억하지 못하는 방식은 지금까지 이어집니다. 위에서 말했듯, 나는 책을 빨리, 여러 번 읽었는데, 공부하는 방식에서도 똑같이 적용되었습니다. 그래서 한 번에 차근차근 공부하는 것이 아니고, 큰 맥락을 파악한 다음 여러 번 반복해야, 작지만 중요한 부분들을 기억할 수 있습니다. 무엇이 더 좋은 방식인지는 모르겠습니다. 하지만 초등학교 4학년 때 했던 활동을 더 어렸을 때 했었다면, 빨리 읽는 동시에 구체적인 내용 파악도 할 수 있지 않았을까 생각합니다.

그러나 무엇보다 말하고 싶은 것은, 독서를 강요하는 대신 많이 만나게 해주라는 점입니다. 대학 입시, 수능, 논술고사를 위한 책읽기는 다른 어떤 방법보다 책을 재미없게 만들 것입니다. 독서 관리나 언어 능력보다 우선해야 하는 것은 책을 쉽고, 재밌고, 자연스러운 것이라고 느끼는 것 그 자체입니다. 이것이 선행되지 않으면 '관리'의 의미가 있을 수 없을 것입니다.

수학적, 과학적 사고와 지식을 제공하는 책

서울대학교 미술대학 미학
배지은

01 나의 독서 계기

나에게 책 읽기를 많이 시키신 어머니

나는 책 읽는 것을 굉장히 좋아하는 편입니다. 그것은 어릴 적부터 형성되어온 나의 독서 습관 덕분이기도 합니다. 내가 초등학교 저학년이던 때까지 어머니께서는 직장을 다니지 않으시고 가정주부로 집안일을 돌보셨습니다. 그동안에 여느 어머니들과 마찬가지로 우리 엄마도 자녀교육에 열의를 보이셨고, 엄마의 교육열은 특히 맏딸이었던 나에게 쏟아졌습니다. 덕분에 나는 어릴 때부터 각종 문화 센터에 다니면서 구연동화나 찰흙놀이, 연극, 동화 짓기 등 다양한 체험 활동을 해보았습니다. 초등학교 시절 내내 피아노 학원과 미술학원을 오갔고, 방학이면 학교에서 마련되는 방과 후 수업 같은 데에도 꼭 참여를 했습니다. 이렇게 어릴 때부터 다양한 것을 적극적으로 배우고 경험한 덕분에, 나는 새로운 것을 배우기를 좋아하는, '앎'의 즐거움을 아는 아이로 성장할 수 있었습니다.

특히 어머니는 나에게 책읽기를 많이 시키셨습니다. 일주일에 한 번씩은 어머니와 함께 꼭 동네에 있던 동사무소의 문고에 들렀던 것을 기억합니다. 또 내가 다니던 백화점 문화센터의 한 켠에는 사람들이 제법 많은 양의 책이 구비된 독서 공간이 마련되어 있었습니다. 수업이 시작되기 전까지, 혹은 수업이 끝난 후에 쇼핑을 간 엄마를 기다리는 동안에 나는 그 곳에서 여러 가지 책들을 실컷 읽을 수 있었습니다. 책을 읽는 것이 너무 재미있었기 때문에 오히려 엄마가 일찍 돌아오시면 읽던 책을 내려놓고 나서야 하는 것이 싫어 엄마가 언제 오실지 조마조마해 하면서 책을 읽었던 생각이 납니다. 원하는 책을 마음껏 읽을 수 있었던 그 때의 시간과 공간이 지금도 나에게는 소중한 추억으로 간직되고 있습니다.

책이 가장 좋은 것은 마음껏 세상을 여행해 볼 수 있는 기회를 줬다는 점

내게 책 읽는 시간이 그토록 즐겁고 행복했던 건, 책 속에서는 실제의 나로는 절대 해볼 수 없는 여러 가지 것들을 경험하고, 가볼 수 없는 여러 가지 세계들을 마음껏 여행해볼 수 있었기 때문입니다. 책 속에서 펼쳐지는 세계는 너무나 다양하고 무궁무진했고, 이렇게 책을 통해서만 만나볼 수 있는 세계에 발을 담글 수 있는 것은 너무나 신나는 일이었습니다. 때문에 나에게 책읽기는 절대 강요에 의해서가 아니라, 전적으로 내가 원해서 하는 자율적인 행위였습니다. 친구들과 나가 놀거나 인형놀이를 하기를 좋아하는 것처럼, 읽고 싶은 책을 읽는 것 또한 내가 휴식을 취하는 방법 가운데 하나로 습관화가 되었다고 할 있습니다.

02 독서의 중요성

💬 지금의 나의 성격과 가치관에 책 읽기가 가장 큰 영향 줘...책 읽기는 생각의 깊이를 만들어

어릴 때에 이렇게 책 읽기를 좋아하게 되었던 것, 그리고 비교적 많은 책을 읽었던 것은 지금의 나의 성격과 가치관의 형성에 매우 밀접한 영향을 주었습니다. 책을 읽는다는 것은 비단 책에 적힌 내용을 논리적으로 이해하는 데에 그치는 활동이 아닙니다. 책의 내용에 정서적으로 공감하기도 하고, 때로는 책 내용과 반대되는 의견을 갖는 비판적 읽기를 하기도 하고, 작가가 이 이야기를 통해 독자에게 전달하려 했던 바가 무엇인지를 헤아려보기도 합니다. 또 책의 내용을 연장시켜서 결말 다음에 이어질 내용에 대해 상상의 나래를 펼쳐보기도 하고, 결말을 내 취향대로 바꾸어 써보기도 하고, 책의 내용을 내 삶과 연결시켜서 현실 속에서 책의 내용의 판타지가 실현되는 상상에 빠져들기도 합니다. 책읽기가 가져다주는 사고의 다양성은 그야말로 무궁무진한 것이라고 할 수 있습니다. 때문에 책읽기를 많이 한 어린이는 무엇보다도 '생각의 깊이'를 지니게 될 수 밖에 없습니다.

💬 '그릇이 넓은' 아이, 생각의 깊이가 있는 아이로 키우기 위해서 독서가 중요한 것

학업적인 능력의 발달과 관련해서도 독서는 아동에게 매우 큰 긍정적 영향을 발휘하게 됩니다. 집중해서 글을 읽고, 그 내용을 이해하고, 작가가 전달하려고 한 메시지나 작가의 생각을 추론해보는 능력이 책읽기를 통해서 기본적으로 길러지게 됩니다. 독서의 습관화는 집중력, 끈기, 상황 판단력뿐만 아니라, 다양한 세계를 만나봄으로써 간접적으로 시야를 넓힐 수 있도록 하고, 다양하고 창조적인 사고를 할 수 있는 기회를 제공합니다. 따라서 독서는 사고력과 창의력의 개발에도 중요한 영향을 준다고 말할 수 있습니다.

또한 책읽기는 나 자신을 삶을 돌이켜보도록 하는 기회를 제공하고, 내가 처한 상황을 객관적인 관점으로 바라보게 됨으로써 스스로를 겸허하게 만들고, 반성적인 사유를 실천할 수 있게 하는 좋은 계기가 된다고 할 수 있습니다. 나아가 삶의 문제들을 보다 깊이 있게 생각해보고, 인생의 깊이와 인생의 경험을 다양화시킴으로써, 한 사람이 지니는 '그릇'을 넓히게 해주는 데에 독서는 그 무엇보다 중요한 수단으로 기능합니다.

즉 독서를 통해서 비단 학업 능력을 키우고, 좋은 성적을 거둘 수 있는 능력을 갖춘 '똑똑한'아이가 되도록 하는 것이 독서의 목표로 삼아져야 할 바는 아닙니다. '그릇이 넓은' 아이, 생각의 깊이가 있는 아이로 키우기 위해서 독서가 중요한 것이라고 강조할 수 있습니다.

03 나의 독서 이력

💬 소설책을 특히 좋아했던 어린 시절

나는 특히 소설책을 읽는 것을 좋아했습니다. 초등학교 시절에 읽었던 책의 목록을 돌이켜봐도 소설 쪽에 치중된 독서를 했다는 것을 알 수 있습니다. 지금도 책읽기를 좋아하지만 특히 소설 분야를 즐겨 읽는 편입니다. 그런데 독서가 내게 하나의 '즐거운 습관'으로 자리매김하게 될 수 있었던 것은, 내가 원하는 종류의 책을 마음껏 읽을 수 있도록 어머니께서 장려해주셨던 덕분이 아니었나 싶습니다. 어머니께서는 내가 단순한 흥미를 위해 출간된 영양가 없는 책들, 순정 만화 같은 것을 읽는 것도 말리지 않으셨습니다. 단지 그런 책들이 나의 독서에 있어서 적정한 비율을 넘지 않도록 하는 선에서만 관여하셨습니다. 만약 내게 독서가 어떤 강요나 부담에 의한 행위인 것으로 각인되었다면, 책 읽는 행위는 더 이상 나에게 '여가의 활동'으로서 기능할 수 없었을 것입니다. 무슨 일이든 '즐기면서'해야 만이 그 일을 스스로 자발적으로 하게 되고, 결국 가장 최선의 성과를 낼 수 있게 되는 법입니다.

💬 초등1, 2학년 때 옛 이야기, 전래동화 많이 읽고 국내외 가리지 않아

　나의 구체적인 독서 이력을 돌이켜보면, 초등학교 1~2학년 때에는 저학년용으로 출간된 어린이 동화나 옛이야기 시리즈, 전래동화 등을 많이 접했었다. 독서를 습관화하기 위해서, 초등학교 저학년의 아동들이 쉽고 재미있게 읽을 수 있는 동화 시리즈를 읽는 것으로부터 독서에 흥미를 붙여갔던 것 같습니다. 또 '우리'의 정서, 전통적인 우리 문화를 잘 반영해주고 있는 여러 옛이야기와 전래동화들도 책읽기의 즐거움을 경험하는데 큰 도움이 되었습니다. 어린이용 탈무드와 같은 서양의 고전들도, 아이들의 눈높이에 맞추어 쉽게 나온 것들이 많아서 즐겨 읽을 수 있었습니다. '만화로 보는 옹고집전/사명대사전'등 만화로 나온 이야기책들도 재미있게 읽곤 했었습니다. 그러나 이렇게 만화로 나온 책들은 대사가 짧고 그림책을 보듯이 빠르게 읽어나갈 수 있는 시중의 일반적인 만화책들과는 달리, 그림이 단지 내용을 쉽고 재미있게 이해할 수 있도록 하는 보조적인 자료로만 활용되고 글(대사)이 주로 이야기의 내용을 전달할 수 있도록 '읽어야'하는 만화도서로 영양가가 충분한 책들이었습니다.

💬 초등 3, 4학년 때 독서가 습관으로 굳어지고 교양도서(과학, 문화, 예술, 역사)등 읽어

초등학교 3~4학년 때부터는 어느 정도 독서라는 활동 자체가 취미이자 습관으로 굳어지게 되었고, 사고력과 이해력이 발달하면서 어린이 동화는 약간 유치한 느낌을 받게 되었습니다. 대신에 좀 더 난이도가 있는 문학작품들을 접하기 시작했습니다. 특히 엄마가 사온 아동용, 청소년용 세계명작 시리즈가 책장의 선반 하나를 차지

하고 있었는데 본격적으로 이런 동서양의 명작들, 고전들을 읽어나가게 되었습니다. 그리고 이는 사고와 세계관을 넓히는 훈련으로 매우 의미가 있는 경험이었습니다. 또한 이때부터 나의 취향에 맞는 장르의 책, 예컨대 추리소설(셜록 홈즈, 루팽 시리즈 등)이나 성장 소설 등을 집중적으로 많이 읽었습니다. 내가 좋아하는 도서의 '분야'를 갖게 된 것도, 내가 독서를 즐겁고 자발적인 활동으로 습관화하게 되었던 데에 중요한 기여를 한 부분으로 꼽을 수 있을 것 같습니다. 시집도 종종 읽었는데, 시를 통해서 언어를 압축적이고도 아름답게 구사할 수 있다는 사실을 발견할 수 있었습니다. 그리고 시를 읽는 경험은 글쓰기로 스스로의 감

성과 느낌을 표현하는 훈련을 하는 데에 큰 도움이 되었습니다.

비문학 분야의 도서는 아무래도 내 취향의 책들이 아니었기 때문에, 직접 책을 찾아서 읽기 보다는 어머니께서 빌려오시거나 사 오신 책을 읽었던 것으로 기억합니다. 마치 '한 편의 이야기, 소설'을 접하는 것처럼 읽어 내려갈 수 있었던 위인전 시리즈는 특히 나의 초등학교 시절 독서 이력에서 중요한 의미가 있었던 부분으로 꼽을 수 있습니다. 위대한 역사적 인물들이, 자신에게 주어진 상황의 한계를 극복하고, 자신이 마주한 온갖 고난과 역경의 순간들을 극복하여 마침내 역사에 남을 만한 중요한 공헌을 남기게 되는 과정을 어린 나는 벅찬 마음으로 읽어 내려 갔습니다. 이는 나 자신을 돌이켜보고 반성하게 하였고, '앞으로 어떻게 살아야할 것인가'에 대한 성찰을 할 수 있게 하는 계기를 제공해 주었습니다.

💬 '수학귀신'과 같은 과학적,수학적 지식 책들도 재미있게 읽어

또 이 시절부터 여러 학습만화(고사 성어, 속담, 한자)와 교양도서(과학, 문화, 예술, 역사)들도 본격적으로 읽어 나가기 시작했습니다. 특히 고사 성어나 속담을 재미있는 만화 내용으로 전달하는 학습 만화들은 딱딱하고 자칫 지루할 수 있는 한문 상식, 문법적 지식들을 축적시키는 데에 큰 도움을 주었다. 아마 '만화'로 이런 내용들이 담겨있는 것이 아니었다면, 속담이나 고사 성어를 억지로 외워서 머릿속으로 집어 넣어야 했을 테고 이는 대단히 끔찍한 경험이 되었을 것입니다. 또한 〈노빈손 시리즈〉, 〈수학 귀신〉와 같이 과학적, 수학적 지식들을 초등학생의 관점에서 재미있게 읽고 이해할 수 있도록 출판된 이야기 형식의 교양 도서들도 재미나게 읽었습니다. 이를 통해 마냥 어렵고 낯설게 느끼게 될지도 몰랐던 수학, 과학 분야에 있어서도 어느 정도의 관심과 흥미를 가질 수 있었습니다.

🗨 초등 5, 6학년 '가시고기', '연어' 등 문학작품 많이 읽어

초등학교 5~6학년 때에는 여러 세계 명작과 문학들을 보다 적극적으로, 그리고 좀 더 난이도 있는 버전의 것으로 찾아 읽었습니다. 그리고 '가시고기'나 '연어', '연탄길'과 같은, 당시의 베스트셀러들을 즐겨 읽기도 했었습니다. 이 시기에는 사고력과 이해력이 이전보다 크게 발달하게 됨으로 인해서, 보다 심도 있고 다양한 문학 작품들을 많이 읽을 수 있었습니다. 이는 나의 사고와 세계관을 넓히고, 좀 더 깊이 있는 사고력을 할 수 있게 하는데 큰 도움을 주었습니다. 그리고 과학이나 문화, 예술, 역사 분야의 교양 도서들도, 여전히 스스로 찾아 읽었다기보다는 어머니나 선생님의 추천으로 읽었다고 할 수 있지만, 어쨌든 꾸준히 접해 읽어나감으로서 계속해서 다양한 분야에 대해 어느 정도의 상식을 갖출 수 있었습니다.

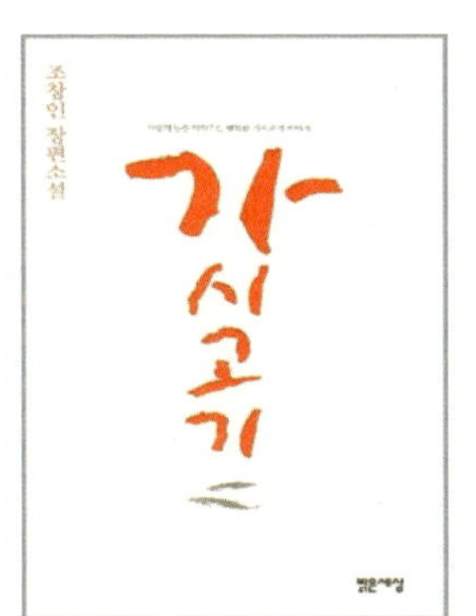

0 4 독서 후 활동의 중요성

　요새도 책은 참 많은 것 같습니다. 그런데 이런 책들은 분명히 좋은 책과 나쁜 책으로 나누어질 수 있습니다. 물론 책읽기가 강요에 의해서 하게 되는 것보다는 스스로가 원하는 책을 찾아 읽게 되는 것이 바람직하고, 나쁜 책을 읽어보는 것도 풍부하고 질 높은 독서경험에 있어 일종의 시행착오의 기회로 삼을 수 있겠지만, 그렇다고 하더라도 좋은 책을 신중하게 선발해 놓은 어떤 지침이나 추천 목록이 있다면 제대로 된 독서를 하는데 큰 도움이 될 것입니다.

　그런데 독서를 함에 있어서 좋은 책을 많이 읽는 것보다도 더 중요한 것은, 독서 활동이 단순히 '읽는 데'에서 끝나서는 안 된다는 점입니다. 나는 책을 읽고 나서 반드시 독후감을 썼습니다. 책의 줄거리를 한 문단 정도로 간단하게 요약하고, 그 책을 읽고 느낀 점, 나의 생각, 교훈 같은 것을 자유롭게 썼습니다. 주로 일기 형식으로 독후감을 썼지만, 한 편의 글을 쓰기가 귀찮을 때에는 책을 읽은 나의 느낌을 바탕으로 시를 짓거나 그림을 그려 독후감을 남기기도 했습니다. 이렇게 독후감을 씀으로써 우선적으로는, 나중에 내가 지금까지 읽어온 책이 어떤 것이었는지 쉽게 확인해 볼 수 있었습니다. 또 독후감을 쓰는 동안 책의 내용을 한 번 더 돌이켜보게 됨으로써 책의 내용을 보다 오래 기억하고, 보다 깊이 이해할 수 있었습니다. 나의 경험을 돌이켜보고 말하자면, 독서 후 활동은 독서 활동 그 자체와 동등한 중요성을 가지는 것이라고 말할 수 있을 듯 합니다.

많이 읽고, 많이 생각하고, 많이 써 본 것. 어린 시절의 독서 경험은 지금의 나의 지성과 감수성을 구성하는 소중한 자양분이 되어 주었음에 틀림이 없습니다. 풍부한 독서 경험에 효율적인 독서 이력 관리까지 덧붙여진다면, 아동 발달의 교육적 측면에 있어서 큰 시너지 효과가 발생할 수 있으리라고 기대할 수 있을 것입니다.

Question 1.

초등학교 시기 가장 독서를 왕성하게 진행했던 시기는 언제였나요? 그리고 그 상황에 대해 말씀해주세요.

Answer

초등학교 5~6학년 시기입니다. 1~4학년에서 길들여졌던 독서 습관이 이 시기에는 완전히 확립되었고, 책을 주위에 가까이 두고 자주 볼 수 있는 환경이 조성되었습니다. 그래서 가장 다양한 분야의 많은 책을 읽을 수 있었던 시기이기도 했습니다.

Question 2.

자신의 주변 독서환경은 어떠했나요?

Answer

대단히 좋은 조건이었습니다. 일단 어머니께서 나의 독서에 많은 관심을 가지고 있으셨고, 학년별 수준에 맞춰서 많은 책을 사주었습니다. 또한 주말에는 공립 도서관에 함께 가서 새로운 책도 읽어볼 수 있는 기회도 만들어주셨습니다. 이 때 살았던 집 역시 상당히 조용한 편이었기 때문에 집중하여 책을 읽는데 큰 도움이 되었습니다.

Question 3.

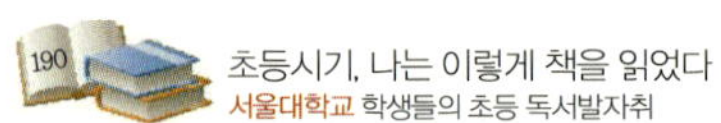

초등시기, 나는 이렇게 책을 읽었다
서울대학교 학생들의 초등 독서발자취

초등학교 1학년, 2학년, 3학년, 4학년, 5학년, 6학년 등 총 6년을 독서의 관점에서 봤을 때, 시기를 나눈다면 어떻게 나눌 수 있을까요? 그리고 그 이유는 무엇인가요?

1, 2학년 / 3, 4학년 / 5, 6학년으로 나눌 수 있다고 봅니다. 크게 세 시기로 나눈 것은 이 시기별로 책을 읽는 내용과 범위가 많이 달라지기 때문입니다. 나도 저학년에서는 쉬운 동화책 위주로 책을 읽고, 중간 학년에서는 위인전 등의 책을 보았습니다. 고학년에는 읽는 범위를 넓혀 다양한 소설책과 역사 관련 책을 봤습니다.

교과연계도서를 주로 많이 읽었나요? 아니면 교과연계도서와 상관없이 흥미분야에 대한 독서를 했나요?

다양한 분야의 책을 읽었습니다. 내가 읽은 책들이 교과연계라고 보기는 힘들었던 것이 교과에 대해 부연설명하거나 직접적으로 도움을 주는 책들은 아니기 때문입니다. 하지만 책은 가리지 않고 다양한 분야를 많이 읽었기 때문에 정확하게 말하면 흥미분야라고 보기 역시 힘듭니다.

평생의 독서습관을 좌우하는 시기는 몇 학년 때였나요? 왜 그렇다고 생각하나요?

　1학년이라고 생각합니다. 학교에 다니면서 책을 본격적으로 접할 수 있는 기회가 생기는 것이 바로 이 시기이기 때문입니다. 다른 학년에서는 이미 확립된 독서습관이 잘 고쳐지기 힘들고, 또 새롭게 정립되는 것도 힘듭니다. 1학년 때, 가장 활발하게 독서할 수 있을 때의 독서습관이 가장 중요하다고 봅니다.

　세계명작, 위인전, 신화와 전설, 동화, 과학과 환경, 옛날이야기, 동시, 사회탐구, 역사 등으로 나눈다면 각 학년별로 가장 많이 읽었던 책은 무엇이었나요? 그리고 그 책을 많이 읽게 된 요인은 무엇이라고 생각하나요?

　1, 2학년에는 동화와 옛날이야기, 3, 4학년에는 위인전, 세계명작, 5, 6학년 때에는 세계 명작과 신화와 전설을 많이 읽었습니다. 학년별 수준에 맞추어서 읽다보니 이러한 순서대로 읽게 되었습니다.

> "I am what I eat"(내가 먹는 것이 나이다)라고 했지만
> "I am what I read"(내가 읽는 것이 나이다)라고 말하고 **싶습니다.**

서울대학교 경영대학 경영학부
안영주

🗨 책 읽기가 골목대장 영주를 공부대장 영주로 만들다.

아직 글도 모르는 영주는 커다란 그림책을 펼쳐 놓고 신나게 보고 있습니다. 뭐라고 하는데 아직 옹알이를 벗어나지 못해서 그런지 알아들을 수도 없습니다. 영주가 자라서 친구들과 신나게 뛰어다니며 놀고 있습니다. 여러 친구들을 이끌고 신나게 전쟁놀이며 숨바꼭질을 하고 있습니다. 책은 하루에 한 번도 펴보지도 않고 강아지마냥 즐겁게 뛰어다닙니다. 초등학교에 입학해서도 마찬가지입니다. 골목대장답게 학교 교실에서도 가만히 앉아 있지를 않습니다. 여자 애들을 괴롭히고 친구들과 술래잡기 하고 하루하루가 너무 즐겁습니다.

그러다가 1학기 중간에 먼 곳으로 전학을 가게 됩니다. 아는 친구는 하나도 없고 낯선 환경에 골목을 잃어버린 골목대장은 조용하고 말이 없는 아이가 됩니다. 친구도 많이 없어서 심심해진 영주는 자신과 놀아줄 좋은 친구들을 발견합니다. '학급문고' 영주가 놀고 싶을 땐 언제든 같이 놀아줍니다. 책과 함께하는 시간이 길어지고 책을 읽으면서 느끼는 즐거움이 계속 커져 갑니다. 우리 반에 있는 책들을 다 읽으면 이제는 다른 반으로 갑니다. 다른 반에는 또 새로운 책들이 영주를 기다리고 있습니다. 이렇게 영주는 학년이 올라갈 때마다 새로운 친구들(책)과 만

나게 됩니다. 골목대장일 때는 영주는 똑똑한 학생은 아니었습니다. 친구들과 장난치기를 좋아하고 공부를 하려고 자리에 앉아 본적도 없고 앉아 있지도 못했습니다.

하지만 어느 날부터 영주는 앉아서 책을 읽고 있습니다. 학교 공부도 어렵지 않습니다. 오랜 시간 앉아서 글을 읽고 이해하는 것이 너무나도 자연스럽습니다. 책 읽는 습관과 공부하는 습관이 하나도 다르지 않습니다. 단지 읽는 책의 종류가 다른 것입니다. 학교 공부가 재밌어지고 학교 공부를 잘하는 영주는 이제 뭐든지 자신이 있습니다. 책을 읽고 글을 쓰면 교실의 뒤편이나 학교 교지에 실리는 것이 너무나도 신이 납니다. 골목대장 영주에서 공부대장 영주가 되었습니다.

이것이 저의 어린 시절 경험입니다. 책 말고는 친구가 없어서 책을 읽기 시작했습니다. 새로운 환경에 적응을 하지 못하던 아이가 책과 친구가 되면서 다시 자신감을 찾고 학교를 즐겁게 다닐 수 있었습니다. 공부를 하려면 먼저 의자에 앉아 있는 연습을 해야 합니다. IQ가 굉장히 높아서 한번에 모든 것을 이해하고 암기할 수 있는 아이가 아니라면 책상에서 집중력 있게 앉아서 책을 읽을 수 있는 습관이 굉장히 중요합니다. 이것이 공부의 밑거름이 되고 기본이 되는 것입니다. 습관에는 관성이 있어서 한 번 형성되면 쉽게 바뀌지 않습니다. 잘 만들어진 습관이 중학교, 고등학교 때까지 이어집니다.

독서를 하게 되면 단어의 이해 능력이 높아집니다. 학습이란 기존에 있는 지식을 다시 다른 지식과 연결 시켜서 하는 것입니다. 짜임새 있고 훌륭한 독서는 아이의 새로운 것을 받아들이고 이해할 수 있는 능력을 길러줍니다.

 초등시기, 나는 이렇게 책을 읽었다
서울대학교 학생들의 초등 독서발자취

의술의 신으로 불리는 히포크라테스는 "I am what I eat"(내가 먹는 것이 나이다)이라고 했지만 저는 "I am what I read"(내가 읽는 것이 나이다)라고 말하고 싶습니다.

🗨 1학년, 전래동화는 처음 접하는 새로운 세상

전학을 가기 전 1학년 때는 책 근처에도 가지 않았습니다. 책과 다시 만난 것은 전학을 간 이후였습니다. 학급 문고에 있던 책들과 친해질 때, 유난히 전래 동화와 신화와 전설, 신화에 관련된 책들이 많았습니다. 책을 처음 접하는 저에게 쉽게 재미있는 전래 동화는 참 마음에 들었습니다. 부모님이 바쁘셔서 책을 읽어주시거나 하지 못했고 할아버지, 할머니에게 옛날이야기를 들어보지도 못했기 때문에 전래 동화는 처음 접하는 새로운 세상이었습니다. '떡 하나 더 주면 안 잡아먹지'하는 호랑이가 나오는 "해님과 달님"이라든지 목욕을 하러 내려온 선녀와 나무꾼이 결혼하는 "선녀와 나무꾼"이야기도 1학년 때 학급 문고에 있던 책을 통해서 알게 되었습니다. 어머니를 속이는 호랑이에게 화를 내기도 하고 호랑이에게 속아서 위험에 처하게 된 오누이를 보며 가슴 졸이다가도 호랑이는 벌을 받는 것을 보고 통쾌하기도 했습니다. 바쁘신 부모님이 채워주실 수 없는 부분을 책이 대신 채워 주었습니다.

🗨 2학년, 연개소문, 에디슨 등 위인전은 꿈과 희망을 안겨줘

2학년 때는 위인전을 많이 읽었습니다. 집에 있는 책들 중에 위인전집이 있어서 그 책들을 처음부터 읽기 시작했습니다. 읽으면서 재미있는 부분을 찾아서 읽었습니다. 전쟁에서 큰 공을 세운 이야기가 재미있어서 나중에는 그런 위인의 이야기를 찾아서 읽었습니다. 특히 '연개소문'의 이야기가 너무 재미있어서 몇 번을 되풀이해서 읽었습니다. 연개소문이 당나라 군대와 싸우는 장면에서는 손에 땀이 날 만큼 긴장하면서 본 것이 기억이 납니다. 그리고 에디슨의 전기를 읽으면서 에디슨이 달걀을 부화시키기 위해서 달걀을 품고 있었다는 이야기를 보고는 냉장고에서 달걀을 꺼내서 배 밑에 두고 이불을 덮었습니다. 물론 화장실을 참고 참다가 결국 못 참고 일어날 때 달걀을 밟아서 엉엉 울기도 하였습니다. 위인이 하는 일이라면 다 해보고 싶고, 나중에 커서 훌륭한 사람이 되기로 마음을 먹었습니다.

🗨 3학년, 시튼 동물기 등 신기한 이야기와 무서움을 주는 책에 빠져들어

3학년 때는 시튼 동물기와 신기한 이야기나 무서운 책을 많이 보았습니다. 시튼 동물기를 보면서 정말 동물이 말을 하는 걸까? 하는 생각을 해보았습니다. 티비 프로그램 속의 동물들도 다 말을 하니까 정말로 동물과 대화가 가능하지 않을까?하고 생각했던 것 같습니다. 애완견으로 키우고 있는 강아지는 내가 안 볼 때는 말을 할 꺼라는 생각을 하기도 했습니다. 그럴 정도로 시튼 동물기를 보면서 똑똑한 동물들을 보면서 희열에 가까운 즐거움을 느꼈습니다. 이리왕 '로보', 회색곰 '왑'은 사람보다 훨씬 더 멋있고 똑똑하고 사랑에 헌신적이고 애처롭기도 했습니다. 이

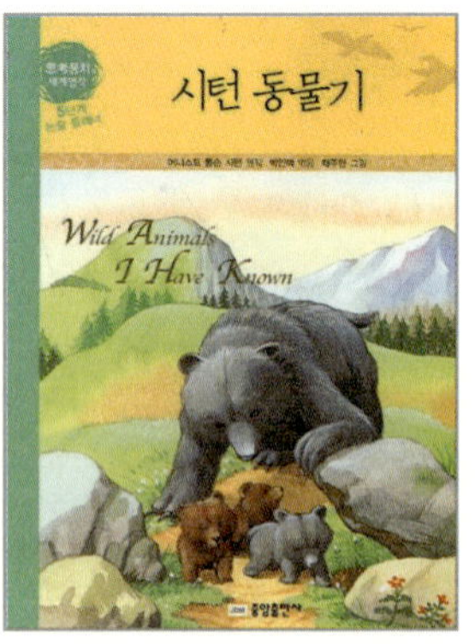

때부터 '동물의 왕국'이나 '네셔널 지오그래픽' 등의 동물에 관련된 티비 프로그램도 많이 시청하였습니다. 동물을 가까이 관찰하고 싶고 동물을 만져 보고 싶었던 시기였습니다.

💬 4학년, 삼국지와 세계 문학 전집으로 탄탄한 이야기 구조의 재미에 푹 빠지다.

4학년 때는 만화 삼국지와 세계 문학 전집을 보았습니다. 이 때, 사촌 동생의 집으로 책을 빌리러 다닐 때였습니다. 소설로 되어 있는 삼국지가 읽기가 힘들어서 만화책으로 삼국지를 보았습니다. 재미난 만화와 탄탄한 이야기 구조에 너무나도 신나게 읽어 갔습니다. 유비, 관우. 장비 등 여러 인물들이 나오고 전쟁에서 의미를 지키고 배신을 하기도 하고 공을 세우면서도 겸손한 모습을 보이기도 하는 등 다양한 사람들의 모습이 잘 그려져 있었습니다. 자기 욕심만을 내는 사람은 결코 성공하지 못한다는 것을 깨닫기고 했고 현명하게 상황을 이용해야 한다는 것을 배웠습니다. 이전에 전쟁에서 공을 세운 위인의 이야기를 읽었을 때 느꼈던 희열감을 다시 느낄 수 있었습니다. 그래서 사촌 동생의 집에 매주 방문하여 하룻밤을 자면서 책을 읽고 일주일 동안 읽을 책을 빌려 왔습니다. 책을 좋아하는 저와 책을 좋아하지 않는 제 사촌 동생이 비교되면서 사촌 동생이 매번 부모님께 혼이 났었습니다.

이와 더불어 '학교 바자회'를 통해 세계 문학 전집을 살 수 있었습니다. 세계 문화 전집을 읽으면서 세계의 다른 문화를 접할 수 있었습니다. 아름다운 외국의 풍경과 다른 생활환경, 관습 등을 읽으면서 다른 문화를 이해할 수 있는 계기가 되었습니다. 세계 문화 전집을 통해서 인류의 변하지 않는 진리와 깊은 사색의 결과를 얻어야 했지만 이것은 4학년에게 무리였습니다. 하지만 '크리스마스 선물', '큰바위 얼굴' 등을 읽으면서 명작의 아름다움을 알 수 있었습니다. 크리스마스 선물에서는 서로의 가장 소중한 것을 사랑하는 사람을 위해서 아낌없이 내놓는 것을 보면서 물질보다는 사랑이이라는 감정이 더욱 중요한 것이라는 것과 사랑이란 내가 사랑하는 사람이 행복하기를 바라는 마음이라는 것도 생각하였습니다. 또한 큰바위 얼굴을 읽으면서 겸손하고 성실해야 한다는 것을 깨달았습니다. 평생을 정직하고 성실하게 살아온 '어니스트'가 가장 위대한 사람이라는 내용을 읽으면서 정직해야겠다고 다짐하기도 했습니다. 큰바위 얼굴을 읽을 때, '명심보감'과 '탈무드'도 열심히 읽었습니다. 명심보감을 읽으면서 착한 아이가 어떤 것인지 알게 되었습니다. 많은 이야기들이 앞에 나와 있고 그 이야기를 즐겁게 읽은 다음에 교훈이 되는 내용이 있었습니다. 도덕책에 있는 내용보다 명심보감에 있던 내용이 더욱 가깝게 느껴졌고 저도 모르게 착한 아이가 되어 갔습니다. 탈무드를 읽으면서 '이타주의'에 대해 배웠습니다. 여기서도 많은 이야기가 나오는데 다른 사람을 배려하는 내용이 많아서 막내로 태어난 제가 다른 사람에 대한 배려를 생각할 수 있게 해주었습니다. 명심보감과 탈무드는 제가 서울대학교 입시에서 가장 감명 깊게 읽은 책 5권을 써야하는 항목에 기재하였습니다.

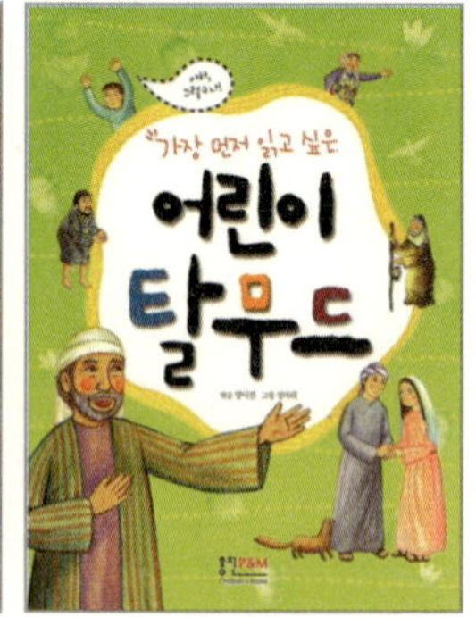

5, 6학년 때는 판타지와 무협소설, 만화책에 빠져있던 시기였습니다. 학급 문고와 집에 있는 책들을 모두 보고 사촌 동생의 집에 있는 책들마저도 다 보고나자 이제 더 이상 볼 책이 없었습니다. 그 때부터는 집 근처에 있는 도서 대여점을 방문하였습니다. 도서 대여점에도 지식과 교양을 쌓을 수 있는 많은 책들이 있지만 저는 만화책과 판타지, 무협 소설에 빠져들었습니다. 만화책을 보면서 많은 공상을 하기도 했지만 너무 폭력적이거나 선정적인 내용이 많아서 혼자 숨어서 보기도 했습니다. 몰래 가방에 숨겨서 보고난 만화책을 갖다 주곤 했습니다. 어느 날, 담임선생님께서 제 가방을 보셨는지 눈을 감으라고 하시고는 "우리 반에 야한 만화책을 보는 사람이 있다"라고 하면서 타이르셨습니다.

그 때 너무 부끄러워서 만화책을 멀리 하긴 했지만 판타지 소설과 무협 소설에 빠져들었습니다. 너무나도 재밌고 공상적인 내용에 수업시간에도 몰래 보고 쉬는 시간에도 계속 보았습니다. 책을 손에서 놓지 않고 있었지만 사실은 책이 저를 붙잡고 놓아주지 않은 것이었습니다. 영어 표현에 "read the between the lines"이 있듯이 행간의 의미를 파악하면서 글을 읽는 것이 있어야 합니다. 그런데 판타지와 무협 소설이 너무 재미있다 보니 대충 빨리 읽게 되었습니다. 인물의 이름도 잘 기억이 나지 않고 사건도 잘 기억이 나지도 않았습니다. 책을 덮고 나면 내가 무엇을 읽었는지도 잘 몰랐습니다. 책을 읽고 생각하는 사고력이 저하되고 통독만을 연습하였습니다. 이러한 습관은 지금까지 남아 있어서 무엇이든 통독을 하려고 합니다. 깊이 생각하고 고민해야 하는 문제에 대해 생각할 힘을 잃어 버려서 곤란할 때가 많았습니다. 책을 읽은 것이 아니라 책에 '중독'되었던 때였습니다. 학교에서 준비해 오라는 준비물을 사야 될 돈으로 판타지나 무협 소설을 빌려 보기도 했습니다.

💬 과연, 독서를 하면 공부를 하는데도 도움이 될까? 답은 독서와 공부는 같습니다.

그렇다면 독서를 하면 공부를 하는데도 도움이 될까? 하는 의문이 생길 수 있습니다. 그 대답은 '도움이 정말 많이 된다!'입니다. 독서와 공부는 책상에 앉아서 오랜 시간 집중력을 발휘하여 해야 하는 공통점이 있습니다. 소위 '앉아 있는 연습'이 되어 있어야 하는 것입니다. 머리 아무리 똑똑한 학생이라도 한 번 보고 모든 내용을 이해하고 암기할 수는 없습니다. 그렇다면 가장 좋은 방법은 반복해서 보는 것입니다. 한 번을 보는 것보다는 두 번을 보는 것이 낫고, 두 번을 보는 것보다는 세 번을 보는 것이 낫습니다. 젊은 나이에 사법고시, 행정고시, 외무 고시를 모두 합격한 고승덕 변호사도 자신은 똑똑한 편이 아니라서 최소한 책을 3번은 읽어보아야 이해를 할 수 있다고 말했습니다. 이처럼 공부를 잘하기 위해서는 반복을 많이 해야 하는데 오랜 시간 집중력 있게 앉아 있을 수가 없으면 공부를 잘 하기가 힘이 듭니다. 독서를 한다는 것은 오랜 시간 집중력을 기를 수 있는 좋은 방법입니다. 저도 초등학교 1학년 때는 어머니가 저를 공부시키기 위해서 저를 책상에 앉혀 두고 책상 뒤에 있는 침대에 앉으셔서 책을 읽으면서 저를 감시하기도 하셨습니다.

하지만 조금도 책상에 오래 앉아 있지 못하고 엉덩이가 들썩 거렸습니다. 하지만 독서를 통해 자연스럽게 공부를 할 수 있는 습관을 길렀습니다.

그리고 독서를 많이 하면 다양한 분야의 배경 지식이 생겨납니다. 과학의 분야의 공부는 단어의 정의(定義)를 정확히 아는 것에서 출발합니다. 단어를 정확히 알아야만 더 어려운 개념을 이해할 수 있습니다. 이것은 다른 분야의 공부에서도 마찬가지입니다. 모르는 단어가 적어지고 자연스럽게 내용을 이해하는 수준이 높아집니다. 그리고 독서를 하다보면 어휘력이 늘어나면서 모르는 단어라도 추론해서 이해하는 능력도 길러집니다. 이렇게 이해력이 높아지면 반복을 세 번을 해야 이해할 수 있는 것을 두 번만 봐도 이해할 수 있습니다.

🗩 초등 때 읽은 책이 언어영역뿐만 아니라, 외국어 영역에도 커다란 도움 돼.

초등학교 때 한국 대표 단편 소설을 많이 읽었고 세계 대표 명작도 많이 읽었습니다. 처음에는 그 책들의 모든 내용을 소화할 수는 없었지만 책을 읽고 고민을 한 다음에 시간이 지나고 그 책들을 다시 만났을 때는 자연스럽게 이해를 할 수 있었습니다. 제가 좋아하는 소설 분야는 고등학교 공부 때도 거의 다 아는 내용이었습니다. 그래서 대학수학능력시험 때까지 언어(국어)분야에서 소설부분은 항상 자신감이 있었습니다. 자신감이 있는 부분이 있다 보니 마음에 여유가 생기고 다른 부분들도 긴장하지 않고 풀 수 있었습니다. 대학에 입학하기 전까지 제가 이과 학생이었음에도, 좋아하고 자신 있는 부분은 언제나 언어(국어)부분이었습니다. 학교 시험에서도 제가 문학 등의 과목에서 문과 학생들보다 성적이 좋아서 선생님께서 농담 삼아 "영주야 적당히 좀 해라~!"라고 하시기도 했습니다.

외국어(언어)의 분야에서도 독서의 도움을 많이 받았습니다. 외국어 영역에서도 가끔 아는 내용의 지문이 나오기도 했습니다. 그리고 모르는 단어가 있더라도 문맥을 파악하여 해석하여 이해하는 능력이 길러져 있어서 문제의 정답을 찾기가 수월했습니다. 핵심 내용을 파악하고 그에 대한 부수적인 내용이 어떻게 나올 것인가 예상을 한 적이 많았는데 그 예상을 크게 빗나가지 않았습니다. 그래서 지문을 다 읽지 않고서도 문제를 풀 수가 있었고 시간을 절약할 수 있어서 어려운 문제에 시간을 투자할 수 있었습니다. 이과 학생이어서 역사 공부는 고등학교 1학년 때까지만 배울 수 있었습니다. 다른 친구들은 역사가 재미가 없고 지루하다고 생각하면서 역사 공부에 재미를 못 붙였습니다. 하지만 위인전을 많이 읽고 위인들을 너무나도 좋아하는 저에게는 역사 공부는 다시 한 번 위인들을 만나는 기회였습니다. 어린 시절에 읽었던 무용담을 고등학교 때는 좀 더 체계적으로 듣는다고 생각했습니다.

그리고 공부에서 가장 중요한 것은 '태도'입니다. 나는 할 수 있다는 생각으로 지금은 힘들지만 참아내고 이겨 내야 한다는 것을 독서를 통해 배웠습니다. 어린 시절부터 위인전을 읽으면서 위인들이 어렵고 힘든 시기를 잘 참고 견뎌서 결국에는 성공하는 것을 보면서 많은 것을 느꼈습니다. '천재는 1%의 영감과 99%의 노력'으로 이루어진다는 에디슨의 말처럼 노력해서 안 될 것이 없다는 생각을 가졌습니다. 이런 태도가 공부를 하면서 성적이 떨어지거나 공부를 하기 싫을 때도 저를 지탱해 주는 힘이 되었습니다.

💬 만약 나에게도 독서 안내자가 있었다면! 독서에도 경영학의 'Plan(계획) ~ Do(실행) ~ See(평가)' 필요

경영학에는 'Plan~Do~See'라는 것이 있습니다. 먼저 계획하고 실행하고 실행 결과를 평가하고 다른 계획에 반영하는 것입니다. 이 방법은 경영학 원리 중에 기본이 되는 원리입니다. 독서에도 이와 같이 계획이 있어야 하고 실제로 독서를 하고 독서의 결과를 살펴보아야 합니다. 하지만 저에게는 계획도 없었고 독서의 결과를 살펴보는 단계도 없었습니다. 무작정 앉아서 곁에 있는 책들을 읽기만 했습니다. 물론 지금 읽는 책들이 장기적으로 보면 자신의 이해력을 높여주고 배경 지식을 쌓는데 도움이 됩니다. 하지만 책들 중에는 지금 읽기에 부적합한 책도 있고 읽지 않아도 될 책도 분명히 있습니다. 책도 전략적으로 계획을 세워서 차근히 읽어 나가야만 시간의 낭비를 줄이면서 큰 효과를 거둘 수 있습니다.

특히 지금 읽는 책들이 학교교육과정에 반영이 되어 있는 책들이라면 더욱 효과적일 것입니다. 오늘 읽은 책의 내용이 내일 학교 수업 시간에 나온다면 자신 있게 손을 들고 발표하고 내용을 이해하기도 쉬운 것은 당연합니다. 수업 시간에 칭찬을 들으면 자신감을 가지게 되고 이것이 반복되면 독서가 즐겁고 학교 공부도 열심히 하게 되는 것입니다. 노력을 해서 좋은 결과를 얻을 수 있다는 것을 알게 되면 스스로가 열심히 하게 됩니다. 이것이 전략적으로 책 읽는 것의 큰 장점입니다.

　그리고 수학이나 과학 관련 책은 혼자서 흥미를 가지고 읽기에는 힘이 듭니다. 저와 같이 주위에 도와줄 사람이 없는 상태에서 수학이나 과학의 어려운 책을 읽는다는 것은 힘든 일이었습니다. 이해를 하지 못하니까 자연히 거리를 두게 되고 이해가 쉽고 흥미가 있는 문학 쪽으로만 독서가 편중되었습니다. 이러한 편식적인 독서 경향이 초등학교 때 고쳐지지 않으니 중학교, 고등학교에 가서도 문학 쪽의 책만을 즐기게 되었습니다.

　사람이 식사를 할 때 잘 짜인 식단에 맞춰 음식을 골고루 먹어야 하듯이 책도 여러 분야의 책을 골고루 균형 있게 읽어야 합니다. 현대 사회에서는 '통섭'이 하나의 화두가 되고 있고 인문학과 과학의 경계를 허물기 위해 노력하는 시점입니다. 균형 잡힌 독서를 통해 인문학적 소양과 과학적 소양을 함께 길러야 합니다. 수학과 같은 과목은 처음에 어렵습니다. 문제를 풀어도 틀리기 쉽고 푸는 과정도 딱딱하며 재미가 없다고 느끼기 쉽습니다. 흥미를 유발할 수 있는 독서를 통해 아이가 수학이 재미있고 친근하게 느껴지도록 하는 것이 중요합니다.

🗨 책은 어떻게 읽어야 재미있을까?

　음식을 먹기 전에 음식의 모양이나 향을 보고 맛을 생각해봅니다. 이처럼 독서에도 미리 책의 수준이 나에게 적합할지 보는 것이 중요합니다. 내 수준에 비해 너무 어렵거나 너무 쉬운 책은 독서의 흥미를 오히려 떨어뜨릴 수 있습니다. 독서 전에 이 책이 나에게 적합할 것인지 알 수 있다면 참 좋을 것 같습니다. 책의 목차를 살펴보면서 그 책의 내용을 짐작할 수도 있지만 미리 친절하게 책의 수준을 알려주는 것이 초등학교 저학년이나 독서를 처음 접하는 아이에게 적합할 것 같습니다. 그리고 책의 첫인상도 책을 접하는 아이에게 중요합니다. 책의 내용에 흥미를 가질 만한 질문을 앞에 두거나 흥미를 유발하는 그림 등을 배치하는 것도 좋을 듯합니다.

책을 읽어가는 과정 중에는 책의 내용을 정확히 이해하고 있는지 책에서 생각할 거리는 없는지를 점검해 보는 것이 필요하다고 생각합니다. 통독으로 책을 빠르게 보는 것도 필요하기도 하지만 책을 읽고 책 속에 있는 문제에 대해 자기 스스로가 생각을 정리해보는 것이 중요합니다. 책은 단순히 지식을 쌓기 위한 것뿐만 아니라 자신의 상상력과 사고력을 키워주는 선생님이기 때문입니다.

독서 후에는 책을 바로 덮고 책장에 꽂는 것이 아니라 읽은 책의 내용과 자신의 생각을 한 번 더 정리하고 다양한 활동을 통해서 책의 내용을 더 깊이 이해하고 자신의 것으로 만드는 과정을 거쳐야 합니다. 독서 후에 인물의 행동과 성격에 대해 토론을 해보는 것도 좋은 방법입니다. 자신이 주장하는 것에 대해 적절한 근거를 찾는 과정에서 논리적으로 생각하는 능력이 길러집니다. 만약에 토론을 하는 것이 힘들 때에는 책을 읽으면서 상상했던 것을 그려 보거나 만들어 보는 것도 좋은 방법입니다. 부모님과 함께 할 수 있다면 부모님과의 교감도 얻을 수 있고 자신이 읽은 것을 자신의 방식대로 재구성하는 것이므로 더욱 독서에 즐거움을 얻을 수 있을 것입니다.

🗨 나의 독서 몸무게를 측정하자!

학급 문고에 있는 책과 집에 있는 책들을 다 읽었습니다. 초등학교 때 다독상을 받고 학교 교지나 교실 뒤편에 있는 게시판에 글을 올린 적도 많았습니다. 나도 책을 좋아한다고 생각했고 주위에서도 책을 좋아하고 공부를 잘하는 아이로 알려졌습니다. 항상 책을 가까이 한다고 부모님도 자랑을 많이 하셨습니다.

초등학교 1학년 부터 3학년 때 까지 학급 문고에서 책을 읽었는데 제 수준에 맞지 않는 책도 많았고 낡고 오래된 책이 많았습니다. 하지만 당시에는 읽을 수 있는 책이 학급 문고 밖에 없었습니다. 학교에서도 친구가 많이 없었기 때문에 학급 문고에 옆에서 계속 시간을 보냈습니다. 혼자서 읽어야 했기 때문에 재미있고 이해하기 쉬운 문학 서적을 많이 읽었습니다. 그리고 가슴을 벅차게 만드는 위인전도 많이 읽었습니다. 하지만 상대적으로 과학과 수학 쪽의 책은 많이 보지 못했으며 흥미도 없었습니다. 이 처럼 편식을 하는 독서 습관이 생겼습니다. 초등학교 4학년 때까지도 이러한 습관이 지속되었고 초등학교 5, 6학년 때는 판타지와 무협 소설만을 보기 시작했습니다.

이렇게 편중된 독서를 하였지만 독서를 하는 저도 잘 몰랐고 주위에 계시는 선생님이나 부모님도 제가 편중된 독서를 한다는 것을 전혀 알지 못하셨습니다. 단지 조용히 책을 읽는 모습만을 보고 안심하셨습니다. 이러는 사이에 문학 쪽으로만 발달되고 자연과학 쪽의 흥미와 지식은 발달되지 못했습니다. 건강을 유지하기 위해서 모든 영양소가 골고루 포함되도록 식사를 하도록 권합니다. 물론 좋아하는 음식이 있고 더 많이 먹고 싶은 음식이 있는 것도 당연합니다. 하지만 최소한 다른 영양

소가 결핍되지는 않도록 해야 합니다. 우리의 몸은 눈에 보이기 때문에 자기 자신과 주위의 사람들이 변화를 알기 쉽습니다. 하지만 독서를 통해 완성되는 정신적 발전을 눈으로 확인하기 어렵습니다. 몸무게를 잴 수도 없고 만져 볼 수도 없기 때문에 더욱 신경을 써서 관리를 해야 합니다. 하지만 오히려 눈에 보이지 않기 때문에 신경을 덜 쓰는 경우가 많습니다. 이럴 때 체계적인 독서관리 프로그램을 통해서 독서의 폭을 균형 있게 유지하는 것이 중요합니다.

5, 6학년 때 많이 보았던 판타지 소설과 무협 소설은 당장 읽기에는 좋았습니다. 하지만 책을 너무 빨리 읽고 깊은 생각을 하지 않고 대충 보는 습관이 생기면서 다른 공부에 지장을 주었습니다. 다른 책이 재미가 없고 시시해보였습니다. 수학이나 과학과 같이 딱딱하다고 느껴지는 과목은 아예 기피를 하였습니다. 만약에 독서이력진단으로 이러한 상태를 일찍 그리고 정확히 파악했다면 어린 시절에 좀 더 다양하고 폭 넓은 독서를 할 수 있었을 것이라는 후회가 남습니다. 대학 입시 때, 감명 깊게 읽은 책 5권을 써야 되는 항목이 있을 때, 폭넓은 독서를 하지 못한 것을 얼마나 후회했는지 모릅니다.

🗨 나의 독서 환경

학교를 가면 항상 책을 보았습니다. 수업 시간이나 밥을 먹는 시간을 빼놓고는 거의 책을 보았습니다. 밖으로 나가서 뛰어노는 것을 거의 못했기 때문에 책을 볼 수 밖에 없었습니다. 한 교실에 20권 남짓한 책을 몇 번이고 보았습니다. 그러다가 책의 내용을 거의 다 알게 되면 다른 학급으로 가서 책을 보았습니다. 그렇게 한 반 한 반을 옮겨 가면서 책을 보았습니다. 학교에 도서관이 제대로 갖춰줘 있지 않았기 때문에(사실 도서관이 있는지도 잘 몰랐습니다) 학급 문고가 학교에서 만날 수 있는 유일한 책들이었습니다. 집에 있는 것은 한국 위인 전집과 세계 위인 전집과 몇 권의 소설책이었습니다. 부모님이 바쁘셔서 함께 도서관에 갈 시간이 없었고 저도 새로운 책을 찾아볼 생각을 못 했습니다.

학급 문고에서 점점 재미있는 책을 찾지 못하자 사촌 동생의 집으로 건너가서 책을 빌려 보기 시작했습니다. 주말을 이용해서 놀러 가면 하룻밤을 자면서 책을 보고 일주일 동안 볼 책을 빌려 왔습니다. 집 근처에 도서관이 있어서 책을 빌릴 수 있었으면 얼마나 좋았을까 하는 생각이 듭니다. 그리고 학교에서 바자회로 싸게 파는 책을 사서 보았습니다. 학교 바자회에서 대표적인 작품들을 골라서 판매를 하고 가격도 저렴했습니다. 그래서 한국 대표 단편집과 세계 대표 단편집을 구매했었습니다.

집 주위에 도서관이 없었기 때문에 근처의 도서 대여점을 이용하였습니다. 이때 만화책과 판타지, 무협 소설에 빠져드는 계기가 되었습니다. 도서 대여점에는 흥미 위주의 가벼운 소설류가 많아서 한 번 그 분야에서 흥미를 가지니 그만두기가 어려웠습니다.

💬 독서에 대한 개인적 습관, 독서 스타일

문학과 역사 분야의 책을 좋아했습니다. 문학을 보면 이해하기도 쉽고 문체의 다양함도 느낄 수 있고 탄탄한 스토리 구성을 느낄 수가 있었기 때문입니다. 편식이라고 할 정도로 문학과 역사 분야의 책만 본 것이 너무나도 아쉽습니다. 다른 과학 서적이나 수학 서적을 보았다면 고등학교 때나 대학에 진학해서도 도움을 받을 수 있었을 것이라는 생각이 듭니다.

　어릴 적에 책은 항상 화장실에서 보았습니다. 나중에서야 화장실에서 공부를 하는 것이 도움이 된다는 내용을 들었지만 그 때 당시에는 화장실에서 일을 보는데 시간이 오래 걸려서 책을 보던 것이 나중에는 책을 보느라 일을 보는데 시간이 오래 걸렸습니다. 아직도 그 습관이 남아서 화장실에서 오랜 시간 있기도 합니다. 그리고 어릴 적에 보았던 무서운 책 내용 중에 화장실에서 소변을 볼 때, 귀신이 옷을 붙잡고 당긴다는 이야기가 있었습니다. 너무나도 무서워서 항상 소변을 볼 때마다 한 손을 허리 위에 두고 언제라도 귀신의 손을 뿌리치려고 했습니다. 지금까지 귀신이 뒤에서 당긴 적은 없지만 아직도 그 습관이 남아 있습니다.

　활자로 된 것은 모든 것을 좋아한다고 말을 했을 정도로 다독을 했지만 항상 빨리 읽고 대충 읽어서 큰 줄거리만 파악하는 법을 이용했습니다. 그래서 세세한 부분까지 파악하고 생각하는 기회가 적었던 것이 아쉽습니다. 통독과 정독. 두 가지 독서의 방법을 상황에 맞게 사용할 수 있는 능력이 아직도 요원합니다.

초등학교 시기 가장 독서를 왕성하게 진행했던 시기는 언제였나요? 그리고 그 상황에 대해 말씀해주세요.

Answer

초등학교 1학년 1학기 중반까지만 해도 책은 전혀 안 읽는 골목대장이었습니다. 항상 친구들과 뛰어 놀고 책에는 가까이 가지도 않았습니다. 그러다가 1학년 1학기 중반에 전학을 갔습니다. 새로운 학교와 친구들에게 적응을 잘 못해서 인지 친구들도 많이 사귀지 못했습니다. 그 때 제 친구는 교실에 있는 학급 문고였습니다. 책이 저학년을 위한 것이긴 했지만 체계적이지 못했고 오래 되고 낡은 책들도 많았습니다. 하지만 학교에 있는 동안에는 학급 문고의 책을 계속 읽어 보았습니다. 우리 반에 있는 학급 문고를 다 읽으면 다른 반으로 가서 그 반에 있는 학급 문고를 읽었습니다. 그렇게 학년이 올라가면 새로운 책들을 만나곤 했습니다.

Question 2.

자신의 주변 독서환경은 어떠했나요?

Answer

제가 접했던 책들은 학급 문고와 집에 있던 책들 그리고 제 또래의 친척집에 있는 책들이었습니다. 학급 문고는 기증 받은 책들을 몇 권 꽂아둔 것이어서 책의 종류가 다양하지도 않았고 오래되고 낡은 책들이었습니다. 그래서 다른 반으로 건너가서 책을 보곤 했지만 여러 종류의 책이나 유익한 책을 접하긴 어려웠습니다. 집에 있는 책들은 어머니가 누나를 위해서 사 두셨던 20권짜리 위인전과 짧은 소설책 몇 권이 다였습니다. 같은 또래의 사촌의 집에는 다양한 책이 있었습니다. 만화로 보는 삼국지도 있었고, 세계 명작 모음집도 있었습니다.

학급에 있는 학급 문고와 집에 있는 위인전을 다 읽고 나서는 사촌의 집으로 매주 놀러 갔습니다. 매주 갈 때마다 하룻밤 자고 오면서 책을 읽고 일주일 동안 읽을 책을 빌려 오곤 했습니다. 사촌의 집에 있는 책들도 다 읽어갈 쯤에 다른 책을 구할 곳이 필요했습니다. 그런데 집 주위에 도서관이 없어서 도서관을 이용하지 못했고 근처에 있는 도서 대여점을 이용하여 책을 빌려 보기도 했습니다. 도서 대여점의 책은 만화책이나 무협 소설 등이 많았고 고학년이 되면서 만화책과 무협 소설에 빠져들었습니다.

ᵠ Question 3.

초등학교 1학년, 2학년, 3학년, 4학년, 5학년, 6학년 등 총 6년을 독서의 관점에서 봤을 때, 시기를 나눈다면 어떻게 나눌 수 있을까요? 그리고 그 이유는 무엇인가요?

ᴬ Answer

잡식성 다독 1학년, 2학년, 3학년

~책의 종류와 상관없이 학급 문고와 집에 있는 책들을 보기 시작한 시기였습니다. 책의 질이나 수준에 상관없이 저와 놀아줄 대상이 필요했고 그것이 책이었습니다.

바른 독서 4학년
~사촌 동생의 집을 방문하면서 만화 삼국지 등을 보았고 학교 바자회에서 세계 명작 전집을 구매하여 보았습니다.

달콤한 유혹 5학년, 6학년
~집 근처의 도서 대여점에서 만화책과 무협지(판타지 소설)를 빌려 보게 되면서 다른 위인전이나 소설책은 멀리하게 되었습니다.

Q Question 4.

교과연계도서를 주로 많이 읽었나요? 아니면 교과연계도서와 상관없이 흥미분야에 대한 독서를 했나요?

A Answer

'교과연계도서'라는 생각을 한 번도 해보지 못했으며 주어진 환경에 있는 책을 읽었습니다. 주로 흥미가 있었던 것은 위인전이었으며 다양한 분야에서 성공을 이룩한 위인들을 보면서 많은 것을 배웠습니다. 위인전을 보면서 얻은 지식들이 나중에 역사 분야에서 조금 도움이 되긴 했지만 교과와 연계된 책을 많이 읽진 못했습니다. 오히려 고학년 때는 교과와 전혀 상관없는 흥미 위주의 무협 소설류를 읽었습니다.

평생의 독서습관을 좌우하는 시기는 몇 학년 때였나요? 왜 그렇다고 생각하나요?

A Answer

5, 6학년 때였습니다. 만화책과 무협 소설류(판타지 소설)를 읽으면서 책을 빨리 그러나 대충 보는 습관이 생겼습니다. 책을 읽으면서도 책의 내용을 머리로 이해하기 보다는 단순히 내용만을 눈으로 읽고 지나가는 습관입니다. 복잡한 사고를 싫어하게 되고 단순하고 흥미위주의 글이 아니면 흥미를 느끼지 못하게 되었습니다. 책을 읽고 나서도 아무런 내용도 기억나지 않았습니다. 항상 손에서 책을 내려놓지 않았지만 책이 나를 붙잡고 있는 것이었죠. 머리가 멍해질 정도로 많은 시간동안 글을 읽고 있었지만 대충 대충 통독 위주로 책을 보았습니다. 이것이 습관이 되어서 어떠한 책을 읽더라도 정독을 하기가 힘들어졌습니다. 또한 내용에 재미가 없으면 책을 읽기가 힘듭니다.

Q Question 6.

세계명작, 위인전, 신화와 전설, 동화, 과학과 환경, 옛날이야기, 동시, 사회탐구, 역사 등으로 나눈다면 각 학년별로 가장 많이 읽었던 책은 무엇이었나요? 그리고 그 책을 많이 읽게 된 요인은 무엇이라고 생각하나요?

A Answer

1학년, 2학년, 3학년-위인전, 신화와 전설, 옛날이야기-주위에서 쉽게 접할 수 있는 책들이었습니다. 4학년-세계명작을 쉽게 빌려서 볼 수 있었습니다.

과학과 환경, 동시, 사회탐구 등의 폭넓은 독서를 하지 못한 것이 너무 아쉽습니다. 주어진 환경에서 많은 책을 읽었지만 다양한 책을 구할 수가 없어서 좁은 폭의 도서를 할 수 밖에 없었습니다. 도서관을 이용할 수 있었으면 좋았을 것 같다는 생각이 듭니다. 과학과 환경, 동시 등의 분야는 처음에 흥미를 가지가 어려워서 지속적으로 흥미를 길러 줘야만 독서를 지속적으로 할 수 있을 것 같습니다.

◎ Question 7.

학습만화책이 많이 읽은 편이었나요? 그리고 학습만화책이 도움이 되었나요? 안되었나요? 도움이 되었다면 어떤 도움이 되었을까요?

◎ Answer

학습 만화를 본 적이 없습니다. 만화 삼국지, 먼 나라 이웃나라, 시튼 동물기 등을 만화책으로 읽었지만 학습 만화의 범주에 들어가지 않을 것 같습니다. 위의 책들은 읽으면서 재미와 흥미를 많이 느끼긴 했지만 학습에 도움을 받지는 못했습니다.

Part 5

독서광이 우리 아이들에게
보내는 독서편지

> 너희가 이 맛있는 독서의 맛을 알았다면 어서 책을 집어
> 들면 되는 거야."

서울대학교 공과대학 환경재료과학
서현희

💬 안녕 얘들아! 독서를 통해 더욱 멋진 사람이 되었으면 해

안녕 얘들아? 나는 서현희라고 해. 나는 지금 대학생인데 너희에게 책과 함께 했던 나의 초등학교 시절에 대해 이야기 해볼게. 독서가 내 삶을 눈부시게 만들어줬기 때문에(나는 이걸 '충실'하다고 표현하고 싶은데 1분 1초의 의미가 더 깊이 있고 다채롭다는 뜻이야) 너희도 독서를 통해 더욱 멋진 사람이 되었으면 하거든. 이건 전날 맛있는 과자를 먹고 친구들과 나누어 먹고 싶은 생각에 학교에 가져가는 너희의 마음과 같은 거라 보면 돼. 그럼 내 얘기를 시작할게! 조금 길다고 느낄 수도 있지만 나와 같이 천천히 가다보면 너희도 내가 먹었던 그 맛있는 '독서'의 맛을 느낄 수 있게 될 거야.

💬 엄마 따라 전학 간 시골학교 도서관과의 만남

우리 엄마는 선생님이었는데 내가 초등학교 1학년이 되던 해에 엄마가 시골에 있는 학교의 선생님으로 가게 되었어. 엄마는 아직 어렸던 내가 걱정이 돼서 엄마가 근무하는 학교로 나를 입학시켰단다. 그곳은 정말 시골이어서 학교 주위에 있는 거라고는 논밭과 문구점 하나, 피아노 학

원 하나였어. 고작 초등학교 1학년이었던 나는 점심도 먹기 전에 수업이 끝났어. 너희도 기억나지?하지만 엄마가 퇴근하는 5시까지 학교 근처에서 있어야했지. 한번 생각해봐. 마을 전체에 놀 곳이라고는 학교 운동장 밖에 없는 곳에서 매일 무엇을 하며 시간을 보낼 수 있었을까? 다행히도 그 학교에는 도서관이 잘 갖추어져 있었단다.

요즘은 도서관이 있는 초등학교가 많이 있지만 그 당시 시골 학교에 양질의 책을 많이 가지고 있는 도서관이 있었다는 것은 나에게 엄청난 행운이었어. 나는 그래서 많은 시간을 도서관에서 보냈단다. 사실 지금 생각해보면 그 때 내가 어떤 책을 읽었는가는 잘 기억나지 않아. 하지만 지금도 떠오르는 건 난 그때 도서관의 책을 전부 읽겠다는 다짐을 종종 했었다는 거야. 아직 1학년이었지만 그 다짐을 지키기 위해 나는 2학년 책도, 3학년 책도, 나중엔 어렵지만 6학년 책도 읽게 되었어. 내 모습이 머리에 그려지니 매일 도서관에 앉아 눈앞에 있는 책이라면 가리지 않고 읽는 모습 말이야.

💬 1학년 때는 도서관에서 독서습관 키우고 2학년 때는 책벌레 친구를 만나다.

내가 이 시골 학교에 다닌 건 1학년 때 뿐으로 2학년 때 난 도시로 전학을 갔어. 하지만 이때의 생활은 내게 멋진 습관을 만들어주었어. 그건 다양한 주제와 난이도의 책을 매일매일 읽는 습관이었지. 책 읽기는 어느날 하루 했다고 해서 의미를 갖는 것이 아니라 언제나 책과 함께 하는 생활이 습관화되어야만 위력을 발휘하게 되는데 초등학교 1학년 때 만들어진 이 습관은 지금까지도 내 인생을 어마어마하게 멋지게 만들어주고 있단다.

　이제 나의 2학년 때 이야기를 해볼게. 2학년이 되자 엄마는 도시 학교의 선생님이 되었어. 이번에도 나는 엄마가 근무하는 학교에 다니게 됐지. 전학 간 학교에서 나는 새로운 친구를 만났어. 항상 떠들썩하던 나와 달리 이 친구는 조금 조용한 아이였어. 우리는 서로 달랐지만 금세 친해졌단다. 나와 마찬가지로 이 친구도 책 읽는 것을 매우 좋아하는 아이였거든. 하지만 어울리다 보니 이 친구는 나와 다르게 책을 읽는다는 것을 알게 되었어. 이 친구는 나처럼 많은 책을 읽는 것은 아니었지만 책을 한 권 읽고 난 후엔 곰곰이 생각에 잠기곤 하는 거야. 처음에 나는 친구보다 더 많은 책을 읽었다는 승리감이 잔뜩 들었어. 그런데 이 친구는 책을 읽으면서 떠오르는 장면을 그림으로 그려보기도 하고, 궁금하거나 이해가 안가는 내용을 공부해보기도 하면서 너무 재미있어 하는 거야.

　문득 그런 친구가 부러워보여서 나도 친구를 따라 하기 시작했어. 책을 읽으면서 등장인물을 흉내내보기도 하고 나라면 어떻게 할지 고민해보기도 했지. 그러자 '독서'라는 활동이 새롭게 다가왔어. 그 동안은 '피터팬을 괴롭히다니, 못된 후크 선장이야.'라고만 생각했다면 새로운 독서 방법에서는 내가 곧 피터팬이었어. 그래서 '후크 선장, 내가 혼쭐을 내줄테다.'라고 생각하면서 책 속에 푹 빠져버렸단다. 때로는 후크 선장의 입장이 되어서 생각을 해보기도 했어. '왜 후크 선장은 피터팬을 괴롭힌 걸까? 후크 선장은 피터팬이 부러웠던 걸까?'하면서 말이야. 웬디가 되었을 때는 '흠, 나는 피터팬을 따라가지 않을 거야. 왜냐면 엄마랑 아빠가 날 걱정하실 테니까.'라고 생각했었지. 어때? 나는 〈피터팬〉이라는 동화책 하나를 읽었을 뿐인데 머릿속에는 수많은 이야기가 꽃을 피

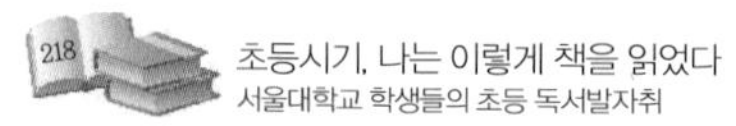

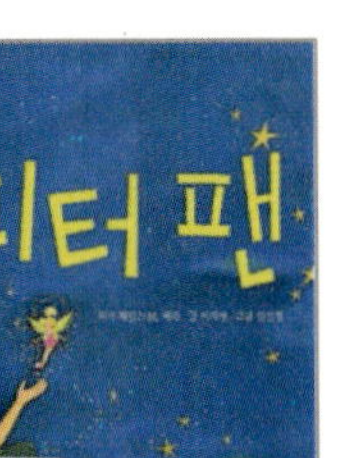

운 거야! 멋지지 않니?

2학년이 되면서 나는 또 학습 만화를 많이 읽었어. 우리 집은 백화점이랑 매우 가까워서 주말이면 가족끼리 백화점에 가곤 했는데 그 백화점에는 서점이 있어서 나는 매주 서점에 갔어. 엄마랑 아빠가 일을 보고 돌아오기 전까지만 시간이 있었기 때문에 나는 항상 빨리 읽을 수 있는 책을 한 권씩 골라서 읽었는데 그게 바로 학습 만화였어. 너희도 알겠지만 학습 만화는 국어, 수학, 역사 등 정말 다양한 주제 별로 나와 있잖아. 그걸 꾸준히 읽다보니까 조금 씩 다양한 분야에 대한 지식을 쌓을 수 있었단다. 특히 고사성어나 속담에 대한 학습만화가 지금도 기억에 남는데 만화에서 나온 것들을 기억해 뒀다가 나중에 가족이나 친구들에게 써먹는 재미가 쏠쏠했어.

🗨 원래 과학을 무척 싫어하는 아이가 과학 학습만화 때문에 과학과 친해져

그리고 이건 조금 후의 이야기인데 말이야. 난 원래 과학을 무척 싫어하는 아이였어. 내가 초등학교 때는 '자연'이라는 과목으로 배웠는데 지금도 그런지 잘 모르겠다. 너무 어려우니까 학교 수업도 재미없고 시험을 보거나 해도 항상 망치기 일쑤였어. 그런데 학습 만화를 통해 공부를 했더니 지겹고 어렵게만 느껴지던 과학이 생각보다 쉽고 재미있는 거야. 미리 학습 만화를 읽고 학교에 가면 선생님 말씀도 이해가 잘 되고 만화에 나왔던 장면이 떠오르기도 해서 수업 시간이 즐거워졌지. 너희 중에도 싫어하는 과목이 있어서 힘든 사람이 있다면 학습 만화를 한번 읽어봐. 그 과목이 사실은 얼마나 재밌는 것인지 알게 될 거야. '자연'수업만 들은 날이면 학교에 가기 싫었던 나도 지금은 대학에서 과학을 공부하고 있을 정도니까. 하지만 너희가 학습 만화를 읽으면서 주의해야 할 점이 한 가지 있어. 학습 만화는 학교에서 선생님이 알려주는 것만큼 자세하게 알려주지는 않아. 학습 만화를 통해 공부의 숨은 재미를 찾아냈다면 수업을 열심히 들으면서 너의 실력을 탄탄히 다듬도록 하렴.

💬 초등 3학년 때는 백과사전에 푹 빠져들어...친구들에게 설명해주는 재미

초등학교 3학년이 되면서 나는 그때까지 별로 읽지 않았던 분야의 책들을 가까이 하게 되었어. 어떤 책들일 것 같니? 그건 바로 백과사전과 만화책이야. 정반대일 것만 같은 책들을 동시에 읽다니 의외지? 하지만 기억해봐. 내가 초등학교 1학년 때 만든 습관이 뭐였는지. 분야와 난이도에 상관없이 많은 책을 읽는 것! 그럼 백과사전 얘기 먼저 해볼게. 내가 백과사전을 읽게 된 건 하나 밖에 없는 사촌 오빠의 영향이었어. 사촌 오빠는 나보다 세 살 많은데 할머니 댁에 올 때면 백과사전을 가져와서 읽곤 했어. 도대체 무슨 재미로 읽는지 나는 도통 알 수가 없었지. 그런데 어느 날 사촌 오빠가 백과사전에서 하이에나를 찾아서 보여줬어. 오빠는 하이에나 사진을 보여주면서 백과사전에 실린 설명을 읽어줬는데, 그 순간 그 사진과 설명이 내 머리에 '쾅'하고 박힌 거야. 좀 더 구체적으로 말하자면 그때 내 머릿속에는 백지 공책이 하나 생겼는데 그 첫 장엔 하이에나 사진과 설명이 담겨진거지. 그날부터 나는 그 백지 공책을 빼곡하게 채우고 싶은 욕심이 생겼단다. 그래서 무엇이든 백과사전을 찾아보기 시작했어. 처음엔 궁금한 것만 찾아서 보다가 나중에는 1권부터 차례대로 백과사전을 읽어나갔단다. 백과사전에는 생각했던 것 보다 더 많은 것들이 담겨져 있어서 나는 사소한 것부터 엄청난 것들까지 무궁무진하게 머릿속 공책에 적어 넣을 수 있었어. 사진까지 곁들어 가면서 말이야. 여기서 조금 잘난 척을 해보자면 백과사전을 읽은 나는 천하무적이어서 친구들이 물어보는 것은 거의 다 알려줄 수 있었어. 손짓, 발짓을 섞어가며 아이들에게 설명해주다보니까 나는 반에서 똑똑한 아이로 통하게 됐지. 그게 기분 좋아서 내가 더 열심히 백과사전을 읽었다는 건 너희도 상상할 수 있겠지?

💬 만화책을 읽을 때도 재미와 지식, 의미를 동시에 읽어야 해

이번엔 만화책 이야기야. 만화책은 나쁘다며 읽지 말라는 이야기를 많이 들었을 거야. 그런데 갑자기 만화책을 많이 읽은 경험을 말해주겠다니 너희들이 의아해 할지도 모르겠네. 하지만 난 정말 만화책을 많이 읽었단다. 〈봉신연의〉, 〈삼국장군전〉, 〈명탐정 코난〉 등 너희들이 좋아하는 만화를 나도 다 읽었어. 심지어 책방에 더 이상 읽을 만화책이 없을 정도였지. 사실 만화책은 어떻게 읽는지가 매우 중요한 책이야. 그냥 재미로 책장을 휙휙 넘겨가며 자극적인 말과 장면만 즐긴다면 만화책은 읽지 말아야 할 책이야. 하지만 만화책 중에는 작가의 열의가 담겨진 좋은 만화책들도 많이 있어. 그런 만화책은 다른 책을 읽는 것처럼 그 안에 숨겨진 내용을 음미해가면서 읽어볼 가치가 있다고 생각해. 이 경우엔 재미와 지식, 의미를 동시에 느낄 수 있는 일석삼조의 책 읽기인 셈이지. 또 하나, 만화책 읽기가 좋은 독서 습관이 되기 위한 길은 만화책의 원작을 찾아 읽어보는 거야. 앞에서 말한 〈봉신연의〉나 〈삼국장군전〉은 중국의 〈봉신연의〉와 〈삼국지〉라는 소설을 바탕으로 그려진 만화책이야. 이 소설은 오랜 세월동안 전 세계적으로 인정받으며 널리 읽힌 것들이야. 그렇게나 많이 읽혔다면 만화책만큼이나 원작도 재미있다는 거겠지? 〈명탐정 코난〉과 관련되어 〈셜록 홈즈 시리즈〉를 읽어보고, 〈셜록 홈즈 시리즈〉와 관련되어 〈아르센 뤼팽 전집〉을 읽어보는 등 만화책에서 시작해서 꼬리를 이어가며 책을 읽는다면 책 읽기가 훨씬 더 재밌을 거야. 벌써부터 〈명탐정 코난〉과 〈셜록 홈즈 시리즈〉, 〈아르센 뤼팽 전집〉이 무슨 관계가 있는지 궁금해서 근질근질한 친구가 있을 거야.

💬 내가 이과로 진로를 정한 건 부끄럽게도 사회를 잘 못했기 때문이었어.

이번엔 나의 4학년 이야기야. 여기서는 나의 역사책 읽기 경험을 말해보려고 해. 나는 대학에서 과학과 관련된 분야를 다루고 있는데 이건 고등학교 때 '이과'라고 해서 수학과 과학을 중심으로 공부했기 때문이야. '이과'와 반대로 역사나 지리, 정치 같은 사회를 중심으로 공부하는 '문과'가 있는데 내가 이과로 진로를 정한 건 부끄럽게도 사회를 잘 못했기 때문이었어. 물론 과학을 좋아한 것도 있으니까 너무 놀리진 말아줘. 하지만 나는 역사만큼은 꽤 잘 알고 있단다. 특히 세계 역사는 웬만한 문과 친구들만큼 잘 알고 있어. 그건 내가 초등학교 때 세계사 책을 많이 읽은 결과란다. 우리 부모님은 내게 세계사 전집과 한국사 전집을 사주셨는데 각각 스무 권으로 되어 있어서 아주 먼 옛날부터 오늘날까지의 역사를 다룬 책이었지.

너희 중에도 가지고 있는 친구들이 많이 있을 거야. 나는 처음에는 이 책을 그다지 좋아하지 않았어. 그래서 집에 쌓아두고는 잘 읽지 않았지.

그런데 내 동생이 이 전집을 읽고는 막 이야기를 해주는 거야. 그 이야기를 듣다 보니 책 내용이 궁금해지기도 하고 괜히 동생한테 뒤처지는 기분도 들어서 나는 전집을 1권부터 읽어나가기 시작했어. 처음에는 아무리 읽어도 재미가 없어서 책 읽기가 너무 힘들었단다. 하지만 동생에게 지지 않겠다는 일념으로 꾸준히 읽어나갔지. 그런데 계속해서 읽다 보니까 역사가 너무 재밌는 거야. 역사의 매 순간 순간이 하나의 영화 같을 정도로 흥미진진하고 역동적이었어. 그렇게 전집을 한 번 다 읽고 나니까 지겨워서 대충 읽었던 앞부분도 제대로 읽어보고 싶었어. 그래서 처음부터 다시 읽어나가기 시작했지. 이렇게 해서 전집을 두 번이나 읽은 뒤엔 재밌던 부분만 골라서 읽고 또 읽었단다. 그렇게 과장을 엄청 많이 보태서 한 백번 정도 책을 반복해서 읽었더니 역사를 잘 알게 되었지. 만일 내가 역사뿐만 아니라 정치나 지리에 관한 책도 많이 읽었다면 나는 사회를 잘 하는 학생이 될 수 있었을 텐데 지금 생각하면 아쉬운 점이 많아. 너희는 나와 같은 후회는 하지 않았으면 좋겠어. 너희가 싫어하는 분야더라도 책을 끈기 있게 읽다보면 그 분야의 매력을 깨닫게 될 거야. 내가 싫어하던 역사에 푹 빠진 것처럼 말이야.

💬 5학년 때 읽었던 「생각에 날개를 달자」는 2차선 도로만큼 좁았던 내 생각을 8차선 도로로

5학년이 돼서 나는 내 인생에서 의미 있는 독서를 하게 됐어. 나는 지금까지 많은 책을 읽었고, 읽었던 그 모든 책 한 권 한 권이 내 삶을 조금씩 변화시켰단다. 그 중에서도 5학년 때 읽었던 〈생각에 날개를 달자〉라는 책은 2차선 도로만큼 좁았던 내 생각을 8차선 도로 정도로 확 넓혀준 책이야. 이 책은 동화책도, 역사책도, 과학책도 아니야. 이 책은 내가 처음으로 읽은 '철학책'이자 '자기개발책'이란다. '철학'이란 우리 인간과 세계에 대해 질문을 던지고 그 답을 찾아가는 분야고 '자기개발'이란 가지고 있는 지혜나 재능을 일깨워준다는 의미야. 이 책에서는 우리 주변의 많은 것들을 좀 더 깊이 있게 알아보거나 색다르게 해석하고 있었어. 수없이 많은 나라 가운데서 너는 어떤 한국인이라고 생각하니? 이 넓은 우주에서 우리는 어떤 이유로 만들어진 걸까? 세상을 더 편하고 좋은 곳으로 만드는 것은 무엇이지? 갑자기 이런 질문을 들으니 어때? 우선 조금 혼란스러울 거야. 그리고 좀 더 곰곰이 생각해보렴. 생각보다 대답하기가 어렵지 않니? 이 책을 읽으면서 비로소 나는 이런 질문들에 대한 내 나름의 대답을 찾아보기 시작했단다. 이때 이후로 나는 철학책을 주로 읽기 시작했어. 아까 철학은 '인간과 세계에 대해 질문을 던지고 그 답을 찾아가는 분야'라고 말했잖아. 그래서 철학책에는 다양한 사람들이 세계를 바라보는 관점과 그 사람들이 갖는 궁금증, 그리고 그들 나름의 해답이 나와 있어. 그러니까 너도 철학책을 읽는다면 여러 사람들의 생각들을 하나하나 들여다 보면서 너도 모르는 사이에 세계에 대해 더 많은 것들을 이해할 수 있게 될 거야.

지금 나는 열 살이나 더 나이를 먹었지만 아직도 아까 같은 질문들에 대해 쉽게 대답하지 못하겠어. 하지만 그 동안 그 대답을 찾기 위해 많은 생각들을 하는 과정에서 나는 좀 더 올바른 사람이 되려고 노력했고, 좀 더 열심히 공부하려고 애썼단다. 나는 물론이고 나의 주변 사람들, 주변의 물건 모두가 중요한 의미를 가지고 있다는 사실을 생각할 때면 나는 더욱 사랑이 넘치고 감사할 줄 아는 사람이 될 수 있었어. 책은 몇 개의 글자로 이루어진 종이 몇 장에 불과하지만 그 몇 장이 막강한 힘을 가지고 내가 행복하게 살아갈 수 있도록 이끌어주고 있단다. 너희도 앞

초등시기, 나는 이렇게 책을 읽었다
서울대학교 학생들의 초등 독서발자취

으로 꾸준히 책을 읽는다면 너희의 인생을 보다 멋지게 만들어줄 그런 책을 만나게 될 거야. 운이 좋다면 그런 만남이 여러 번 일어날 수도 있을 테고 말이야!

💬 6학년 때는 다른 사람과 함께 독서를 알게 돼

이제 드디어 마지막이야! 나도 이제 어엿한 최고 학년이 되었단다. 6학년 때부터 나는 다른 사람과 '함께 하는 독서'를 알게 되었어. 같은 반에는 책을 정말 많이 읽는 친구가 한 명 있었는데 나와 그 친구는 정말 자주 짝꿍이 되곤 했어. 짝꿍이 되면 서로 장난도 치고 잡담도 나누고 그러잖아. 그러다 보니 자연스럽게 서로 책에 대한 이야기를 하게 되었어. 그런데 서로 좋아하는 책의 분야나 재밌게 읽은 책의 종류가 굉장히 달랐던 거야. 처음에는 우리 둘 다 자기가 읽은 책이 더 재미있다며 투닥거렸어.

나는 〈해리포터 시리즈〉가 재미있다며 우겼고 그 친구는 〈로마인 이야기〉만큼 좋은 책은 없다고 말하곤 했지. 그러다가 나는 친구가 추천하는 〈로마인 이야기〉를 읽어보기로 결심했어. 이 책은 로마가 어떻게 세워지고 발전해 나갔는지에 관한 일종의 역사책인데 읽다보니 결국 나까지 푹 빠져버리고 말았단다. 이 친구도 내 말을 듣고는 〈해리포터 시리즈〉를 읽어보게 되었어. 그 다음에 우리는 책을 읽은 감상에 대해 함께 이야기했어. 해리포터와 친구들이 다니는 마법사 학교 '호그와트'는 어떻게 생겼을지 서로 말해보기도 하고, 〈로마인 이야기〉에 나오는 영웅들에 대한 생각을 교환하기도 했지. 나는 '카이사르'라는 장군을 몹시 좋아한 반면에 그 친구는 '옥타비아누스'라는 인물을 존경했던 것이 지금도 기억이 나. 그 뒤로는 종종 서로 책을 추천해주면 함께 읽은 다음에 책의 내용을 가지고 토론을 하는 시간을 가졌어. 토론이라고 말하니까 너무 거창하게 들리려나? 하지만 실상은 그렇게 대단한건 아니었어. 너희들이 어제 본 만화를 가지고 친구들과 수다를 떠는 것과 크게 다르지 않다고 보면 돼. 하지만 그런 작은 대화들이 계속되다 보니 혼자 읽을 때보다 더 다양한 생각을 할 수 있게 되었지.

5학년 때 이후로는 철학관련 책을 많이 읽어

너희도 친구들이랑 정신없이 만화에 대해 이야기하다 보면 자신이 미처 보지 못한 장면이나 대사를 알게 되지? 그거랑 마찬가지였단다. 내가 5학년 때 이후로 철학책을 많이 읽었다고 했잖아. 그러면서 훌륭한 사람들의 세계관을 배우고 익혔다면 친구와의 대화는 내 자신의 세계관을 만들고 넓혀나가는 계기였던 셈이지. '함께 하는 독서'를 알게 된 나는 점점 더 많은 사람들과 함께 독서를 했단다. 동생과 함께 했고 엄마나 아빠와도 함께 했어. 새로운 친구들을 만날 때마다 함께 독서를 하는 사람들도 늘어났지. 지금도 나는 책을 읽고 난 감상을 주위의 많은 사람들과 이야기하는 것을 매우 좋아해. 이건 내가 알려주는 비밀인데 이렇게 서로 감상을 말하다 보면 상대방이 어떤 사람인지 좀 더 잘 알 수 있고 더욱 더 많은 애정이 솟아난단다. 가족 관계든 친구 관계든 사이가 더 좋아지는 건 말할 것도 없지.

책 읽기를 너무 두려워하지 말라

끝도 없을 것만 같았는데 벌써 나의 초등학교 시절을 다 말했네. 이대로 끝나는 건 아쉬우니까 마지막으로 조금만 더 독서에 대해 말해보기로 할게. 내가 너희에게 꼭 말해주고 싶었던 게 하나 있었거든. 그건 바로 너무 책 읽기를 두려워하지 말라는 거야. 이런 저런 책을 읽다보면 때로는 너무 어려울 수도 있고 재미가 없어 책을 덮고 싶을 때도 있을 거야. 책이 두꺼워서 읽는 도중에 지칠 수도 있는 노릇이고 말이야. 하지만 난 독서가 언제나 책의 모든 것을 꼼꼼하게 처음부터 끝까지 읽어야하는 것을 의미하지는 않는다고 생각해. 그러니까 걱정 말고 너희가 읽고 싶은 책을 읽고 싶은 만큼 즐겁게 읽어보렴. 책에서 마음에 드는 부분은 반복해서 읽어보고 멋있는 구절은 공책에 옮겨 적어 보기도 하고. 그러다가 지루한 부분이 나타나면 과감하게 뛰어 넘어도 상관없어.

독후감 숙제가 있다면 말이 안 되도 상관없으니 자유롭고 편하게 네가 쓰고 싶은 대로 써서 내면 되는 거야. 자기 주장 하나 못하는 콩쥐가 바보 같아 보인다면 그렇게 쓰면 되는 거고, 호랑이를 밑으로 떨어뜨리고 자기들만 해와 달이 된 오누이가 얄밉다면 그렇다고 하면 돼. 그러다 보면 어느 날엔 조금 어려운 책도 읽을 용기가 생길 수도 있고 지겹기만 했던 분야의 책에서 새롭게 재미를 찾아낼지도 몰라. 할 일이 없어서 펼쳤던 두꺼운 책을 너도 모르게 다 읽어버릴 지도 모르는 일이지. 사실 정말로 중요한 건 책의 글자를 다 읽는 것이 아니라 너희가 더 많이 생각하고 더 크게 상상하는 것이거든.

다시 한 번 말하지만 나는 분야를 가리지 않고 많은 책을 읽은 덕분에 세상의 모든 것들에서 내 나름의 즐거움을 찾으며 살고 있단다. 수학이나 과학을 공부할 때는 숫자를 재빨리 더해서 선생님을 골탕 먹인 가우스 아저씨나 말썽쟁이 취급을 받던 에디슨 아저씨가 생각이 나서 웃음이 났어. 세계사를 공부할 때는 언제나 창조적이었던 카이사르 아저씨에 반해버렸고, 음악이나 미술 시간에도 유명한 음악가나 화가의 일화

들이 떠올라서 너무 신이 났지. 너희도 다양한 주제와 분야의 책들을 읽
는다면 모든 수업시간이 재미있어서 어쩔 줄 모르게 될 거야.

그럼 이제 정말로 마무리를 지어야 할 때인 것 같네. 내가 한 이야기
들이 너희에게 독서의 맛을 잘 전달했는지 모르겠어. 만일 너희가 이 맛
있는 독서의 맛을 알았다면 어서 책을 집어 들면 되는 거야. 그리고 혹
시 내 이야기로는 아직 부족한 친구가 있다면 너희도 어서 책을 펼치렴.
직접 알아보는 것만큼 그 맛을 잘 알 수 있는 것도 없지 않겠어?

^Q Question 1.

초등학교 시기 가장 독서를 왕성하게 진행했던 시기는 언제였나요? 그리고 그 상황에 대해 말씀해주세요.

^A Answer

초등학교에 들어가기 전부터 책읽기를 좋아했기 때문에 초등학교 시절 전반에 걸쳐 책을 많이 읽었습니다.

^Q Question 2.

자신의 주변 독서환경은 어떠했나요?

^A Answer

부모님이 독서를 많이 장려해주셨습니다. 초등학교 때부터 중학교 때까지는 매 주마다 책을 사주셨습니다. 매주 같이 서점에 가서 책을 같이 고르는 시간을 가졌습니다. 전집이나 백과사전 등도 많이 사주셔서 항상 읽을거리가 많았습니다. 내게 책을 읽으라고 하기 보다는 엄마가 먼저 책을 읽고 계셨다. 동생이 책을 읽기 시작한 뒤로는 가족이 다 같이 책을 읽고 토론해보는 것이 자연스럽게 이루어졌습니다. 책의 내용에 대해 자신의 생각을 말하고 현실 세계와 연결해 이야기 해보는 것이 집안의 자연스러운 분위기입니다.

초등학교 1학년, 2학년, 3학년, 4학년, 5학년, 6학년 등 총 6년을 독서의 관점에서 봤을 때, 시기를 나눈다면 어떻게 나눌 수 있을까요? 그리고 그 이유는 무엇인가요?

A Answer

굳이 시기를 나누자면 5학년 때 즈음을 경계로 독서의 방식이 많이 바뀌었던 것 같습니다. 책을 읽고 보다 심도 있는 사고를 하게 된 시기인 것 같습니다. 창의적 발상이라든지 내포된 의미와 같은 것을 염두에 두고 독서를 하기 시작하였습니다. 이어령 교수님의 〈생각에 날개를 달자〉라는 책을 읽었던 것이 그 계기가 되었는데 사고의 기반을 확장시켜준 책이었습니다.

Q Question 4.

교과연계도서를 주로 많이 읽었나요? 아니면 교과연계도서와 상관없이 흥미분야에 대한 독서를 했나요?

A Answer

교과연계도서와 상관없이 흥미에 따라 독서를 했습니다. 그러나 다양한 분야에 흥미를 가지고 있었기 때문에 인문사회나 자연과학, 예술 영역 전반에 걸쳐 독서가 이루어졌습니다. 결과적으로 교과와 연계하여 많은 도움을 받은 것 같습니다.

Q Question 5.

평생의 독서습관을 좌우하는 시기는 몇 학년 때였나요? 왜 그렇다고 생각하나요?

  독서습관을 좌우하는 것은 초등학교 1학년에서 늦어도 2학년까지라고 생각합니다. 이 시기에 독서에 대한 흥미가 만들어지지 않는다면 그 후에도 책을 가까이하지 않게 됩니다. 독서의 요령이나 깊이는 독서를 좋아하기만 한다면 차후에 발전시켜 나갈 수 있는 문제라고 봅니다. 따라서 독서 습관의 방법적인 측면은 차치하더라도 어린 시절(더 빠르게는 초등학교 입학 이전도 영향을 미친다고 봅니다.)에 독서에 흥미를 느꼈는지의 여부에서 평생 독서를 하는가 그렇지 않은가가 결정되는 것 같습니다.

  세계명작, 위인전, 신화와 전설, 동화, 과학과 환경, 옛날이야기, 동시, 사회탐구, 역사 등으로 나눈다면 각 학년별로 가장 많이 읽었던 책은 무엇이었나요? 그리고 그 책을 많이 읽게 된 요인은 무엇이라고 생각하나요?

  저학년 시기에는 주로 옛날이야기, 신화와 전설, 동화 같은 스토리가 있는 문학을 주로 읽었습니다. 스토리가 없는 동시와 같은 경우 크게 흥미를 느끼지 못했던 것 같습니다. 학년이 높아지면서 주로 비문학을 중심으로 읽었습니다. 과학의 특정 현상, 특정 인물과 같은 구체적인 주제를 갖는 비문학을 좋아했습니다. 백과사전을 읽으면서 '사실'이 갖는 매력을 느꼈던 것 같습니다.

한 가지 사실에 대해 좀 더 자세히 알아가는 과정이 재미있었습니다.

Question 7.

학습만화책이 많이 읽은 편이었나요? 그리고 학습만화책이 도움이 되었나요? 안되었나요? 도움이 되었다면 어떤 도움이 되었을까요?

Answer

학습만화를 많이 읽은 편이었습니다. 특정 교과와 연계된 학습만화의 경우에는 그 교과에 대한 흥미가 생겼다는 점에서 도움을 받았습니다. 그러나 흥미유발의 수준에서 그쳤을 뿐 자세한 지식을 쌓을 수 있었다는 느낌은 별로 없습니다. 그러나 고사성어나 속담, 연산 등과 관련되어 학년이나 단원에 제한되지 않은 학습만화에서는 비교적 지식도 많이 쌓을 수 있었던 것 같습니다.

추천도서

리딩엠이 추천하는
추천도서 목록

연번	도서명	지은이	출판사
1	책 먹는 여우	프란치스카 비어만	김영사
2	영리한 폴리와 멍청한 늑대	캐더린스터	비룡소
3	냄비와 국자전쟁	미하엘 엔데	소년한길
4	레나는 축구광	키르스텐 보엔	계림북스쿨
5	호랑이 잡은 반쪽이	최래옥	창비
6	호랑이 뱃속에서 고래잡기	김용택	푸른 숲
7	호랑이 등에 걸터 앉은 소년	우리교육	어린이도서연구회
8	저학년 교과서와 함께 읽는 한국전래동화	두그루	꿈동산
9	신발속에 사는 악어	위기철	사계절
10	도둑맞은 다이아몬드	데이비드	햇살과 나무꾼
11	우유귀신 딱지 귀신	김영주	문학동네
12	김용택 선생님과 함께 읽는 우리나라 좋은 동시	윤동주	현대문학
13	귀뚜라미야 나와(영치기 영차)	박소농	보리
14	개구리네 한솥밥	백석	보림
15	빈 화분	데미	사계절
16	강아지똥	권정생	길벗어린이
17	우리가 사는 지구	편집부 편	길벗어린이
18	동물들의 집짓기	완다 쉽맨	지호
19	갯벌에 뭐가 사나 볼래요(어린이 갯살림 1)	도토리 편집부	보리
20	춤추는 물고기	김익수	다른세상사
21	쭈글 쭈글 애벌레	비비언 프렌치	비룡소
22	태양이 들려주는 나의 빛 이야기	몰리 뱅	마루벌
23	까막나라에서 온 삽사리	정승각	초방책방
24	안녕, 난 개미야	스티브 파커	바다출판사
25	고양이	현덕	길벗어린이
26	고릴라	앤터니 브라운	비룡소
27	고양이 네 마리 입양시키기	마릴린 색스	시공주니어
28	죽은 나무가 다시 살아났어요	김동광	아이세움
29	할미손은 흙손	신정민	계림북스쿨
30	쓰레기를 먹는 공룡	김남길	꿈동산
31	비버 벤이 집을 지었어	다니엘라 데 루카	다섯수레
32	숲 속이 궁금해요	크리스티네 랑에	가문비어린이
33	재주 많은 손	조은수	아이세움
34	대머리 사막	박경진	도깨비
35	하늘이 내린 시조 임금님들	우리누리	중앙M&B
36	백두산 설화	최인학	밀알
37	신나는 열두 달 명절이야기	우리누리	중앙M&B
38	손 큰할머니의 만두만들기	채인선	재미마주
39	나와 악기 박물관	안드레아 호이어	미래아이
40	3~4학년 반짝, 아이디어 창의력 (코뿔소와 코끼리의 싸움)	우리기획	계림닷컴
41	이재원 변호사와 함께 보는 옛이야기 명판결(1.2학년)	이재원	두산동아
42	사고뭉치 북한박사	장수하늘소	웅진닷컴
43	민속놀이(빛깔있는 책들 4)(개정판)	김광언	대원사
44	애기똥풀꽃이 자꾸자꾸 피네	정두리	파랑새어린이
45	퐁퐁이와 툴툴이	조성자	시공주니어
46	이야기가 있는 시집	나태주	푸른길
47	짧은 동화 긴 생각	이규경	효리원
48	프레드릭	장승업	시공주니어
49	피아노 치기는 지겨워	다비드 칼리	비룡소
50	아주 바쁜 입	신순재	아이세움
51	아씨방 일곱 동무	이영경	비룡소
52	고대 중국 대모험	린다 베일리	작은 책방
53	저학년 동시 동요	김한룡	대일출판사
54	귤 한 개	박경용	아동문예사
55	거꾸로 나라 임금님	이준연	삼성당
56	다섯 손가락 이야기	제이콥	김영사
57	바늘 부부 모험을 떠나다	도바시 에츠코	시공주니어
58	교과서 이솝우화(또래문고)	김연식	교학사
59	개구쟁이 노마와 현덕 동화나라	현덕	웅진주니어

초등시기, 나는 이렇게 책을 읽었다
서울대학교 학생들의 초등 독서발자취

초 3학년

연번	도서명	지은이	출판사
1	말더듬이 원식이	김일광	우리교육
2	사장이 된 풀빵장수	박상규	산하
3	새를 날려 보내는 아저씨	손춘익	창작과 비평사
4	생명이 들려준 이야기	위기철	사계절
5	웃음이 터지는 교실	이오덕	창작과 비평사
6	빨간 우체통	김혜리	산하
7	내 고추는 천연 기념물	박상률	시공주니어
8	도깨비와 권총왕	이원수	웅진닷컴
9	막다른 골목집 친구	황선미	두산동아
10	메아리	이주홍	길벗어린이
11	물푸레 물푸레 물푸레	조호상	도깨비
12	세상에서 가장 소중한 약속	고정욱	두산동아
13	피자 반장	원유순	푸른나무
14	꽃들이 들려주는 옛이야기	송언	한겨레출판
15	달님에게 코트를	양해원	토토북
16	울지 마, 울산바위야	조호상	한겨레아이들
17	황금 똥을 누는 고양이	신현배	영림카디널
18	아이쿠나 호랑이	윤태규	산하
19	여우야 여우야 뭐하니	김목	산하
20	통발신을 신었던 누렁소	이오덕	사계절
21	팥죽할머니와 늑대	지동환	산하
22	깨비 깨비 참도깨비	김중대	산하
23	고물장수 로께	호셉 발베르두	푸른나무
24	곰돌이 푸우는 아무도 못 말려	앨런 밀른	길벗 어린이
25	그림 없는 그림책	알델센	창작과 비평사
26	내 작은 친구	M.그리페	성바오르출판사
27	녹색 꼬리 도마뱀	키프림	동화나라
28	까마귀의 소원	하이디 홀더	마루벌
29	미라가 된 고양이	재클린 윌슨	시공주니어
30	비단길 이야기	체리 길크리스트	베틀북
31	영리한 공주	다이애나 콜즈	비룡소
32	피오리몬드 공주의 목걸이	매리 드 모건	논장
33	달을 만지고 싶은 임금님	마가렛 마요	국민서관
34	제비갈매기 섬의 등대	줄리아 엘 사우어	좋은책 어린이
35	작은 책방	엘리너 파전	길벗 어린이
36	여우야, 꼬리 좀 빌려줘	엽영렬 외	웅진주니어
37	옷감짜기	김경옥	보리
38	넌 왜 물에 둥둥 뜨니?	문혜진	과학어린이
39	숲은 누가 만들었나	윌리엄 제스퍼슨	다산기획
40	지구의 나이는 몇 살인가요?	아니타 가너리	다섯수레
41	쭈꾸미가 달에 올라가다	과학아이	채우리
42	재미있는 물 이야기	이한구	현암사
43	고정욱 선생님이 들려 주는 광개토 대왕	고정욱	산하
44	내가 살던 고향은	권정생	웅진닷컴
45	백제를 왜 잃어버린 왕국이라고 하나요?	권오영	다섯수레
46	석주명	박상률	사계절
47	오디세이 1~6	어린이 철학교육연구소	소년한길
48	새 하늘을 연 영웅들	정하섭	
49	나비때문에	이원수	우리교육
50	엄마생각	이상권	우리교육
51	웃음총	이현주	효리원
52	쓰레기를 먹는 공룡	김남길	꿈동산
53	하늘을 나는 집	깁병규	예림당
54	할머니 뱃속의 크레파스	이종은	문학동네
55	나는 쇠무릎이야	김향이	푸른책들
56	새끼 개	박기범	낮은산
57	새로 찾은 우리 신화	김종상	예림당
58	산골아이	황순원	가교출판
59	콩알 하나에 무엇이 들었을까?	이현주,원경선외	봄나무
60	너하고 안 놀아	현덕 글	창비
61	별난 재주꾼 이야기	조호상	사계절

연번	도서명	지은이	출판사
1	아빠, 경제가 뭐예요?	정남구	영교
2	세계 어린이와 함께 배우는 시민 학교 (전7권)	로라 자페	푸른숲
3	모든 것의 처음을 찾아가는 문명 이야기	김연성	두산동아
4	세상은 물음표로 가득 찬 것 같아요	윤구병	다섯수레
5	바다로 간 스쿨버스	뱅상 퀴브리에	푸른나무
6	프린들 주세요	앤드루 클레먼츠	사계절출판사
7	10원으로 배우는 경제 이야기	나탈리 토르지만	영교
8	도깨비 선생님의 논리학교	양대승	채우리
9	연못가 동물들이 말하는 행복의 법칙	하름 드 용어	해와나무
10	초등 만화 맞춤법 6–7	신은균(그린이)	재능교육
11	상냥한 미스터 악마	크리스티네 뇌스틀링거	한길사
12	엄마, 내가 없어져도 좋아?	일바 칼슨	기탄출판
13	왜 학교에 가야 하나요?	하르트무트 폰 헨티히	비룡소
14	철학동화	이 영	동화사
15	앳미술탐정이 나타났다	신경애	계림닷컴
16	생각씽씽 시리즈	와우밸리	아이세움
17	나는 어떻게 생각을 할 수 있을까	차오름	산하
18	초등학생을 위한 음악동화	엄혜숙	웅진 주니어
19	동그라미를 사랑한 피카소	김미진	주니어 파랑새
20	우리 풍속 이야기	김용란	대교출판
21	생각하는 학교 1–3	오스카 브르니피에	녹색지팡이
22	내 마음의 선물	오토다케 히로타다	창해
23	만약 나라면 어떻게 할까?1	산드라 맥레오드 험프리	한언
24	마법의 저녁 식사	마이클 갈랜드	보림
25	미술과 색–모두를 위한 미술–전4권	엘리자베스 뉴베리	동산사
26	새처럼 날고 싶은 화가 장욱진	김형국	나무숲
27	동화로 읽는 명화 이야기(한국편)	권영상	한울림
28	제비갈매기 섬의 등대	줄리아엘사우어	좋은책어린이
29	네 얼굴을 보여 줘(시소 004)	알렉스 쿠소	시소
30	우리가 지킨다(반달문고 18)	박진희	문학동네어린이
31	논리랑 놀자 1(기초 논리편)	노성두 외	사계절출판사
32	논리랑 놀자 2(응용 논리편)	강맑실 외	사계절출판사
33	작은 돌의 여행	자닌 테송	베틀북(프뢰벨)
34	몽상가 티모데의 모험	폴 푸르넬	고혜영 역/비룡소
35	마수리 할멈의 이상한 초대	백명식	주니어김영사
36	바다로 간 큰밀잠자리	김용택	푸른숲
37	넌 무슨 동물이니?	윤소영	길벗어린이
38	우주야! 말해줘	앤 마셜	한겨레출판
39	박물관에서 놀자	윤소영	길벗어린이
40	세계를 배우는 어린이 지도	김만곤, 장미현	랜덤하우스코리아
41	우리 역사를 바꾼 12가지 씨앗 이야기	배수원	어린이작가정신
42	그림지도로 보는 세계의 고대 문명	닐 모리스, 다니엘라 데 루카	다섯수레
43	종이 한 장의 마법, 지도	류재명	길벗어린이
44	무인도에서 온 이메일	웬디 오어	문학동네어린이
45	용감한 세포 비안카	루카 쇼르티노	아이세움
46	흙 속의 작은 우주	앨빈 실버스타인, 버지니아 실버스타인	사계절
47	경제 속에 숨은 광고이야기	프랑크 코쉠바	초록개구리
48	정말 그래요? 경제이야기	이광열	프로방스
49	이만하면 나도 꼬마사업가	정수영	삼성당
50	개미와 베짱이 경제일기	성경희	푸른돛
51	비를 피할 때는 미끄럼틀 아래서	오카다 준	보림
52	아버지의 그림편지	곤살로 모우레	푸른 숲
53	장미마을의 초승달 빵집	모이치 구미코	한림출판사
54	그 겨울의 동화	가브리엘 루아	토토북
55	양파눈물	다이애나 키드	꿈터

초등시기, 나는 이렇게 책을 읽었다
서울대학교 학생들의 초등 독서발자취

연번	도서명	지은이	출판사
1	초등학교 6학년까지는 꼭 알아야 할 우리말 사전		계림
2	논리야, 고마워	김득순	삼성당
3	도깨비 선생님의 논리학교	양대승	채우리
4	생각이 큰 초등학생이 되게 하는 이야기 철학 시리즈	정지영 글	영교출판사
5	해와나무 철학우화	하름 드 용어	해와 나무
6	노마의 발견 1~4	어린이철학연구소	해냄주니어
7	김나미 아줌마가 들려주는 세계 종교 이야기	김나미 글	토토북
8	얘들아, 역사로 가자	조호상	풀빛
9	어린이 삼국유사 1~2	고운기, 최선경 역	현암사
10	쉽게 풀어 쓴 한국사	초등역사교사모임	늘푸른아이들
11	즐거운 역사체험 어린이 박물관	국립중앙박물관 편저	웅진주니어(웅진닷컴)
12	찾아 읽는 우리 옛이야기 1~10	손연자 외 글	대교
13	마사코의 질문	손연자	푸른책들
14	책만 보는 바보	안소영	보림
15	지구마을 길잡이 지리	제인글릭스먼	길벗어린이
16	초등 지리 생생 교과서	지호진	스콜라
17	원숭이 꽃신	정휘창	여우오줌
18	얘들아 학교 가자	안 부앵	푸른 숲
19	원숭이 마카카	박상재	대교 출판
20	큰아버지의 봄	한정기	한겨레 아이들
21	함석헌, 자유만큼 사랑한 평화	김성수	봄나무
22	시장에 간 길동이, 경제 박사되다	이명애	파란자전거
23	아이들이 읽어야 할 경제 이야기	방상률	사계절
24	이야기로 배우는 경제교실	매일경제 금융부	매일경제신문사
25	아빠, 법이 뭐예요	권사우	창비
26	도둑에게 고소당한 알리바바	장수하늘소	아이세움
27	나비박사 석주명의 과학나라	석주명	현암사
28	과학, 그 안에 숨은 놀라운 비밀	닉 아놀드	문학동네어린이
29	행복한 과학 초등학교	권수진, 김성화	휴먼어린이
30	흙 속의 작은 우주	앨빈 실버스타인	사계절
31	맷돼지가 기른 감나무	이상권	사계절
32	갯벌, 무슨 일이 일어나고 있을까	이혜영	사계절
33	야생동물 구조대	조호상	사계절
34	넬슨 만델라	앤 크레이머	어린이 작가정신
35	기찻길 옆 동네 1~2	김남중	창비
36	넌 네가 얼마나 행복한 아이인지 아니?		국민출판
37	명화 속에 숨겨진 사고력을 찾아라		주니어김영사
38	모네의 정원에서		미래사
39	괴상한 녀석	남찬숙	창비
40	할머니를 따라간 메주	오승희	창비
41	영모가 사라졌다	공지희	비룡소
42	문제아	박기범	창비
43	쌀뱅이를 아시나요	김향이	파랑새어린이
44	반지엄마	백승남	한겨레아이들
45	강마을에 한번 와 볼래요?	고재은	문학동네어린이
46	달님은 알지요	김향이	비룡소
47	머피와 두칠이	김우경	지식산업사
48	못나도 울엄마	이주홍	창비
49	밥데기 죽데기	권정생	바오로딸
50	이삐 언니	강정님	푸른책들
51	상계동 아이들	노경실	사계절
52	아주 작은 개 치키티토	필리파 피어스	시공주니어
53	오필리아의 그림 극장	미하엘 엔데	베틀북
54	샬롯의 거미줄	E.B. 화이트	시공주니어
55	까보 까보슈	다니엘 페나크	문학과지성사
56	늑대의 눈	다니엘 페나크	문학과지성사
57	라스무스와 방랑자	아스트리드 린드그렌	시공주니어
58	렝켄의 비밀	미하엘 엔데	보물창고

리딩엠 추천도서 목록   초 6학년

연번	도서명	지은이	출판사
1	나는 아름답다	박상률	사계절
2	나비를 잡는 아버지	현덕 외	창비
3	진휘 바이러스	최나미	우리교육
4	나온의 숨어 있는 방	황선미	창비
5	누나의 오월	윤정모	산하
6	생명이 들려준 이야기	위기철	사계절
7	청어 뼈다귀	이주홍	우리교육
8	엄마의 마흔 번째 생일	최나미/정용연	청년사
9	열한 살의 푸른바다	김소진	문학동네어린이
10	지엠오 아이	문선이	창작과 비평사
11	어린이를 위한 흑설 공주 이야기	양연주	뜨인돌
12	아우를 위하여	황석영	다림
13	나의 산에서	진 크레이그헤드 조지	비룡소
14	시간의 주름	매들렌 렝글	문학과 지성사
15	80일간의 세계일주	쥘 베른	창비
16	모모	미하엘 엔데	비룡소
17	한밤중 톰의 정원에서	필리파 피어스	시공주니어
18	나무를 심은 사람	장 지오노	두레
19	우리는 바다를 보러 간다	린하이윈	베틀북
20	시간의 퍼즐 조각	낸시 메치멘디	푸른숲
21	사금파리 한 조각 1.2	린다 수 박	서울문화사
22	언니가 가출했다	크리스티네 뇌스틀링거	우리교육
23	별을 헤아리며	로이스 로리	양철북
24	금지된 장난	프랑수아 부아예	푸른나무
25	못자국	현길언	계수나무
26	희망의 섬	우리 오를레브	비룡소
27	바보별	나가사끼 겐노스께	창비
28	핵전쟁 뒤의 최후위 아이들	구드룬 파우제방	보물창고
29	몽실언니	권정생	창비
30	기억 속의 들꽃	윤흥길	허구다림
31	한스와 아이들	아드리아나 프드론 풀비렌티	서광사
32	스룰릭	우리 오를레브	푸른숲
33	다랑쉬오름의 슬픈 노래	박재형	베틀북
34	어린이 대학2	울라 슈토이어나겔, 울리히 얀센	랜덤하우스코리아
35	생각을 부르는 이야기1	필립 캠	문학동네어린이
36	이야기 속에 숨어 있는 논리를 찾아라	이수석	주니어김영사
37	깊은 이야기 – 페르 예스페르센의 철학동화	페르 예르페르센	닥터필로스
38	철학자는 왜 거꾸로 생각할까	요술피리	올벼
39	한 치 앞을 못 본 철학자, 천리 밖을 보다	장수하늘소	아이세움
40	어린이 경제원론	김시래	명진출판
41	리틀 부자가 꼭 알아야 할 경제 이야기	김수경	교학사
42	아빠를 팝니다	한스 위르겐 게에제	해누리
43	피노키오의 몸값은 얼마일까요?	장수하늘소	아이세움
44	잘사는 나라 못사는 나라	석혜원	다섯수레
45	애덤 스미스가 들려주는 보이지 않는 손 이야기	서정욱	자음과 모음
46	아! 그렇구나 우리역사 1~10	윤경진, 장성환 외	여유당
47	연암 박지원	배봉기	도서출판 산하
48	엄마의 역사 편지 1~2	박은봉 글	웅진닷컴
49	한국사 이야기 1~3	조성운	늘푸른 아이들
50	살아있는 한국사 교과서 1~5	윤종배	휴머니스트
51	새 먼나라 이웃나라 7~8 –일본편	이원복	김영사
52	음식을 바꾼 문화, 세계를 바꾼 음식	김아리, 정수연	아이세움
53	오뒤세우스의 방랑과 모험	로즈마리 섯클리프	국민서관
54	이이화 선생님이 들려주는 만화 한국사 이야기	이이화, 김형호, 원병조	삼성출판사
55	한국생활사박물관 1~12	한국생활사박물관 편찬위원회	사계절
56	박영규 선생님의 우리 역사 깊이읽기	박영규	주니어 김영사
57	한국사 따라잡기 1~3	송은명	바른사
58	돌도끼에서 우리별 3호까지	전상운	아이세움
59	어린이 우리 역사 박물관	이근호	청솔출판사
60	마틴 루터 킹	권태선	창비
61	우리 말글 바로 알고 옳게 쓰자 1~2	정재도	창작과비평사

 초등시기, 나는 이렇게 책을 읽었다
서울대학교 학생들의 초등 독서발자취